1+X证书制度下职业本科专业课程体系建设研究

冯莉颖　施金妹　黎冬楼 ◎ 著

吉林出版集团股份有限公司

版权所有　侵权必究

图书在版编目（CIP）数据

1+X证书制度下职业本科专业课程体系建设研究 / 冯莉颖，施金妹，黎冬楼著． — 长春：吉林出版集团股份有限公司，2023.10
　　ISBN 978-7-5731-4395-2

Ⅰ．①1… Ⅱ．①冯… ②施… ③黎… Ⅲ．①高等学校－课程建设－研究 Ⅳ．①G642

中国国家版本馆CIP数据核字（2023）第191677号

1+X 证书制度下职业本科专业课程体系建设研究
1+X ZHENGSHU ZHIDU XIA ZHIYE BENKE ZHUANYE KECHENG TIXI JIANSHE YANJIU

著　　者	冯莉颖　施金妹　黎冬楼
出版策划	崔文辉
责任编辑	赵晓星
封面设计	文　一
出　　版	吉林出版集团股份有限公司
	（长春市福祉大路5788号，邮政编码：130118）
发　　行	吉林出版集团译文图书经营有限公司
	（http://shop34896900.taobao.com）
电　　话	总编办：0431-81629909　营销部：0431-81629880/81629900
印　　刷	廊坊市广阳区九洲印刷厂
开　　本	787mm×1092mm　　1/16
字　　数	200千字
印　　张	14
版　　次	2023年10月第1版
印　　次	2024年1月第1次印刷
书　　号	ISBN 978-7-5731-4395-2
定　　价	78.00元

如发现印装质量问题，影响阅读，请与印刷厂联系调换。电话 0316-2803040

前 言

"1+X"证书制度是我国职业教育为了适应未来产业需求和人才培养创新模式的重大变革,是体现职业教育作为类型教育的一种制度创新,对于构建职业教育国家标准、推进人才培养模式改革和对接国际职业标准具有重要意义。在高等教育深化改革的背景下,高校专业课程体系建设已经成为一项全局性、系统性的工作,院校要深入研究专业课程体系建设的相关内容,使课程建设更加科学和合理。目前如何将"1+X"证书相关内容融入高校专业课程体系教学中是教育改革所面临的一个重要课题。

鉴于此,笔者撰写了《"1+X"证书制度下高校专业课程体系建设研究》一书,全书在内容编排上共设置六章:第一章作为本书论述的基础和前提,主要阐述"1+X"证书制度的内涵、"1+X"证书制度下专业课程改革方向;第二章至四章主要探讨"1+X"证书制度下不同专业课程建设,包括会计类专业、土建类专业、艺术类专业、电子商务专业、计算机专业、机械专业课程建设、环境工程专业、工业机器人技术专业、中医学专业、护理专业、助产专业、康复治疗技术专业;第五章分析"1+X"证书制度下专业课程体系建设的创新实践;第六章论述"1+X"证书制度下人才培养的模式与评价。

本书突出简约性、前沿性与应用性,立足于"1+X"证书制度的相关内容,在确保对各专业课程体系及其建设理解到位的基础上,尝试用通俗易懂的语言与简明清晰的方式,论述"1+X"证书制度下高校专业课程体系建设,注重吸收最新学科研究成果,尽可能体现当前专业课程的新动向。

笔者在撰写本书的过程中,得到了许多专家学者的帮助和指导,在此表示诚挚的谢意。由于笔者水平有限,加之时间仓促,书中所涉及的内容难免有疏漏之处,希望各位读者多提宝贵意见,以便笔者进一步修改,使之更加完善。

目 录

第一章　绪论 ·· 1
    第一节　"1+X"证书制度的内涵分析 ··· 1
    第二节　"1+X"证书制度下专业课程改革方向 ······································· 10
第二章　"1+X"证书制度下文理科专业课程体系建设 ·································· 17
    第一节　"1+X"证书制度下会计类专业课程建设 ··································· 17
    第二节　"1+X"证书制度下土建类专业课程建设 ··································· 39
    第三节　"1+X"证书制度下艺术类专业课程建设 ··································· 46
    第四节　"1+X"证书制度下电子商务专业课程建设 ······························· 73
第三章　"1+X"证书制度下工科专业课程体系建设 ····································· 77
    第一节　"1+X"证书制度下计算机专业课程建设 ··································· 77
    第二节　"1+X"证书制度下机械专业课程建设 ····································· 126
    第三节　"1+X"证书制度下环境工程专业课程建设 ····························· 129
    第四节　"1+X"证书制度下工业机器人技术专业课程建设 ···················· 135
第四章　"1+X"证书制度下医养康体类专业课程体系建设 ························ 148
    第一节　"1+X"证书制度下中医学专业课程建设 ································· 148
    第二节　"1+X"证书制度下护理专业课程建设 ····································· 154
    第三节　"1+X"证书制度下助产专业课程建设 ····································· 175
    第四节　"1+X"证书制度下康复治疗技术专业课程建设 ······················· 178
第五章　"1+X"证书制度下专业课程体系建设的创新实践 ························ 182
    第一节　"1+X"证书制度下建筑工程管理专业"产教融合"课程建设实践 ···· 182

第二节 "1+X"证书制度下人才培养的"课证融合"课程体系建设实践……183

第三节 "1+X"证书制度下物流管理"课证赛"融合的课程体系建设实践……188

第六章 "1+X"证书制度下人才培养的模式与评价……191

第一节 "1+X"证书制度下职业本科人才培养模式……191

第二节 "1+X"证书制度下职业本科人才质量评价……198

参考文献……216

第一章　绪论

第一节　"1+X"证书制度的内涵分析

随着中华人民共和国国务院正式颁布《国家职业教育改革方案》，国内的各所职业院校纷纷开始实施"1+X"证书制度，即在学历证书的基础上增加了若干职业技能证书。"1+X"证书制度具有融通性、动态性、协同性、开放性等特征[①]。这一证书制度的实施属于职业教育的一大创新，也为高等院校人才培育模式形成了全新的发展方向，在专业课程体系建设中，不仅需要加强对学生的学历教育，还应当关注学生其他方面的职业技能培养。

一、"1+X"证书制度的重要意义

（一）"1+X"证书制度体现的新变化

"1+X"制度的实施需要变化开发主体，而在这项全新的制度当中，开发主体不再是职业院校本身，也不是各类事业单位，转而变成了职业教育培训评价组织。这一组织对于成员招收的要求相对较高，同时培训组织不仅需要具备较高的教育和培训素质，还能够拥有高水平的开发和培训经验，并且可以对技能做出适当的评价。现阶段，我国对于职业教育培训组织的重视度依旧不是很高，再加上这一组织缺乏科学的管理体系和发展规划，因而有必要在新时期加以完善和拓展，努力构建迎合"1+X"制度实施的新型教育评价体系。同时，

---

①杨刚要."1+X"证书制度的内涵、特征与建设路径[J].教育探索，2021（1）：34.

在"1+X"证书制度的影响下，职业院校的教育还应当努力创设良好的教育环境，不再将学历教育作为唯一的教育内容，转而开始推动学生朝着综合技能的方向进行拓展，鼓励学生通过自己的学习来获得更多的职业技能证书，持续改善教育成效。

（二）推动职业院校教学模式的发展

"1+X"制度的实施涉及许多方面的利益，因而也会在多个角度上影响到职业院校的教学模式。为了充分满足新时期的教育改革需求，院校应当努力配合"1+X"证书制度的实施需求，不断完善相关的教育体系。由于具体的教育改革工作颇多，因而职业院校有必要结合实际的社会发展需求做出调整。首先，职业院校应当加快对职业技能等级证书的开发；其次，还需要根据培训的需求设计和开发相关教材，建设针对性的考试题库。为了便于学生和教师的教学信息查询，还有必要建立证书制度管理平台。"1+X"证书制度的实施，最为关键的内容在于基础制度的完善，因而对于相关的管理机制也应当加以优化，要确保管理机制能够满足考核需求，并且充分彰显学生的职业技能水平。在整个教学模式的改革过程中，对于证书发放的安排和教育模式的改革都需要给予重视，提前明确相关准备工作，不断推动职业院校教学模式的改革与发展。

（三）利于深化职业教育的教学改革

在当前时代的发展当中，"1+X"证书制度不仅是国家职业教育制度建设过程中的一项基础制度，也是推动我国特色职业教育改革的创新措施。随着"1+X"证书制度的逐步完善和实施，必然能够深化职业教育教学改革，使得职业院校的教育体系变得更加科学合理。

第一，"1+X"证书制度的实施能够完善相关的职业教育与培训体系，并且可以逐步优化职业院校的教育机制，进一步明确办学方向，深化人才教育模式，多方面推动经济社会的发展。同时，从职业院校内部考虑，"1+X"制度是学生参与技能教育的全新动力，能够从本质上唤醒学生的学习积极性，也有助于加强校企合作，形成多样化的职业教育格局。

第二，基于"1+X"证书制度基础上，学历证书能够与职业技能证书相融合，进而将职业技能标准与专业教学标准紧密联系起来，使得职业技能培训内容可以与专业课程教学内容融合到一起，实现职业技能与专业教学的统筹合作。随着社会岗位的不断变化，职业院校的教育也需要对学生的职业技能教学做出合理的规划，持续同步考试进行考核，将一些全新的技术与规范融入人才的培养过程中。为了满足学生的就业需求，职业院校需要主动调整自身的教育模式，结合就业市场的新要求来深化教学改革，提高职业教育活动，推动经济社会的创新发展。另外，"1+X"证书制度的实施，使得职业技能等级标准得到了重新制定，职业技能教材和相关资源也随之开发，评价考核和证书发放都由第三方来完成，这一制度体系实现了教育与考核之间的分离，有利于对人才进行客观评价，也有利于提高职业院校的教育质量。

第三，随着"1+X"证书制度的深化，必然会带来教育教学管理模式的多方面改革，各种全新的人才培养模式会在这一制度的影响下逐步涌现出来，而这些变化会使得现有的职业院校管理模式受到多方面影响，需要跟随这些变化做出相应的调整，以保持较高的教学活力以及教学质量。

总而言之，"1+X"制度的实施必然会使得国内的职业教育和培训工作发生本质性的变化，这一制度本身是学历证书与职业技能证书的结合，它与传统的双证制度有着较大的区别。在"1+X"制度的多重影响下，职业院校需要结合市场变化和学生成长需求来开展教育改革，对学生采取综合性培养策略，达到多重培养目的，促使学生在新时期获得全新的发展和成长契机，在提高自身基础知识的同时获得更多的职业技能，进而更好地迎合社会发展需求，成为新时期的高水平职业技术人才。

二、"1+X"证书制度的相关实施

（一）"1+X"证书制度的实施基础

在20世纪末期我国开始推行双证书制度，但是这一制度的适用范围一直得不到合理的拓展，仅在职业院校取得了一定的效果，不仅提高了学生的基础学识，还促使学生掌握了更多的职业技能，并且对于学生的实习和就业能力都有着明显的推动作用。

随着近些年科技信息技术的迅速发展，双证书制度的实施面临着更大的困难。科学技术的迅速发展对整个社会的生产生活方式都形成了巨大的影响，而如此之快的变化，仅依赖于以往的双证书制度是难以满足学生实际成长需求的。同时，现如今的许多职业资格证书都有了一定程度上的削弱，这一环境因素进一步使得国内双证书制度的实施变得尤为困难，适用效力也有所缩小。企业在这一时期所开发出来的社会化证书仅能够覆盖到很小的区域范围，并不具备通用效果，因而含金量并不高，无法满足院校人才培养的实际需求。双证书想要在教学过程中落实，面临的最大问题在于需要结合社会需求进行相应的融合，而这本身是两种不同体系的证书，因而想要在同一课程体系的基础上完成两者的融合非常困难。"1+X"证书制度则是在双证书的基础上所延伸和创新出来的制度，学历证书与其他职业技能证书不仅拥有共同的教育目标，同时培训的主要对象也是学生，即便是内容方面也呈现出了良好的互补状态，与之前的双证书有着明显的区别，但正因为双证书制度的长期存在与发展，为"1+X"证书制度的实施奠定了基础。

（二）职业资格证书关系上的处理

在逐步实施"1+X"证书制度以后，直接面临的问题便是对X和职业资格证书关系上的处理，同时还需要开展与职业资格证书相关的各种教育和培训活动。根据当前的教育状况分析，职业资格证书的存在依旧有着相当重要的意义，而"1+X"制度则是对职业资格证书关系的进一步处理。首先，根据职业教育相关规定，国内院校开展职业资格证书教育符合法律要求；其次，在当前的社会需求当中，许多行业对于职业资格证书都有着明确的规定，最为明显的如医疗和教育行业；最后，现如今的国内院校教育，依旧非常关注学生从业技能和资格方面的培训。因此，在正式推行"1+X"制度以后，职业资格证书教育和培训工作的开展有待于进一步完善，并且应当结合当前的人才培养需求展开分析，做出决定，进而确保"1+X"制度的实施更加科学有效。

（三）1+X是融合状态下标准体系

在"1+X"证书制度的实施过程中，虽然1与X在教学体系中并不属于独立的个体，但两者却可以在互相融合的过程中形成完善的标准体系。学历证书所代表的主要是学生的学历状况，它彰显着学生德智体美劳的全面发展状况，对于职业技能的教育而言有着直接的参考和指导意义。因而在其中发挥着基础的作用，X则意味着具体的职业素质培养，同时能够对各种新技术以及应用提供良好的补充和拓展。X在整个证书制度体系中主要可以用来结论一些职业技能，而且具有良好的引导教育功能。如果1和X的关系达到了较高质量的融合，那么便能够充分提高职业院校的教育水平，进而达到产教结合的根本目标，一定程度上还能够提高学生的就业率。此外，1+X在基础的教育工作内容上也有相当大的推动作用，如对于专业调研便有着相应的指导和研究意义，有助于制定出最符合社会岗位需求的教育规划。

三、"1+X"证书制度的创新解读

"1+X"证书制度的创新，既体现在职业教育整体发展的宏观方面，也体现在职业院校内部发展的微观方面。

（一）"1+X"证书制度的宏观创新

对职业教育整体而言，"1+X"证书制度的创新主要有以下方面：

1. 职业院校教育的理念创新

"1+X"证书制度促成了终身教育理念的真正形成，2015年中华人民共和国教育部发布《关于深化职业教育教学改革全面提高人才质量的若干意见》，支持职业院校毕业生在职接受继续教育，拓宽技术技能人才终身学习通道。2018年，中华人民共和国国务院印发《国务院关于推行终身职业技能培训制度的意见》，要"建立并推行覆盖城乡全体劳动者、贯穿劳动者学习工作终身、适应就业创业和人才成长需要以及经济社会发展需求的终身职业技能培训制度"，"完善从劳动预备开始，到劳动者实现就业创业并贯穿学习和职业生涯全过程的终身职业技能培训政策"。"1+X"证书与国家"学分银行"两项制度的实施，使以往这些文件中的终身教育理念和制度安排在职业院校真正落实。职业院校毕业生在校期间的学习将与入职之后的学习连贯起来，为他们技术技能水平的持续提升提供保证。

2. 类型教育特征的制度创新

职业教育与普通教育是两种不同教育类型，既然与普通教育的类型不同，那么职业教育在教育目标、教育方式、评价方式等方面就应该与普通教育具有显著的差别。如何才能体现这种差别、如何凸显职业教育的类型特征？需要在国家层面对职业教育做出不同的制度安排。

职业教育是一种跨界教育，德技并修、工学结合是其作为类型教育的典型特征。职业院校的学生既要德智体美劳全面发展，又要具备一定的专业知识和职业素养，所以职业院校既要对学生进行思想道德教育、文化知识教育，又要进行技术技能培养、社会实践教育，将专业精神、职业精神和工匠精神融入人才培养全过程。因此在评判职业院校毕业生是否达到培养目标时就不能像普通教育那样用单一的学历证书去衡量，而是要通过不同类型的证书去反映学生不同的素养。"1+X"证书制度正是契合了这一特征的制度安排。通过学历证书体现学生可持续发展能力，通过多类职业技能等级证书体现学生的就业创业本领，"1"和"X"两类证书的相互融合共同体现了职业院校毕业生完整的知识素养。从国家管理层面来讲，"1+X"证书制度则不仅使职业院校立德树人根本任务得到根本落实，而且完善了职业教育和培训体系，深化了产教融合与校企合作，促使我国职业教育作为一种类型教育走上可持续发展的良性轨道。

3. 社会力量举办职业教育的机制创新

作为一种教育类型，职业教育的典型特征是要充分依靠产教融合与校企合作。但是多年以来，受体制机制等多种因素影响，校企合作过程中始终存在着学校热、企业冷的现象，企业参与校企合作的热情不高促使产教融合与校企合作难以深化，进而造成职业院校人才培养和行业企业需求技术技能人才短缺与职业院校毕业生结构性失业并存等突出问题。深化产教融合与校企合作，提高企业参与职业教育的积极性，促进教育链、人才链与产业链、创新链有机衔接，是新形势下全面提高职业教育质量、扩大就业创业、推进经济转型升级、培育经济发展新动能的迫切要求。

职业教育基本完成由参照普通教育办学模式向企业社会参与、专业特色鲜明的类型教育转变。如何实现转变，就要积极吸引包括各类企业在内的社会力量参与到职业教育中来，并进一步深化产教融合与校企合作是不二之选。而要做到这一点，需要在国家层面进行机制创新。"1+X"证书制度正是这一机制创新的产物。

"1+X"证书制度的实施，已初步达到了调动企业举办职业教育的积极性、吸引更多的企业参与职业教育的目的。在培育产教融合型企业方面，公开征集期间共收到多家企业的有效申请，经论证确定前期重点建设培育多家产教融合型企业。随着职教政策的逐步落实，目前已有越来越多的企业正在申请或准备申请成为职业教育培训评价组织和产教融合型企业，对于社会力量尤其是企业举办职业教育的内生动力正被快速的激发起来。

4. 实现职业院校的职责创新

职教政策一方面规定了实施职业教育是企业的法定义务，同时也规定了面向在校学生和全体社会成员开展职业培训是职业院校的法定职责。这与以往仅把职业培训作为职业院校服务社会的一种方式相比，是一种巨大的进步。"1+X"证书制度的实施，实现了学历证书与职业技能等级证书的互通衔接，促进了学历教育与职业培训的有机融合，使社会成员参加的职业技能培训与职业院校学生的专业课学习实现了统一，避免了课证分离时造成的重复考试、浪费时间和缺乏精力情况的发生，提高了学习效率。对于职业院校而言，实施学历教育与培训并举的法定职责也得到了落实。

（二）"1+X"证书制度的微观创新

对职业院校内部而言，"1+X"证书制度的创新主要体现在以下方面：

1. 人才培养目标创新

实施"1+X"证书制度的目的之一是培养复合型技术技能人才。与以往的单一专业的人才培养目标相比，这是一种较大的改变。目前，部分职业院校的人才培养与社会需求相脱节，造成技术技能人才短缺和职业院校毕业生结构性失业并存的局面；同时当今技术日趋复杂化、综合化，单一专业的知识结构往往无法胜任某一岗位或岗位群的工作，而是要求从业者必须具备几个专业的知识和技能。通过实施"1+X"证书制度，培养更多"一专多能"的复合型技术技能人才，拓展毕业生的就业创业本领，满足行业企业的需求，将更好地服务于产业转型升级和高质量发展，缓解职业院校毕业生结构性失业问题，促进就业、改善民生，促进社会经济更好更快发展。

2. 人才培养模式创新

"1+X"证书制度之所以称为"1+X"，而不称为"1+1"或双证书，应该因为"1+X"证书制度与以往双证书制的本质区别。为达到这种目的，职业院校必须改变人才培养模式，完善工学结合的育人机制，将培训内容及要求融入专业人才培养方案和教学体系，做到专业教学标准与职业技能等级标准精准对接，学历教育与职业培训并举并重，实现课证融通、书证融通；要进一步深化校企合作，实施校企联合培养、双主体育人的中国特色现代学徒制；与行业企业充分合作，推行面向企业真实生产环境的任务式培养模式，内外结合、长短结合、育训结合，为职业院校学生获取多种职业技能等级证书提供便利；要深化改革，充分利用现代信息技术构建新的教学模式，提高教学质量。

3. 人才评价模式创新

"1+X"证书制度试点工作要进一步发挥好学历证书作用，夯实学生可持续发展基础，鼓励职业院校学生在获得学历证书的同时，积极取得多类职业技能等级证书，拓展就业创业本领，缓解结构性就业矛盾。院校内实施的职业技能等级证书，是职业技能水平的凭证，反映职业活动和个人职业生涯发展所需要的综合能力。

由于职业技能等级证书由职业教育培训评价组织联合企业共同开发，体现了行业企业的新技术、新工艺、新规范、新要求，因此这就预示着对职业院校毕业生的评价方式将由职业院校自主评价转变为由职业院校和职业教育培训评价组织共同评价，实际上是以行业企业的标准来评价职业学校的学生是否达到了行业企业的要求。所以"1+X"证书制度实现了院校自主评价与行业企业评价的统一。在这种评价模式中，学历证书的作用是"夯实学生可持续发展基础"，主要体现学生的综合素养和通用能力；职业技能等级证书的作用是拓展就业创业本领，缓解结构性就业矛盾，并且体现学生参与职业活动和个人职业生涯发展所需要的综合能力，两种证书相互结合，反映了职业院校毕业生的个人能力和素养。

4. 学习成果管理制度创新

目前职业院校学生的学习成果，主要体现为他们的学习成绩。因此对学生学习成果的管理，主要是对学习成绩的管理，一般由职业院校自己认定，自主管理。"1+X"证书制度实施后，学习成果管理制度将发生重大变化。按照目前文件的精神，"1+X"证书制度将与"学分银行"制度结合实施。在国家层面，建立职业教育学分银行系统和"1+X"证书信息管理服务平台；参与试点的学生都将建立个人学习账户，学生在校学习和参加职业培训的成果都将计入个人学习账户，记录学分；学生个人学习账户中的学分和获取的职业技能等级证书将通过国家学分银行系统和证书服务平台实现对接，实现学习成果可追溯、可查询、可转换。

在此情况下，职业院校的学习成果管理就不仅是学习成绩管理那么简单了，除了要做好学习成果的认定、积累等工作之外，还要做好学习成果的转换。通过学习成果转换，为社会成员取得学历证书和本校学生参加职业技能等级证书考试时免试部分内容提供支持。

"1+X"证书制度的上述创新，将为我国职业教育发展创造良好的社会环境，并深刻影响职业院校的师资建设、实训基地建设、人才培养、教学改革等一系列环节，提高职业院校人才质量，促进职业院校在为经济社会发展和提高国家竞争力提供技术技能人才支撑方面发挥更加积极的作用。

第二节 "1+X"证书制度下专业课程改革方向

"1+X"证书制度"是职业教育领域的一项重大改革举措和制度设计，对职业院校办学体制与育人机制改革提出了内在要求，即学历领域与工作领域内在统一、学历教育与非学历教育互通互认、职业院校与行业企业协同共生、通用能力与专门能力复合培养[1]"。在"1+X"证书制度下，职业院校要把握好课程目标、课程内容、课程结构、课程实施、课程评价的改革方向，以明确人才培养目标、遴选职业技能等级证书、调整专业课程内容、重构专业课程体系、建立专业课程评价与反馈机制为实践路线，推动专业课程的改革与建设。

一、"1+X"证书制度下专业课程改革的基本方向

"1+X"证书制度作为职业教育人才培养机制改革的一项重大举措，为职业院校专业课程改革提出了根本要求，要求职业院校从自身实际出发，在系统掌握"1+X"证书制度本质与要求的基础上，精准把握课程改革的方向，办出特色、办出水平，充分彰显职业教育的类型特征。

---

[1] 张青，谢勇旗，乔文博. "1+X"证书制度下职业院校专业课程改革的方向与路线 [J]. 成人教育，2021，41（8）：49.

（一）由标准化单一目标转向个性化复合目标

执行怎样的课程目标是课程建设的首要问题。近年来，随着科学技术的迅速发展，我国社会劳动形式也发生了根本性转变，逐渐由简单的机械劳动转向了心智技能和复合型工种劳动，要求职业教育明确个性化、复合化的培养目标，提供多样化的人才成长通道。然而，我国传统职业教育并没有为学习者提供多样化的职业发展道路，而是一以贯之地执行统一的培养目标与课程标准。一般而言，学习者在入学之前就选定了专业方向，入学后只能依照选定专业沿用同质的培养方案，学习同样的课程内容，走统一的发展路径，而且培养方向也大多是标准化的职业岗位。可见，课程目标具有明显的标准化与单一性的特征。"1+X"证书制度下的专业课程应当摒弃标准化的单一目标，构建个性化的复合目标，培养"专业型号"多元、职业能力复合的技术技能人才。一方面，强调"X"的多样化与不确定性，借由"X"的融入丰富人才培养目标，完善人才培养标准，解决"专业型号"统一性的问题，推动人才培养的多元化与个性化；另一方面，强调"1"的兼容性与广泛适应性，通过"1+X"证书制度下专业核心课程的跨专业建设，强化通用能力的培养，消除人才培养单一性的弊端，实现人才培养的发展性与复合化。

（二）由稳定性学科知识转向动态化工作知识

如何处理知识与能力的矛盾关系问题一直是职业教育界的重要课题，到底哪些知识才能形成职业能力，哪些知识应该被纳入职业教育领域，这是组织课程内容前必须解答的问题。联系论认为职业能力的本质是知识与任务的联系，可见只有与岗位任务密切关联的知识才是形成职业能力、构成教育内容的关键。不过，我国传统职业教育课程往往采用普通高等教育的模式，在课程内容方面具有明显的普通教育特征。虽然课程内容仍多以工作任务的形态出现，但只是对原有学科知识的任务化重组与简单建构，其实质仍然是学科知识。尽管这些知识具有稳定性、兼容性、系统性与广泛适用性等特征，对学生职业发展具有长远意义，但与职业岗位情境相剥离，与个体建构工作意义、养成职业能力并无直接关系，这也是职业教育内容备受诟病的主要原因。"1+X"证书制度要求学习领域与工作领域沟通融合，因此，职业院校应当改革课程内容学科化的传统，选取动态化的工作知识组织课程内容，借由行业企业的广泛参与，从职业岗位任务出发，以职业能力养成为目标，开发与岗位任务相关联的动态化、情境性的工作知识，实现学习领域与工作领域的内在衔接。

（三）由三段式学科结构转向复合化工作结构

"1+X"证书制度下的专业课程旨在培养复合型技术技能人才，因此，职业院校应当改变传统学科化的课程结构，建构复合化的工作结构，实现内容结构由学科逻辑向工作逻辑的转变、体系结构由三段式向复合化的转变。具体而言，一方面，在内容结构层面，要逐渐改变以知识逻辑编排课程内容的思想，按照行动逻辑组织课程内容与知识系统，以工作任务为中心去黏合知识体系；另一方面，在体系结构层面，要逐渐摆脱从一般到具体、从基础到应用、从理论到实践的分立式、梯度化的编排顺序，形成以复合能力为主线，以专业群为依托，以专业群核心课程、专业方向课程与技能拓展课程为基本框架的模块化、复合化结构。

（四）由预设性讲授教学转向生成化实践教学

"做中学"是职业教育的导航标与生命线，也是职业教育的固有属性，其生成性、实践性特征要求职业教育改革预设性、通堂讲授式的教授方法，实现课程实施的动态性转变。一些职业院校在课程实施过程中依然存在"向心式教学"的教学模式，即以教师为圆心、以预设性的知识内容与讲授式的教学方法为半径开展教学活动，表现出强烈的普通教育特征。然而，此类知识体系下衍生的教学活动具有封闭性、静态化的属性，并不能很好地适应职业教育强实践性与高互动性的教学需求，反而制约了职业教育课程实施的生命活力，影响了职业教育的教学质量。"1+X"证书制度下的专业课程应当突破传统的教学模式，打通学习领域与工作领域的沟通渠道，从职业教育的角度重新审视课程教学活动，依托现实的职业岗位，以典型的工作任务为依据进行课程设计与实施。将教学活动置于结构不良的、复杂的问题情境中，推动学习者在与情境的交相互动、与其他学习者的沟通交流中掌握技术知识与能力，增强探究意识与水平，实现课程教学活动的生成性、动态化、不确定性与实践性等。

（五）由行政化一元评价转向社会化多元评价

课程评价是以课程目标为依据，运用科学有效的评价方法，对课程进行诊断与评估的过程，在课程建设过程中起着指导、诊断、监督与激励的重要作用，是课程建设的有力保障。总体而言，现阶段职业院校的课程评价存在过度管理主义的倾向，即教育管理部门作为课程评价的主要角色，主导评价取向，导致管理部门出现"价值独断"与其他主体"价值服从"的现象。此类行政化的管理取向强化了教育管理部门作为评价主体的绝对控制地位，影响了课程评价的真实性与有效性，也忽视了评价的价值多元性，是导致课程评价教条、生硬的根源所在。"1+X"证书制度含有政、行、企、校多元治理的内在意蕴，要求职业院校在均衡评价价值的基础上，改革课程评价行政化的倾向，广泛吸收其他利益主体，尤其是培训评价组织、行业协会、企业龙头等的意见与建议，构建考评双元分离、各方利益协调、多元价值取向并存的课程评价体系。

二、"1+X"证书制度下专业课程改革的实践路线

"1+X"证书制度下职业院校专业课程改革是一项既涉及内在机理，又涉及外部表征的复杂系统，要求职业院校以成果导向理论为指导，以经济发展形势为依据，立足专业实力，系统谋划。

（一）定位人才培养目标

如何定位人才培养目标是专业课程改革的首要问题。在此，需要以成果导向理论为遵循，以专业大类为基础，以行业企业为参照，以岗位定位为手段，

以服务地方经济为宗旨，采用问卷调查与专题研讨等形式，对毕业生岗位分布、人才需求趋势、各岗位人才供需情况等进行社会与市场调研，提炼对应的职业岗位。明晰专业（群）通用岗位、各专业主要岗位以及新兴复合交叉岗位，确定本专业（群）可面向、拟面向与应面向的最终职业岗位，并借此绘制出本专业（群）学习者的生涯发展路径，规划出本专业（群）毕业生的就业岗位、迁移岗位与发展岗位等。最终运用工作任务分析法对典型工作任务进行分析，以明确工作领域、工作任务与职业能力等信息，定位专业（群）人才培养目标。

（二）遴选职业技能等级证书

在众多职业技能等级证书中，确定对应关系、遴选相应证书是专业课程改革的基石与保证，也是"书证融合"的必然要求。需要以专业（群）人才培养目标为依据，以职业岗位为参照，以职业能力需求为标准，匹配、筛选与细化职业技能等级证书，确定证书的类别、数量与等级。首先，依据专业教学标准或专业目录，对专业名称与职业等级证书名称或等级证书面向的专业名称进行匹配，穷举对应的职业技能等级证书；其次，依据专业（群）人才培养目标及对应岗位，对职业技能等级证书进行筛选，选取与专业（群）培养方向与实力最为匹配的多个证书作为融合对象，其中，可以按照功能划分为岗位对应模块、通用技能模块与兴趣发展模块等；最后，依据职业能力需求，确定职业技能等级证书的等级层次，一般而言，中等职业院校对应初级或中级职业技能等级证书，高等职业院校对应中级或高级职业技能等级证书，各个院校可根据本校实际情况确定取证等级与组合形态。

（三）调整专业课程的内容

依托"1+X"证书制度，对专业课程内容进行选择与组织是专业课程改革的内在要求，也是专业课程改革的质性体现。首先，从"1"与"X"融合互通的整体布局出发，穷举并归并学历证书与职业技能等级证书所覆盖的全部工作任务及知识、技能与能力，使证书课程内容能够在原有课程内容的基础上融合等级证书的要求，实现课程内容的双覆盖、不冗杂与去重复等。根据内容之间的逻辑关系可划分为彼此融合、互为置换与相互补充三种状态。其次，避免简单叠加专业知识与技术技能的倾向，在加、减定量的基础上，坚持"任务引领、项目驱动"的原则，通过工作过程系统化原理对工作领域内容进行教学化处理，实现工作领域向学习领域的转换、"1"与"X"能力标准与教学内容的重组或重构，从而确定专业课程设置，形成新的课程标准与教学内容。其间，应始终坚持工作过程导向，以工作情境为载体归并工作任务与组织课程内容。

（四）重构专业课程的体系

"1+X"证书制度是一项横向跨越学历教育与非学历教育、纵向打通能力递升通道的人才培养制度，其跨界性、等级性特征要求重构专业课程结构，建构宽基础、多方向、双沟通、组合型的模块化课程体系。其中，宽基础是指依据复合型人才培养规格及成长路径设置课程。将专业群内不同专业之间的共同任务和职业能力作为基础设计专业群核心课程，供学习者入学学习，推动学习者复合知识、复合能力与复合思维的培养；多方向是指针对专业培养方向开发出多个专业方向模块，使学习者可根据自身的专业特长、能力基础和兴趣爱好等自主选择1个主修与n个（n可为0）选修方向进行学习。其中，不同方向中重叠的课程内容可根据学分兑换原则进行减免；双沟通是指将职业技能等级证书的内容分别融入专业群核心课程、专业核心课程以及专业方向课程之中，实现课程内容与培训内容的交叉融合，受教育者可以在取得学历证书的同时获得若干职业技能等级证书。期间，可依托学分银行申请对重复内容的减免学习；组合型是指专业课程体系要突破单一化形态，根据工作任务与职业能力组成划分为一个个相对独立、内容完整的课程模块。届时，学习者可以通过模块的多项排列组合完成不同的学习单元，体验1+X的多种组合形态。此外，在课程体系内部，还要注重纵向技能的层级递进与横向技能的过程分解，融合职业技能的内在逻辑架构。

（五）构建专业课程评价及反馈机制

"1+X"证书制度下专业课程改革是一项基础性且全局性的活动，攸关人才培养的质量与方向，必须严把质量关口，以社会发展需要为遵循，以课程系统最优化为意旨，在坚持职业性与实效性的基础上，建立相应的课程评价与反馈机制。首先，在评价主体方面，除了管理层面的行政领导、行业专家外，还要充分发挥其他相关利益主体，如一线教师、学生、教学管理人员，尤其是企业方代表和职业培训组织的评价效用，使课程评价能够在普通教育评价的基础上另外反映就业环境、行业领域与用人单位的反馈意见，有效体现职业教育的类型特征；其次，在评价指标方面，构建纵向囊括课程设计、课程实施与课程结果全过程，横向包含需求、内容、结构、条件与实施全要素，径向涵盖知识能力、操作技能与职业素养全标准的课程评价体系，突出评价指标的全程化、全面化与职业指向性等特征。总而言之，"1+X"证书制度下专业课程改革要建构一个内部评价与外部评价相结合、形成性评价与总结性评价相交互的常态化、科学化的职业教育课程评价机制，以实时监控课程开发质量、有效研判课程开发实效。

第二章 "1+X"证书制度下文理科专业课程体系建设

第一节 "1+X"证书制度下会计类专业课程建设

一、会计类专业及其课程认知

(一)会计类相关专业及课程

1. 会计学专业课程

会计学专业属于管理学门类下的工商管理类，是国家控制布点的专业。会计学专业学习需要掌握的知识和能力包括：一是掌握现代会计学的基本理论、基本方法和基本技能，通晓会计学的定性和定量分析方法；二是掌握从事会计工作所必须具备的管理、经济、会计信息化等方面的基本知识；三是熟悉国家关于会计工作以及金融、财政、税收等方面的方针、政策和法规；四是了解本学科的最新研究成果和发展动态，了解国际会计惯例；五是具有较强的专业判断能力和决策能力、组织协调和人际沟通的能力；六是具有较强的语言与文字表达能力和应用写作能力，以及信息搜集与处理能力；七是熟练掌握一门外语，具有听、说、读、写、译的基本能力。

会计学专业的一般学制为4年，学习期限4～6年，核心课程包括：基础会计学、中级财务会计、高级财务会计、成本会计学、金融企业会计、政府与非营利组织会计、财务报告分析、财务管理学、管理会计学、审计学等。会计学专业的主要实践性教学环节包括：学生于第1学期进行入学教育，第5学期和第 6 学期进行思想政治综合实践；第 7 学期进行会计综合仿真实验，第 8 学期进行毕业实习，完成毕业实习报告一篇；第 8 学期完成毕业论文。会计学专业为体现应用型会计人才培养的要求，增加了实践性教学环节，主要开设的专业实践课有：基础会计实训、财务会计实训、成本会计实训、管理会计实训、财务管理实训、ERP 沙盘模拟经营实训、审计实训、企业纳税申报实训、会计综合仿真实验等。

2. 财务管理专业课程

我国最早只有会计学专业，到 20 世纪 80 年代，才相继产生了财务管理专业、审计学专业。财务管理专业就业适合从事战略管理、风险管理、预算管理、运营管理、成本管理、投融资决策管理、绩效管理、信息化建设等工作，也适合会计、审计、税务、金融等方面工作。财务管理专业的学制一般为 4 年，学习期限 4~6 年，核心课程包括：财务管理学、高级财务管理、公司战略与风险管理、内部控制、投资学、财务报告分析、审计学、基础会计学、中级财务会计、成本会计学、管理会计学等。

财务管理专业的主要实践性教学环节为：学生于第 1 学期进行入学教育，第 5 学期和第 6 学期进行思想政治综合实践；第 7 学期进行会计综合仿真实验，第 8 学期进行毕业实习，完成毕业实习报告一篇；第 8 学期完成毕业论文。财务管理专业为体现应用型财务管理人才培养的要求，增加了实践性教学环节，主要开设的专业实践课有：财务管理实训、管理会计实训、成本会计实训、基础会计实训、财务会计实训、ERP 沙盘模拟经营实训、审计实训、企业纳税申报实训、会计综合仿真实验等。

3. 审计学专业课程

审计学专业的学习要求包括：一是系统掌握审计基本理论、专业知识和操作技能；二是掌握审计的定性和定量分析方法；三是熟悉国家有关审计、会计等方面的方针、政策和法规；四是了解本学科的最新研究成果和发展动态，了解国际审计惯例；五是具有较强的专业判断能力、决策能力、组织协调和人际沟通能力；六是能运用计算机处理有关会计和审计业务，具有较强的语言文字表达能力和应用写作能力以及信息搜集与处理能力；七是熟练掌握一门外语，具有听、说、读、写、译的基本能力。审计学专业的就业方向主要适合在大中型企业和跨国公司从事内部审计工作，可在政府审计机关和司法机关从事审计检查与鉴定工作，也可进入会计师事务所、律师事务所、资产评估公司等中介机构从事审计服务与咨询工作，还可以在学校和科研部门从事教学和科研工作，也适合在企业、事业单位、政府部门等营利组织和非营利组织机构从事审计、会计、理财、税务等工作。

审计学专业的学制一般为4年，学习期限4～6年，核心课程包括：统计学、基础会计学、中级财务会计、高级财务会计、成本会计学、审计学原理、审计法规、政府审计、社会审计、内部审计、计算机审计、经济法、税法。审计学专业的主要实践性教学环节为：学生于第1学期进行军事训练和入学教育，第5学期和第6学期进行思想政治综合实践；第7学期进行会计综合仿真实训，第8学期进行毕业实习，完成毕业实习报告一篇；第8学期完成毕业论文。审计学主要专业实训包括：基础会计实训、财务会计实训、成本会计实训、审计实训、管理会计实训、财务管理实训、ERP沙盘模拟经营实训、企业纳税申报实训、会计综合仿真实验等。

（二）会计类专业的核心课程

1. 基础会计学课程

基础会计学课程是会计学、财务管理、审计学专业及其他相关专业所开设的一门专业基础课，也是会计学、财务管理、审计学三大专业的共同核心课。基础会计学又称为"基础会计""会计学原理""初级会计学""会计基础"，是研究各行业企业会计共同适用的基本理论、核算方法及其工作组织的一门应用性极强的会计学科基础课。基础会计学是会计学科知识体系中最基本的内容，是会计学的入门课，也是学好其他会计学分支学科的基础。

基础会计学课程内容包括三个部分，一是基本理论：会计职能、会计对象与会计要素、会计核算的基本程序、核算方法与会计循环。二是会计核算方法：

设置会计科目与账户、复式记账、填制审核会计凭证、登记账簿、编制财务会计报告。三是会计工作组织：设置会计机构，配备会计人员，制定、执行会计法规，保管会计档案。会计核算方法是基础会计学的核心内容。通过对本课程的学习，要能比较好地掌握会计学的基本理论、核算方法、会计工作组织与基本技能，以便为后续课程的学习奠定基础。

2. 中级财务会计课程

中级财务会计课程是会计学、财务管理、审计学三大专业的共同核心课，它是在学习"基础会计学"的基础上，对会计要素进行确认、计量、记录、报告。目的是使学生掌握系统的企业会计核算的基本理论和扎实的会计核算方法、技能，从而具有较强的会计核算能力。

中级财务会计课程的主要内容包括：第一，财务会计及其特点、会计核算的基本前提、会计要素确认与计量、财务报告要素。第二，资产的会计记录：货币资金、存货、金融资产、长期股权投资、固定资产、无形资产、投资性房地产、资产减值。第三，负债的会计记录：流动负债、非流动负债。第四，所有者权益的会计记录。第五，收入的会计记录。第六，费用和利润的会计记录。第七，财务报告。对会计六要素的会计记录（即填制审核会计凭证、登记账簿）是中级财务会计的核心内容。

3. 成本会计学课程

成本会计可分为狭义与广义两个层次。广义成本会计（又称为现代成本会计）对生产经营业务成本、经营管理费用和专项成本（除产品成本、期间费用以外的成本）进行成本预测、成本决策、成本计划、成本控制、成本核算、成本分析与成本考核，以使得企业生产经营活动实现最优运转的目的。狭义成本会计只对生产经营业务成本（产品成本）和经营管理费用（期间费用）进行成本核算和分析；而本课程以下均指狭义成本会计。成本会计学课程是会计学、财务管理、审计学三大专业的共同核心课，成本会计是企业会计最重要的工作之一，主要包括成本核算和成本分析。成本会计学课程主要内容如下：

（1）介绍工业企业成本核算一般程序，包括：①明确成本计算对象，确定成本计算方法，核算有关资源、成本、费用总账及明细账；②按成本计算对象和相关账户归集、分配生产费用和期间费用；③将生产费用合计在完工产品和在产品之间进行分配。

（2）成本计算的一般方法：费用要素在各种产品以及期间费用之间的归集与分配，辅助生产成本与制造费用的核算，生产费用在完工产品与在产品之间的分配。第三，产品成本计算的基本方法：品种法、分批法、分步法。第四，产品成本计算的辅助方法：分类法、定额法。第五，成本报表的编制与分析。成本计算是"成本会计学"课程的核心内容。

通过对审计课程的学习，清楚成本核算的程序，掌握成本计算的一般方法、成本计算的基本方法、成本计算的辅助方法。学生既要学会操作，又要弄清道理，在成本会计学习过程中，要重视做习题这一环节，巩固所学的内容，培养和训练从事成本会计工作的基本技能。

4.财务管理学课程

财务管理学课程是会计学专业、财务管理专业的共同核心课程，在明确财务管理管什么——财务管理对象及其内容；为什么管——财务管理目标；怎样管——财务管理职能（方法）；谁来管——财务管理机构与财务管理人员；依据什么管——财务管理原则；在什么条件下管——财务管理环境；在什么观念下管——货币时间价值观念、财务风险价值观念的基础上，全面、系统地阐述财务管理的基本概念、基本理论、基本内容和基本方法。

财务管理学课程的主要内容包括：第一，财务管理总论，主要阐述财务管理的基本理论和基本方法；第二，筹资管理，主要介绍筹资金额预测、短期负债筹资、长期负债筹资、长期股权筹资、长期衍生工具筹资、资本成本与资本结构；第三，投资管理，主要介绍对内短期投资管理、对外短期投资管理、对内长期投资管理、对外长期投资管理；第四，利润分配管理，主要介绍利润分配概念、原则、程序，股利政策，利润分配风险管理；第五，税务管理，主要介绍筹资税务管理、投资税务管理、利润分配税务管理。

财务管理学课程以"在提高资源利用效率的基础上，实现企业利润更大化"

作为财务管理实践活动的根本目标，在实践中学会如何为企业多赚钱，即以较低的资金成本取得资金、以较高的投资效率使企业赚取更多利润，以恰当的分配政策使得财务关系得到有效协调，使企业的财务管理活动达到良性循环。理论联系实际，增强分析分问题和解决问题的能力。

5. 管理会计学课程

管理会计学课程是会计学专业、财务管理专业的共同核心课程，以"在提高资源利用效率的基础上，实现企业利润更大化"作为管理会计实践活动的根本目标，介绍现代管理会计基本理论、成本性态、本量利分析及变动成本法。预测经济前景、参与经济决策、规划经济目标、控制经营过程、考评经营业绩的基本理论和基本方法。

管理会计学课程的主要内容包括：第一，现代管理会计基础、现代管理会计的基本理论、成本性态、本量利分析及变动成本法；第二，决策会计，包括预测分析和决策分析两部分；第三，执行会计，包括全面预算、成本控制和业绩考评三部分；第四，预测、决策、预算（规划）、控制、考评是管理会计的核心内容。

管理会计学课程以"在提高资源利用效率的基础上，实现企业利润更大化"作为管理会计实践活动的根本目标，要求学生熟悉管理会计的职能和内容，系统掌握"预测经济前景、参与经济决策、规划经济目标、控制经营过程、考评经营业绩"的基本理论和基本方法。理论联系实际，增强分析分问题和解决问题的能力。

6. 高级财务会计课程

高级财务会计是会计学、审计学专业的共同核心课，是指运用传统的财务会计理论与方法，以及在新的社会经济条件下发展了的财务会计理论与方法，对在新的经济条件下出现的一般财务会计中不予包括或不经常发生的特殊业务、特殊呈报、特殊行业进行的会计处理，向与企业有经济利益关系者提供有用的决策会计信息的经济管理活动。

管理会计学课程的主要内容包括：第一，企业合并的会计处理；第二，合并财务报表；第三，外币业务会计；第四，租赁会计；第五，股份支付会计。通过本课程的学习，使学生在掌握中级财务会计的基础上，掌握除中级财务会计以外的特殊经济业务的会计处理方法，提高学生在会计实践中学会的特殊业务的适应能力、决策能力，使其成为具备较高专业技能的应用型、复合型、高素质专业人才。

7. 金融企业会计课程

管理会计学课程是会计学专业的核心课，是针对各类金融企业的经济业务进行核算。在阐明金融企业会计的对象、特点、作用、任务的基础上，阐述金融企业会计核算的会计科目、记账方法、会计凭证、会计账簿及账务组织、会计报表，主要介绍银行经济业务的会计核算。

管理会计学课程的主要内容包括：第一，金融企业会计的对象、特点、作用、任务；第二，会计科目的设置、记账方法、会计凭证、会计账簿及账务组织、会计报表；第三，存贷款业务的核算；第四，支付结算业务的核算；第五，联行往来的核算；第六，金融机构往来的核算；第七，外汇业务的核算。银行经济业务的核算是"金融企业会计"课程的核心内容。通过本课程的学习，是使学生在掌握了会计基本理论和核算方法的基础上，进一步对不同金融企业的不同会计核算程序和方法有所了解，掌握它们各自的特点，以适应到金融企业从事会计核算工作。

8. 政府与非营利组织会计课程

"政府与非营利组织会计"，也称"预算会计"，是会计学专业的核心课程，阐述政府与非营利组织会计核算的基本理论、基本方法和基本技能，介绍事业单位会计、行政单位会计和财政总预算会计的账务处理方法。

管理会计学课程的主要内容包括：第一，预算会计基本理论：预算会计的概念和组成体系，预算会计的基本前提和一般原则，预算会计的对象、要素和会计等式，预算会计的特点。第二，预算会计的基本方法：会计科目和账户、记账方法、会计凭证、会计账簿、会计报表、公共财政管理改革中的预算会计制度。第三，财政总预算会计。第四，行政单位会计。第四，事业单位会计。

政府与非营利组织经济业务的账务处理是政府与非营利组织会计的核心内容。

通过管理会计学课程的学习，旨在使学生理解预算会计的基本内容和任务，掌握预算会计核算的基本方法，培养学生分析和解决问题的能力，掌握财政总预算会计、行政单位会计和事业单位会计核算的基本理论、基本方法和基本技能，并能运用所学的预算会计知识分析和解决实际问题，以适应到政府、行政单位会计和事业单位从事会计核算工作。

9. 审计学课程

"审计学"是会计学专业的核心课程，本课程是以注册会计师审计为主线，主要针对审计本质、审计目标、审计责任、审计准则、审计证据、审计风险、审计重要性、财务报表审计、审计报告等内容，系统阐述审计的基本概念、基本理论和基本方法。

管理会计学课程的主要内容包括：第一，总论包括审计需求与发展，审计职业规范与责任，审计的种类、方法和程序，我国审计的组织形式，审计准则和审计依据，审计证据。第二，财务报表审计目标及其实现。第三，审计计划、风险评估与风险应对。第四，审计抽样及其运用。第五，审计业务内容：销售与收款循环审计、采购与付款循环审计、存货与仓储循环审计、筹资与投资循环审计、货币资金审计、企业财务报表审计。第六，终结审计阶段的各项工作：终结审计工作、审计报告。销售与收款循环审计、采购与付款循环审计、存货与仓储循环审计、筹资与投资循环审计、货币资金审计、企业财务报表审计是审计学课程的核心内容。

通过管理会计学课程的学习，要求学生了解和全面掌握审计基本概念，了解注册会计师的法律责任，掌握抽样技术、审计目标确定、审计证据获取、审计计划编制及内部控制测试、审计报告编制的技术，能运用所掌握的基本概念和技术进行销售、采购、存货、筹资与投资等业务循环的审计。

10. 高级财务管理课程

"高级财务管理"是财务管理专业的核心课程，本课程研究除"财务管理学"内容以外的企业财务活动，如果将"财务管理"研究的筹资管理、投资管理、利润分配管理作为企业的一般财务活动（也就是所有企业都有的财务活动），则"高级财务管理"就是研究企业的特殊财务活动（即不是所有企业都有的财务活动或者对一个企业而言不是所有期间都有的财务活动，如通货膨胀财务管理）。

高级财务管理课程的主要内容包括：第一，资本市场与公司财务特征、财务估价模型概览、信息不对称与代理冲突、资本市场融资策略；第二，公司战略与价值创造、公司并购、衍生工具与风险管理、财务危机与预警；第三，企业集团财务管理、跨国公司财务管理。

通过高级财务管理课程的学习，拓宽学生在财务管理方面的视野，掌握公司并购、衍生工具与风险管理、财务危机与预警、企业集团财务管理、跨国公司财务管理等特殊财务活动，能将理论应用于实践，解决特殊财务活动的实际问题，提高运用高级财务管理知识分析与解决问题的能力。

11. 公司战略与风险管理课程

"公司战略与风险管理"是财务管理专业的核心课程，主要研究和介绍公司管理者从全局战略风险角度考虑生存与发展的基本概念、基本原理和基本方法。公司战略与风险管理课程的主要内容包括：第一，公司战略的基本概念、公司战略的层次、战略管理过程、战略变革管理；第二，战略分析、战略选择、战略实施、风险与风险管理、风险管理框架下的内部控制。

通过公司战略与风险管理课程的学习，来掌握公司战略的基本概念与相关内容，外部分析与内部环境分析的主要内容与方法，公司三个层次战略的主要内容，公司各种战略的开发方向与实现途径，战略实施和战略控制涉及的主要内容、过程与方法。掌握风险和风险管理的概念、风险管理的基本流程和管理体系、内部控制的概念以及内部控制规范的框架体系，了解风险管理的主要技术与方法。为从事企业高层财务管理工作和考取注册会计师考试的相关科目打下理论基础，培养学生分析问题与解决实际问题的能力。

12. 内部控制课程

"内部控制"是财务管理专业的核心课程，本课程以企业为背景，介绍了内部控制的基本概念和基本方法，并将基本框架、准则要求和案例分析有机结合在一起，揭示企业内部控制体系建设的重要性和迫切性。

内部控制课程的主要内容包括：第一，内部控制总论：内部控制的产生与发展、内部控制的概念、内部控制的功能与局限性、美国内部控制制度框架、我国内部控制制度框架。第二，内部控制要素：内部环境、风险评估、控制活动、信息与沟通、内部监督。第三，内部控制设计的原则与方法。第四，内部控制评价：内部控制评价概论、内部控制评价体系。所以内部控制要素是"内部控制"课程的核心内容。

通过内部控制课程的学习，要求学生了解和掌握企业内部控制设计、建立、实施及评价的基本理论、基本方法和基本原则，掌握内部控制要素：内部环境、风险评估、控制活动、信息与沟通、内部监督，并能运用所学的知识分析和解决实际问题。

13. 投资学课程

"投资学"是财务管理专业的核心课程，它是一门研究证券市场结构、证券发行和交易以及证券投资一般规律的学科，它在当代经济生活中占据着极其重要的地位。通过教学使学生能够系统、全面地掌握证券市场的基本知识，熟悉证券市场的运作。

投资学课程的主要内容包括：第一，证券投资基础：证券投资工具、证券市场；第二，证券投资分析：证券投资的宏观经济分析、证券投资的产业周期分析、证券投资技术分析；第三，证券投资技术分析：证券投资技术分析主要理论与方法、技术指标。通过投资学课程的学习，学生能够掌握证券投资的基本理论和方法，解决实际投资活动中的问题，尤其是学会解决证券投资实际问题的基本方法和技巧；能够将所学理论知识与现实经济环境中的证券投资业务活动密切联系起来。

14. 财务报告分析课程

"财务报告分析"是财务管理专业的核心课程，介绍财务报表分析的基本理论和基本方法，具备利用财务报表的信息进行财务分析、财务评价的基本技能，为从事会计管理工作奠定必要的基础。本课程是在掌握财务会计知识的基础之上，通过阅读财务报告，采用水平分析法、垂直分析法、趋势分析法、比率分析法、因素分析法、综合分析法等方法对企业盈利能力、营运能力、偿债能力、增长能力和综合能力进行分析。

财务报告分析课程的主要内容包括：第一，财务报表分析基础：财务报表体系构成、资产负债表结构与内容、利润表结构与内容、现金流量表结构与内容。第二，财务报表分析原理：财务报表分析的主题、目标、作用，财务报表分析的程序，财务报表分析方法。第三，报表分析：资产负债表分析、利润表分析、现金流量表分析。第四，能力分析：盈利能力分析、营运能力分析、偿债能力分析、增长能力分析和综合能力分析。报表分析和能力分析是"财务报告分析"课程的核心内容。财务报告分析课程的学习，使学生通过静态分析、趋势分析、同业比较、基本面分析等方法对企业做出准确的分析与判断，根据分析的结果对企业的财务状况、经营成果、现金流量、盈利能力、营运能力、偿债能力、增长能力和综合能力做出评价。

15. 统计学课程

"统计学"是审计学专业的核心课程，是系统地论述社会经济统计现象资料的搜集、整理、分析的一门学科，其主要内容包括：第一，统计概论：统计与统计学的产生与发展，统计的研究对象、特点和作用，统计学与其学科的关系，统计学涉及的基本概念，统计指标和指标体系，统计调查，统计整理。第二，统计指标：总量指标和相对指标、平均指标及标志变异指标。第三，统计方法：动态分析、指数、抽样推断、相关分析与回归分析。第四，国民经济核算体系简介。通过本门课程的学习，使学生系统地掌握统计的基本原理、方法，及统计活动的主要内容，并能结合实际工作，自主搜集资料、整理资料，结合统计资料进行全面的统计分析，独立完成统计分析报告。

16. 经济法课程

经济法课程是审计学专业的核心课程，主要介绍市场经济有关的法律制度，包括公司企业法律制度、经济主体行为法律制度、宏观调控法律制度，同时还包括部分与人们日常生活息息相关的民事法律制度，如合同法、票据法。

经济法课程的主要内容包括：第一，民事法律的基础知识：民事法律关系、民事法律行为的效力、经济法律关系和经济法律事实。第二，公司企业制度：公司设立的条件、股权的法律性质、公司内部组织机构、公司股东的诉讼地位、一人有限公司的法律性质、公司高级管理人员的资格。第三，合同制度：合同的订立程序、合同的效力、合同的保全、合同的履行、合同的担保、违约责任。第四，破产制度：破产的申请、人民法院受理破产的法律效力、破产的程序、债务人财产管理、管理人制度、重整程序和和解制度。第五，票据证券制度：杜撰法律关系，我国票据类型，票据行为及其效力，票据抗辩，汇票、本票和支票的法律性质。第六，市场经济主体行为规范制度。第七，劳动合同法律制度：劳动合同的适用范围，劳动合同的类型，劳动者的权利，劳动合同主要内容，劳动合同的履行和变更、解除和终止，劳动争议的解决。

通过经济法课程的教学，使学生掌握市场经济运行的基本法律制度、基本法律原理，增强法律意识。并能够运用相关法律理论知识与技巧，解决市场经济行为中出现的实际问题，此外，围绕着学科基本理论，通过一定的案例分析，以及一定的社会实践活动，提高学生认识问题、分析问题和解决问题的能力。

17. 税法课程

税法课程是审计学专业的核心课程，税法是涉及税收征纳双方的权利和义务关系的法律规范的总称，是依法征税和依法纳税的行为准则，本课程能为培养学生认识税法、掌握税法、运用税法奠定基础。税法课程的主要内容如下：

（1）税法基本原理：税法的解释，税收法律关系主体，税收程序法的基本制度，国际重复征税的概念，国际税收抵免制度。

（2）增值税：增值税一般纳税人和小规模纳税人的认定与管理，增值税征税范围的一般规定，视同销售、混合销售和兼营行业的征税规定，增值税税率。

（3）消费税：税目、税率，特殊计税规定，代收代缴的规定，委托加工应税消费品的规定，金银首饰征税规定，进口应税消费品组成计税价格的计算。

（4）企业所得税：基本税率规定，低税率的适用范围，收入总额的确定，不征税收入和免税收入，扣除项目的原则、范围和标准，不得扣除的项目，亏损弥补，固定资产税务处理，税法规定与会计规定差异的处理，资产损失扣除的政策，资产损失税前扣除管理，企业重组一般性和特殊性税务处理方法等。

（5）个人所得税：税率，应纳税所得额的一般规定、特殊规定，工资、薪金所得税的计税方法，个体工商户、个人独资企业和合伙企业的生产、经营所得的计税方法，对企事业单位承包、承租经营所得的计税方法，劳务报酬所得、稿酬所得、特许权使用费所得、利息、股息、红利所得、财产租赁所得、财产转让所得、偶然所得的计税方法。

（6）其他税种：城市维护建设税与教育费附加，资源税，车辆购置税，关税，土地增值税，印花税，房产税，车船税，契税，城镇土地使用税，耕地占用税。

通过税法课程的教学，使学生了解税收法律制度基础和税收征收管理法律制度，理解并掌握各种税收法律制度的主要内容，全面把握我国现行各税种的计税依据、计算方法，正确计算各税种的应纳税额，从而具备对实际经济业务中涉及的税收问题的分析和解决问题的能力，以达到培养应用型人才的目标。

18.审计学原理课程

审计学原理课程是审计学专业的核心课程，主要介绍注册会计师的财务报表审计的原理与方法，强调会计知识在审计中的整合运用与分析，尤其要注意讲授会计知识在审计中的逆向思维与分析，讲授如何在经济结果中审计与追溯经济本原，并判断会计处理得正确与否。

审计学原理课程的主要内容包括：第一，审计发展与审计功能、审计准则体系、审计职业道德、审计的法律责任；第二，审计目标、承接业务与计划审计工作；第三，审计证据与审计工作底稿、抽样技术；第四，风险评估和风险应对；第五，财务报表审计中对舞弊的考虑；第六，审计报告及其沟通。

审计学原理课程在培养学生掌握审计理念、方法及应用能力培养中具有重要作用。通过本课程学习使学生在掌握审计的基本理论基础上，学会运用审计及其他经营信息，对被审计单位经济活动进行有效的评价、鉴证、监督；了解审计学原理产生与形成过程，熟悉审计的模式、程序和方法。

19. 审计法规课程

审计法规课程是审计学专业的核心课程，从政府审计、社会审计和内部审计不同角度，介绍了三类审计主体最常用、最具指导意义的审计法规与准则，既有审计专业性法律，又有相关行政法规和准则。

审计法规课程的主要内容包括：第一，国家审计法规与准则：政府审计法规与准则构成、发展和未来展望。第二，国家审计法规与准则汇编：中华人民共和国审计法，中华人民共和国审计法实施条例，财政违法行为处罚处分条例，国务院关于加强审计工作的意见，关于完善审计制度若干重大问题的框架意见，中国国家审计准则等。第三，内部审计法规与准则：内部审计工作规定、内部审计质量评估办法、中国内部审计准则。第四，注册会计师审计法规与准则：中华人民共和国注册会计师法、中国注册会计师职业道德守则、中国注册会计师执业准则体系。

通过审计法规课程学习，学生熟悉审计法规与准则的构成，了解审计法规与准则的发展和未来展望，掌握三类审计主体相关的审计法规与准则，规范审计工作和行为，指导审计实践。

20. 政府审计课程

政府审计课程是审计学专业的核心课程，主要介绍政府审计的含义和地位、审计组织与审计工作、财政收支审计、金融审计、国有企业审计、行政事业审计、固定资产审计、外资审计、政府绩效审计和经济责任审计理论讲解与案例相结合，使学生进一步理解政府审计的基本理念和程序，对审计技术和方法的应用形成感性认知，并了解不同的审计业务特点。政府审计课程的主要内容如下：

（1）政府审计绪论：主要介绍政府审计的起源与演进、政府审计含义及其所处地位。

（2）政府审计组织与审计法律规范：主要介绍政府审计的组织及其职责、权限和审计的法律责任。

（3）政府审计基本业务流程：主要介绍审计项目计划、准备、实施、终结和整改检查。

（4）财政审计：本级政府预算执行情况审计；对下级财政预算执行情况的决算审计和其他财政收支审计的基本流程和方法，并学会和掌握撰写审计结果报告和审计工作报告。

（5）金融审计：中央银行、商业银行、非银行金融机构审计。

（6）国有企业审计：国有企业财务收支审计、国有企业领导干部经济责任审计。

（7）行政事业单位审计：行政单位财政财务收支审计、事业单位财务收支审计、行政事业单位其他审计。

（8）固定资产投资审计：建设项目开工前、在建和竣工决算审计。

（9）外资审计：国外贷款项目审计的程序和审计报告。

（10）政府绩效审计：政府绩效审计的内容、方法和程序。

（11）经济责任审计：经济责任审计的内容和程序。

通过政府审计课程的学习，使审计学专业学生扩展特定专业的审计知识，系统了解政府审计基本理论，熟悉政府审计的基本方法，掌握财政审计、金融审计、国有企业审计、行政事业单位审计、固定资产投资审计、外资审计、政府绩效审计和经济责任审计的基本流程和方法，以适应学生未来审计实践的基本知识和满足能力需求。

21. 社会审计课程

社会审计课程是审计学专业的核心课程，立足于注册会计师审计，主要介绍审计、鉴证与注册会计师职业，审计程序与审计技术，交易循环审计，其他鉴证业务及相关服务等。社会审计课程的主要内容如下：

（1）审计、鉴证与注册会计师职业：主要包括审计与鉴证的基本理论、注册会计师管理、注册会计师执业准则、职业道德和法律责任。

（2）审计程序与审计技术：主要包括审计目标与审计过程、审计证据与审计工作底稿、计划审计工作、风险评估、风险应对、审计抽样、审计报告。

（3）交易循环审计：主要包括销售与收款循环审计、购货与付款循环审计、生产与薪酬循环审计、筹资与投资循环审计、货币资金审计、特殊项目审计、终结审计。

（4）其他类型鉴证业务与相关服务：主要包括财务报表审阅、其他鉴证业务和相关服务。

通过社会审计课程的教学，使学生了解社会审计与鉴证业务的基本理论、注册会计师管理相关知识、财务报表审阅及相关服务；熟悉注册会计师执业准则、职业道德和法律责任；掌握审计程序和技术；能够利用审计技术，按照合理的审计程序对被审计单位的业务进行审计，提出正确的审计意见。

22.内部审计课程

内部审计课程是审计学专业的核心课程，主要介绍内部审计准则与职业道德规范，内部审计的机构管理、人力资源管理、项目管理和人际关系，内部审计程序、技术，并介绍舞弊审计、内部控制审计、风险管理审计、经济责任审计和信息系统审计的程序与方法。内部审计课程的主要内容如下：

（1）内部审计概述：内部审计的历史与发展、定义、职能、特征和作用。

（2）内部审计准则与职业道德：内部审计准则、职业道德规范。

（3）内部审计管理：内部审计的机构管理、人力资源管理、项目管理和人际关系。

（4）内部审计程序：全面风险分析、选择审计对象、制定审计方案、实施审计作业、编制审计报告、后续审计、评估审计结果。

（5）内部审计技术及应用：流程分析法、分析性复核方法、审计抽样方法、风险评估法、内部控制自评法、问卷调查法。

（6）内部审计实务分析：舞弊审计、内部控制审计、风险管理审计、经济责任审计和信息系统审计的程序与方法。

通过内部审计课程学习，学生应了解内部审计相关理论，熟悉内部审计机构管理、人力资源管理、项目管理和人际沟通相关知识，掌握内部审计的技术方法，并能利用所掌握的内部审计技术方法，进行舞弊行为审计、内部控制审计、经济责任审计和信息系统审计。

23. 计算机审计课程

计算机审计课程是审计学专业的核心课程，审计对象的信息化使得审计信息化成为必然。本课程主要介绍计算机审计的基本概念，从电子数据审计和信息系统审计两个方面介绍计算机审计的基本方法。

计算机审计课程的主要内容包括：第一，计算机审计相关概念；第二，电子数据审计概述；第三，基于电子表格软件的电子数据审计；第四，基于数据库工具的电子数据审计；第五，基于审计软件的电子数据审计；第六，信息系统审计；第七，计算机审计前沿。

通过计算机审计课程的学习，学生了解计算机审计的前沿，熟悉计算机审计的相关概念，掌握电子数据审计和信息系统审计的基本方法，以适应审计对象信息化对审计工作的需要。

二、"1+X"证书制度下会计专业课程体系构建

"随着我国市场经济体制的日益完善，现代化企业对于财务会计职业化人才的要求越来越高，未来社会会计职业化人才的知识结构将呈现多元化发展趋势，这就需要学生不仅要具备会计专业扎实的知识基础以及必备的实务技能，还要具备会计相关职业领域的多元化知识与技能，如互联网、大数据、财务信息化、金融和税务等知识内容"[①]。学生只有掌握相关业务体系的知识技能，才能适应会计岗位复杂多变的工作要求，做到零距离顶岗与无缝对接，将学习并掌握的会计专业知识与实际工作融会贯通，体现出新时期会计人才全面综合的职业素养，有效胜任岗位工作，为企业创造价值。

（一）"1+X"证书制度与会计专业课程体系融合的科学性

面对社会及企业对多元化会计人才需求的增长，高职院校也应与时俱进，积极探寻会计职业教育的科学发展路径。在会计专业课程体系中，不仅关注会

---

①黄影秋."1+X"证书制度下会计专业阶梯式模块化课程体系构建[J].湖北成人教育学院学报，2022，28（1）：46.

计专业的通识教育课程，还应结合会计岗位实践，不断拓展与丰富会计的职业化教育课程，加强对会计专业人才职业素养与岗位实践能力的系统化培养。这与高职教育"1+X"证书制度的培养理念相契合。"1+X"证书制度是彰显职业教育特色的重要措施，其教育理念就是实现理论知识与岗位技能的对接与融合，要求培养出的学生既要"术业有专攻"，又要"一专多能"，快速适应岗位工作，并在会计实务工作中有效应对各类突发问题，体现出综合全面的会计职业素养。

结合新时期会计岗位工作的任务、内容以及对人才的职业素养要求，对会计专业知识体系进行深度解剖，引入"1+X"证书制度对会计专业知识体系进行课程重构，以优化重构后的课程体系为社会培养更符合会计职业发展需求的多元化人才。

现代化企业的财务会计岗位更加强调职业性、实效性与多元性，对岗位人才的考核评价主要以证书为参照，将证书和证书对应的等级作为考量会计人才岗位胜任能力、工作任务绩效以及会计职业素养的重要标准。作为新时期会计岗位的从业者，要拥有会计职业领域的等级证书（初级会计证、中级会计证以及高级会计证），且能结合岗位工作任务，考取与会计专业相关的其他技能等级证书（"X"职业技能证），才是符合要求的职业化会计人才。

可基于对会计岗位任务目标、工作内容和职业素养的深度解剖，结合会计岗位工作与之对应的四类证书，对高职会计专业的课程体系进行科学重构。重构的途径体现在两个方面，对会计专业基础知识与实务技能课程进行优化重构；在课程重构中加强对岗位实践与职业素养的系统化培养。可将会计课程体系分解为三大核心模块——学业基础知识模块、会计专业实务技能模块和岗位实践职业能力模块；重点培养会计岗位人才的五大核心能力：专业知识、实务技能、岗位胜任能力、应用创新能力和会计职业素养，这是"1+X"证书制度下对于会计工作岗位的科学解读与建构分析。

由此可见，高职教育会计专业课程体系中引入并融合"1+X"证书制度，是"书证衔接"与"知识融通"的重要体现，一能实现会计专业证书与多方面职业技能等级证书的有效衔接，也能够促进跨领域知识的融通发展，以此促进高职院校对于会计专业人才的深化培养。"1+X"证书制度强调的是学历证书与其他职业技能等级证书的融合，要求会计专业学生具备扎实丰富的专业理论知识，也要求学生一专多能，对与会计专业相关的其他职业技能有所涉猎，进而实现会计职业素养的多元化发展。

（二）"1+X"证书制度下会计专业阶梯式模块化课程体系

1. "1+X"证书制度下会计专业阶梯式模块化课程框架

"1+X"证书制度下会计专业课程体系的建构，是基于多元化与复合型会计人才新标准对高职院校会计专业课程知识模块进行的优化调整，促进会计专业理论知识模块与实务技能模块的深度融合，满足会计人才"一人多岗、一专多能"的职业发展实际。引入"1+X"证书制度，要按照循序渐进的培养目标，构建会计专业阶梯式模块化的课程体系。"1+X"证书制度下会计专业课程体系的建构，强调对学生阶梯式的递进培养，要求学生逐步完成对应课程模块的知识学习，达到对应的会计职业等级。"1+X"证书制度下会计专业课程体系包含以下阶梯层级：

第一阶梯的培养目标为会计员，对应的课程知识模块为基础的会计专业知识，要求学生完成基础会计、会计确认、计量、核算以及会计电算化等各项基础的理论知识，具备一个会计员的职业素养要求。

第二阶梯的培养目标为初级会计师，对应的课程知识模块为理论知识与初级的会计实务技能。初级会计师开始强调学生会计专业知识的实践应用能力，注重基础知识在会计实务中的转化应用，重点培养学生会计实务操作、成本会计核算、财务报表编制和会计信息披露等与实务工作相关的会计职业能力，能够利用财务会计知识来解决企业实际问题，具备初级会计师的职业素养要求。

第三阶梯的培养目标为中级会计师，对应的课程知识模块为基础知识、实务技能与其他职业技能。中级会计师开始引入"X"职业技能课程知识，要求学生在熟练掌握会计专业理论知识与实务技能的基础上，拓展职业技能，深入学习财务管理、审计统计、市场经济、税务法律、计算机应用、互联网信息以及大数据等与会计岗位工作相关的跨学科知识，考取对应的职业技能等级证书，丰富自身知识结构，具备中级会计师的职业素养要求。

第四阶梯的培养目标为高级会计师，对应的课程知识模块在"1+X"理论知识与职业技能的基础上，强调岗位实践对"1+X"知识的融合应用，要求学生不仅要熟练掌握会计、财务、审计、经济、税法、计算机以及互联网信息等方面的专业知识与职业技能，还能利用知识技能解决岗位工作中遇到的实际问题，为企业提供专业有效的会计处理意见和应对措施，具备高级会计师应有的职业素养要求。

2."1+X"证书制度下会计专业阶梯式模块化课程构建

基于"1+X"证书制度下会计专业阶梯式模块化课程的理论架构，进一步构建与之对应的课程体系，来紧扣"一人多岗、一专多能"的职业素养要求，全面重构高职教育会计专业的课程体系。

基于新时期会计工作岗位对于人才复合型与多元化的需求，从新产业、新技术、新技能与新岗位方面进行深度解剖，以此为基础对会计专业课程模块进行优化重构，对应的会计课程模块体现在：专业文化基础课程模块、专业知识基础课程模块、专业能力专项课程模块以及综合能力拓展应用模块。其中专业文化基础课程模块对应学生的学业水平，专业知识基础课程模块和专业能力专项课程模块对应学生的专业能力，综合能力拓展应用模块对应学生的岗位能力。

（1）基于"1+X"证书制度设置会计专业阶梯式模块化的课程。"1+X"证书制度强调对学生进行循序渐进的阶梯式培养，在完整的课程周期要合理安排和设置课程模块，平衡理论课程与实务课程的关系，引入职业技能课程模块，在课程体系中相互融合，构建一个三位一体的课程体系。

1～2学期对应设置会计专业的公共基础课程与专业基础课程，完成会计员层级的基础知识培育；3～4学期设置会计专业的基础与实务技能课程，完成初级会计师层级的知识与技能培育；5～6学期引入职业化技能课程，结合会计岗位职业化需求，对应设置财务数字化管理、大数据财务分析、财务信息应用、业财融合以及金融财务等职业化技能课程，要求学生完成职业化技能课程的学习，完成中级会计师层级的知识与技能培育；随着学生进入工作岗位，要根据工作需要，按照难易程度逐步考取财务数字化应用职业技能等级证书、大数据财务分析职业技能等级证书、数字化管理会计职业技能等级证书、业财一体信息化应用职业技能等级证书以及金税财务应用职业技能等级证书，加强会计知识技能与这些职业知识技能的融合应用，逐步提高职业技能等级，进而达到高级会计师的职业素养要求。

显而易见，这种基于"1+X"证书制度下进行的会计专业阶梯式模块化课程设置，加强了会计专业课程体系的内部逻辑，体现了层级关系，有利于课程教学效率的提升。

（2）基于"1+X"证书制度丰富会计专业课程内容。高职院校会计专业课程体系应基于"1+X"证书制度对应丰富课程内容，按照学业水平、专业能力和岗位能力三个阶段，对课程内容的丰富完善。通过模块化的课程组建方式，能够将会计人才的培养目标进行逐层分解，并基于不同层级对课程模块的内容进行丰富，相关措施如下：

第一，学业水平是会计知识认知理解的初级阶段，在这一阶段主要加强对会计学科知识的理解和掌握，帮助学生打好理论基础，熟悉、理解并掌握基础会计、会计确认、计量、核算、处理、会计电算化以及会计职业道德等知识内容。

第二，专业能力是会计知识拔高与拓展应用的中级阶段，强调对会计专业实务能力的培养，围绕会计业务操作、成本会计核算、财务报表编制和会计信息披露等专业知识，来针对性地培养学生的实践操作能力。

第三，岗位能力是会计职业化发展的高级阶段，结合会计工作岗位的职业素养要求，加强对学生会计专业知识的实践应用。课堂实训课：财务会计作为一门专业性和实际性都相对较强的学科，应结合岗位职业素养要求来增设实训课程内容，在实训课中重点强化学生对会计实务问题的应对与处理；会计实务训练，布置财务会计、成本会计、会计核算和会计处理等不同方面的岗位工作任务对学生进行针对性的实务训练，重点强化学生对于会计实务能力的拓展应用，提升学生对于会计知识的实践操作能力；顶岗实习：为学生安排顶岗实习的课程，在具体的会计工作岗位来处理更为实际的财务会计问题，以此来针对性地提升学生会计职业素养，完成由理论知识向实务技能的职业过渡，实现会计专业课程体系的阶梯式培养目标。

（3）基于"1+X"证书制度加强会计职业能力的课程教学。"1+X"证书制度下会计专业课程体系对于学生阶梯式模块化的培养目标最终体现为综合能力，即专业知识、实务技能、岗位胜任能力、应用创新能力和会计职业素养，而对应的实践能力，应在课程模块中优化设置教学内容。"1+X"证书制度会计专业阶梯式模块化课程体系的建构，要围绕专业知识、实务技能、岗位胜任、应用创新与职业素养等方面内容来进一步优化课程内容。

专业技能方面要加强对学生会计理论学科知识与专业技能知识的课程教学；实务技能方面，首先要强化学生会计确认、计量、核算以及电算化等基础的会计操作技能；其次要联系企业岗位实际，强化与企业会计工作相关的实务技能；岗位胜任方面，为提高学生会计工作岗位的胜任能力，既要加强学生理论知识与实务技能的融合应用，也要加强学生对岗位实际问题的应对处理；应用创新能力方面，要结合"1+X"课程模块培养目标，加强会计知识技能与其他职业技能的应用结合，同时在岗位工作中实现职业技能跨学科、跨专业的创新应用；职业素养方面，基于阶梯式模块化的系统课程教学，最终学生要具备会计职业素养：会计理论知识与实务技能深度融合的职业素养；会计专业技能与其他职业技能深度融合的职业素养。这些方面都是会计专业综合实践能力的体现，应通过校企合作的方式，为学生开设深度联系企业岗位工作实践的课程，以此加强会计理论知识与岗位实践的应用结合，体现课程体系优化重构的重要意义。

综上所述，"1+X"证书制度下会计专业阶梯式模块化课程体系的构建，主要依据会计员、初级会计师、中级会计师以及高级会计师的阶梯层级来设置会计专业的模块化课程，基础知识课程安排在前，职业证书课程内容安排在后，强调对学生阶梯式的递进培养，要求学生逐步完成对应课程模块的知识学习，达到对应的会计职业等级。这样有逻辑且科学合理的课程体系，既能实现会计专业理论知识与实务技能的深度融合，拓展并丰富高职院校会计专业学生的课程知识内容；又能利用多元化职业知识及技能完善会计实务，加强学生的岗位实践训练，逐步提升学生的会计职业素养，使学生更好地适应企业的会计岗位工作，利用掌握的会计知识与技能解决岗位工作中遇到的实务问题，为企业创造价值，满足社会发展对会计人才的多元化需求。

第二节 "1+X"证书制度下土建类专业课程建设

由于"1+X"证书制度的提出，"土建类专业课程教学如果按照传统的教学方法已经不能满足新形势下的教学需要，教学改革势在必行"[1]。为满足新形势下高等教育需要，土建类专业要从人才培养方案修订到专业课程标准的制定，基于精准的学情分析取舍课程教学内容，重新进行课时的分配。融入现代信息化教学手段，改进课程考核方法，将企业评价列入主要评价指标。将上述改革手段应用在房屋建筑学、平法识图与钢筋算量等专业基础课程的教学实践中，既提高了学生的动手能力，也增强了他们的学习兴趣，使学生的知识技能更加贴合岗位需求。

一、"1+X"证书制度下《平法识图与钢筋算量》课程建设

《平法识图与钢筋算量》课程作为土建类专业基础课程，教学改革首当其冲，下面以《平法识图与钢筋算量》课程教学设计为例，重点阐述教学改革在实践中的应用。通过精准的学情分析重新设置教学课时。改革授课方法和教学手段，利用丰富的教学资源，实现土建类专业人才培养的目标。

---

[1] 俞磊."1+X"证书制度下土建类专业课程教学改革探索与实践[J].大连大学学报，2020，41（3）：129.

（一）教学设计改革

1. 教学内容的深度剖析

梁、板、柱、剪力墙等各主要构件的制图、识图与钢筋工程量的算量是土建类专业基础课平法识图与钢筋算量课程的重点讲述内容，其中的章节"梁平法识图与钢筋算量"又是平法识图与钢筋算量课程的教学重点，教师须根据学生实际水平，将教学内容中的梁的构件分类、钢筋分类、平法识图、钢筋计算等知识点进行重点阐述。

2. 进行精准的学情分析

平法识图与钢筋算量课程的教授对象为土建类专业大二的学生，他们前期通过房屋建筑学、土木工程制图等课程的学习，已经掌握了建筑制图与识图的基本知识、对建筑构造有了一定的了解。学生学习的热情较高，但耐性不足，注意力容易分散；知识掌握深度不够，专业知识的学习浅尝辄止，但在信息时代长大的他们，对手机、电脑等电子产品的使用一点就透，且兴趣浓厚。因而将信息化教学手段融入教学实践中，有利于提高学生的学习兴趣，培养其工匠精神。

3. 设定合适的教学目标

通过精准的学情分析，掌握学生的优缺点，重点在职业能力的培养方面入手，同时兼顾职业岗位的要求，从而确定课程的教学目标。

（1）教学能力目标：①能熟悉有关结构施工图制图规则有关制图标准；②能识读运用在平法制图规则下绘制的梁的结构施工图；③具有解决施工现场问题的能力，能够纠正钢筋工程绑扎、安装时存在的问题，明确解决问题时该采用哪种解决手段和方法。

（2）教学知识目标：①要求学生能掌握梁构件平面及截面注写的制图规则；②熟悉梁支座上部纵筋、下部纵筋、附加箍筋吊筋的构造；③熟悉梁钢筋的工程量计算，能独立操作，掌握其计算过程和方法。

（3）素质目标：①具有正确的世界观、人生观、价值观。热爱祖国，能够肩负起应有的社会责任。②具有良好的职业道德和职业素养。尽忠尽职，脚踏实地，具有一丝不苟的匠人精神；热爱劳动，能吃苦，具有较好的动手能力；强化质量、安全意识、工作中勇于革新；勇担当、善作为，善于协调各方关系，能够有集体荣誉感，有团结协作精神。

4.教学重难点深度剖析

（1）重点：正确地识读梁的钢筋图纸。梁作为建筑结构的主要受力构件，梁图纸的正确识读对于学生的识图能力而言非常重要。在教学过程中利用产教融合项目，建筑实体模型展示中心的等比例建筑构件模型作为教学案例，引导学生理解平法标注，掌握课堂的教学重点。

（2）难点：准确地计算梁钢筋的工程量。钢筋工程量的计算涉及很多的计算规则及公式，通过利用双实景互动教学视频软件实现课堂到施工现场的实时转换。该软件与建管局监控系统同步，通过实时查看监控范围内的施工作业现场，可以实现施工现场和课堂实时连线。将课堂中遇到的疑问通过施工现场的专业工程师实时解惑、在线解答，解决了土建类课程教学不能随时随地到施工现场参观的问题。双实景互动教学手段的应用加强了学生学习的参与度同时，也是一堂意义深刻的教学实践课。成功地将理论结合为实践，并辅助三维动画教学手段、BIM建模软件操作，层层加深学生对知识点的理解。巩固了教学效果，让学生轻松掌握本单元教学难点。

5.改革教学方法与手段

单元教学内容在授课时采用任务驱动式、模块式教学方式，将知识讲授划分为三分模式，即"课前、课中、课后"三种模式。在课程教学中融合多种信息化教学手段以此吸引学生的注意力，将课堂知识及时消化吸收，并结合五学模式：督学、导学、自学、辅学、互学，强化学习效果。单元主要的教学理念是6E教学法，6E分别指的是：导入（Engage）、探索（Explore）、解释（Explain）、拓展（Extend）、细化（Elaborate）、评估（Evaluate）。采用"三分—五学—6E"的教学体系目的是以学生为中心，主张学生在原有的知识体系上构建新的知识体系，进而将学生的知识面拓宽，激发他们的学习主动性。

6. 合理进行学时的划分

将学历证书与行业技能证书相结合，高校应该将专业课程标准与职业技能等级标准紧密地衔接起来，将学校教学内容融入职业技能等级证书培训内容，开发出校企合作的专用教材。根据精准的学情分析，选择合适的教学内容并且进行学时分配，做到因材施教，将原来10课时的教学精简为8课时，同时提高实践课时比例。

（二）教学实施重点

1. 教学实施过程

（1）精心的课前准备。根据课程标准、学情及专业特点，每次课堂教学前给学生布置思考题或问答题、手工制作模型等课后作业。下次上课时对作业进行提问或讨论式检查，注意学生回答问题的准确性、灵活性，以加强教学过程管理和课堂教学效果。

（2）课堂教学采用互动式教学手段。在教学实施的过程中，顾及全体学生，关注信息反馈。为了能极大地激发学生的学习主动性，教学中讲练结合，通过师生互动，从而营造出师生融洽的课堂氛围。采用现代化教学手段，根据建筑工程的特点，采用视频动画观看原理、实体模型对比分析让学生直观认识梁体构造及钢筋构造。可以利用VR[①]体验和AR[②]感知让学生身临其境地感知施工现场环境，将虚拟的梁和钢筋构造展现在学生眼前，提高学生认知能力。运用BIM建模技术[③]，让同学们通过建立BIM三维模型与手工算量的结果进行结果比对。能够更加直观、准确地理解钢筋构造与算量。

教师可以因材施教，在课堂教学中通过学生之间自主交流，通过生生互评，

[①]即虚拟现实技术，虚拟现实技术是一种可以创建和体验虚拟世界的计算机仿真系统，用户可以在虚拟现实世界体验到最真实的感受。

[②]即增强现实技术，是一种将虚拟信息与真实世界巧妙融合的技术，将计算机生成的虚拟信息模拟仿真后，应用到真实世界中，从而实现对真实世界的"增强"。

[③]即建筑信息模型技术，被认为是21世纪建筑产业创新发展的关键技术，备受世界各国重视，被视为现代和未来行业从业者需要学习和掌握的基本技术技能。

调动学生的学习主动性。根据课程标准将学生按照实际知识掌握深度进行分组教学，针对每组的薄弱点，选择不同的侧重点进行分层、分组教学。通过恰当的分组、分层的划分，在教学中将重难点进行衍生。基础薄弱的组别，在讲授时将知识点延伸、延长，目的使该组同学及时消化吸收本章节重、难点。对理解能力强、基础知识掌握扎实的小组，采用拔高法教学，将知识点拓宽，可以在动手能力、创新能力方面加大教学力度。通过实践证明，分组、分层教学极大地提升了学生的学习兴趣，使那些理解能力差、动手能力弱的学生找到自信心，学生整体水平大幅度提升，每位同学的动手能力都能得到最好的发展和提高。

（3）加大实践教学的课时，强化学生的动手能力。在平法识图与钢筋算量专业课程的教学中，传统的学时划分方法是理论课时多，实践课时少，学生主要在课堂接受PPT认知。受制于课堂教学所限制，大型实体模型很难进入课堂，从而导致学生理解片面，动手能力得不到培养。随着"1+X"证书制度在高等教育中的推行，各大高校开始重视实际动手能力的培养，将理论和实践教育相结合，培养出适合岗位技能的实用型人才。针对岗位技能等级需要满足企业需求，在教学课时的分配上加大实践教学比例。在此背景下，将学生带出传统的教室，感受真实的施工现场环境。在实训室按照1∶1比例，制作了梁、柱钢筋的实体构件，将课堂搬到实训室。通过AR技术，用手机上下载的特定的识图专用软件，通过扫描将平面的图形显示出三维立体效果。然后再根据三维图形，让学生动手制作缩小比例的钢筋模型。各小组做完以后相互点评，最后和真实的钢筋实体进行比对。通过这种方法，不仅提高了同学们对施工现场的感知，而且增加了学习兴趣，动手能力得到极大的提高，具体教学实施要点如下：

第一，根据修订的课程标准和专业特点，从提高专业实用性和学生兴趣入手，增强实训效果，结合现场施工实际情况，加强互动及提问或讨论过程中随时增加行业内容，以提高教学效果。

第二，利用双实景视频互动教学，双实景视频互动是将课堂即时链接到建管局工程项目监控系统。随时调取全市在建工程项目现场，查看与教学内容相符合的施工现场视频。将施工现场搬到实训室，解决了土建类专业不便带学生去施工现场的难题，提升了学生的学习兴趣。

第三，采用虚拟仿真技术通过扫码观看实训项目的概况全景图，提高学生学习兴趣；把学习任务中通过软件建模完成的模型利用3D打印技术变成实体，奖励给学生，激发学生学习动力。

2. 教学效果评价

通过虚拟和现实相结合，将实体模型展示和绑扎的梁钢筋用于实训教学，学生通过观察和测量完成平面注写。利用各种教学资源全面实现师生互动、生生互动。通过将学生自主学习、同学之间合作学习两者融合的方法，来满足不同层次和不同水平的学生需求。通过课后调研，解决实际存在的教学问题，动态调整教学方法和手段，通过这种教学改革课后评价获得很好的教学效果。通过教学过程和结果评价相结合，健全多元化评价体系可随时检验教学效果。将校内与企业评价融合起来，建立多样化的课程评价模式，实行"两个阶段、多方参与"的评价模式。采用课堂理论考察、实训报告的编写评价、课后作业的提交情况，施工现场图纸的识读，现场工程师的问答式考核等多种评价方法相结合。培养出既懂理论，又能动手，同时拥有多种建筑专业相关职业技能证书，即"X"证书的专业技能实用型人才。

二、"1+X"证书制度下《建筑识图》课程建设

下面将1+X（BIM）证书相关内容融入《建筑识图》课程进行探索。建筑信息模型（BIM）是首批"1+X"证书制度试点项目，BIM技术的应用实现了建筑项目管理的信息化，提高了项目生产的效率和质量，有效防止可能发生的"错漏碰缺"，降低建造成本。目前，BIM技术为建筑行业带来的效益已经被人们普遍认可，BIM技术的广泛应用对未来从业者提出了新的能力需求。因此，建筑工程类专业院校需要研究行业对未来从业者的能力需求，改革课程设置，调整课程内容，才能使学生适应日渐变化的行业需求。近年来，越来越多的职业院校开始了BIM相关课程的教学。

《建筑识图》是土建类专业学生的一门专业基础课，其目标在于讲解投影法的理论和应用，培养学生的绘图、读图和图解能力，主要的知识点包括投影法的原理，点、线、面、体的基本投影，空间几何元素及其相对位置关系的图解、图示方法。目前，多数教师采用 PPT 课件辅以实物模型的方式来讲课。这种方式只能展现有限的形体的投影特征，不能探究变化的形体的特征。也有不少教师尝试将 AutoCAD、SketchUp 等软件引入到课程中，但在这些软件中模型形体的修改比较麻烦，而且不能建立模型视图与投影视图的实时关联。Revit 是建筑行业使用最广泛的 BIM 软件，可以很好地支持《建筑识图》课程知识点的探究和展现。

　　第一，Revit 可以很方便地为项目模型创建多个不同方向的投影视图，并且可以把多个视图布置到一个图纸中。这样方便师生对比模型不同方向上的投影视图，能有效帮助学生理解和掌握投影规律。

　　第二，Revit 的多个视图是关联的，在任意一个视图上对模型形体进行修改后，其他视图会相应地实时更新。这个特性可以方便师生们观察不同特征模型的投影图形的差异，从而有效地帮助学生建立投影图形与三维模型的映射，提高学生读图能力。

　　第三，Revit 的视图符合建筑工程制图的标准，并可以灵活定制视图模板，这样可以有效帮助学生建立正确的图示方法。

　　第四，Revit 参数化的族定义可以支持建立参数化的几何形体模型，使得师生可以很快捷地通过修改参数来改变形体特征，从而探究并掌握不同特征形体的投影规律。

　　在传统的基于二维图纸的工作模式中，绘图、读图和图解能力具有同等的重要性。但是在基于 BIM 技术的工作模式中，随着模型的建立，Revit 能自动生成符合建筑工程制图规范的各种视图；而过去需要利用图解法来分析和解决的空间问题在 BIM 软件中可以轻而易举地解决。在行业实践中，手工制图和用图解法解决空间问题的手段已经越来越少为人所用。因此，在课时安排中可以对绘图和图解法的课时内容进行微调，增加以 Revit 建模和模型数据获取的学习内容，使学校所培养的学生毕业后能快速适应基于 BIM 技术的工作模式。

通过将 BIM 技术与专业课和专业基础课的融合，不仅可以有效解决 BIM 教育的强烈需求与课时紧张的矛盾，还可以借助 BIM 技术提高现有课程的教学效果与学习效率，同时还减轻了学生自行在校外学习 BIM 技术的负担，并且，通过 BIM 融合课程所培养的学生将更有能力适应基于 BIM 的工作模式，更符合行业的人才需求，是很值得尝试的教学改革途径。

第三节 "1+X"证书制度下艺术类专业课程建设

一、艺术类专业课程实践教学及体系构建

艺术实践教学是艺术教师以最优效活动促进学生习得艺术文化与相应能力的润泽行为，"最优效活动"是教师能够主动创造性地设计出可以帮助学生有效成长的优秀训练课题方案与实际训练行动。艺术实践教学活动重在思考和研究的是如何让艺术教育者的艺术教育理想和艺术教育观念最优化地转换成具体实在的教学内容与教学活动，目的是帮助学生形成应有的艺术能力。

艺术教育的实践教学是艺术教育重要的整合过程，是融合理论与应用的、动态的、整体性的教学过程。这个过程，是教师和学生用全部的认识、信念、情感、智慧和力量投入的具有丰富创造性的行动过程，是一种充满智慧的活动，而是在认识结论支配下简单的、纯粹的技术性或机械性的操作。何晓佑认为，实践教学是相对于理论教学而言，是以技能训练和操作能力训练为主的教学环节，其内容包括实践、实习、实训、社会实践、课程设计、毕业论文（设计）等，也包括创业活动以及纳入教学计划的社会调研、科技制作、学科竞赛等。实践教学的过程应该把社会实践项目引入教学活动，这些项目可以是生产性的也可以是研究性的。

从实践教学的目的而言，实践教学包括三个方面：一是对动手能力的培养，二是对设备性能的掌握，三是对创造能力的验证。艺术专业学科的实践教学就

是通过各种不同的途径，搭建从构想到现实的桥梁，将构想以虚拟或现实的方式呈现给学生们，实践教学应该是一个非常宽泛的主题，几乎涉及艺术与设计院校的方方面面。

实践教学不是只停留在动手制作的手工作业上，应该弄清课堂教育和艺术实践之间的关系，使其更好地服务于教学，通过手的触摸来促进思维的产生。艺术类院校的教学应该从实践和实验两个方面展开。"实践"这个概念除了指向人的动手过程，还涉及与社会结合的问题；"实验"更注重我们实践教学实施的过程。实践教学的理想境界是将理论教学和实践教学融为一体，没有理论课和实践课的区分，在理论课上增添一些实验的项目，这里的实验强调的是信息交换的双向性，要求师生之间有互动的过程。现在的教学创作更多注重设计作品表面的形式感，对对象的本质缺乏深入的研究，大学教育要有一定的高度，需要强调设计教育中的创新意识。

各艺术专业的实践教学活动，是一个整合艺术专业教育资源、统和校内与校外教学方式、实现理论与实践相互作用的过程，它的活动内容随着社会需求和时代发展而不断地变化，实践教学的目的是培养学生的艺术实践能力、动手应用能力、技术性操作能力、创造性思维能力。艺术实践教学包括校内实践教学、校外实践基地和社会实践三个方面。实践教学就是要通过有助于实践教学开展的基础性设施的建设，将教师制定的最优化的教学活动和方案，从构想变成现实，在这个转变的过程中，教师应该合理地设计课堂教学与实践教学的关系，融合理论与应用，使其能够更好地为彼此服务；学生应该将课堂学习的理论通过各种实践形式进行应用和反思，并在实践中发现与课堂学习的不同之处，对课堂学习进行有益补充，在返回课堂学习的时候，能够更进一步思考问题，这既是艺术教育实践的过程，也是培养学生创新精神，启发学生发现问题、提升学生解决问题的能力的过程。实践教学的开展对于培养既有专业素养，又有人文精神的综合型艺术专业人才具有重要意义。

（一）实践教学的价值、层次与构建原则

1. 实践教学的价值

（1）艺术类学科的学科属性需要实践教学。艺术类专业特点要求设计者在进行艺术创意或者设计活动时，要将艺术观念物化，将来源于生活的思维创意通过物化的形式展现，并加以艺术的修饰。艺术引领着社会生活的时尚和潮流，影响着社会经济的发展和人们生活方式的转变，所以艺术教育的培养过程，除了要培养学生的审美能力、造型能力、创新思维能力之外，还需要在教学过程中培养学生的现代科学技术发展知识、文化修养、思想内涵等等，这就必须与人文学科、自然学科、社会学科相互交叉和融合。在艺术类专业设计中，艺术构思的创造力，源于生活又高于生活、引领生活的设计理念，艺术作品的表现技巧，艺术作品流程的发展创新，共同构成了艺术教育的培养目标要素，只有深入生活，在实践中拓展思维，训练技巧，才能最终圆满完成社会赋予艺术设计教育的使命。

另外，艺术类专业学者还是一个思想者，承担着对当代社会以及未来社会的引导性质的判断的责任，所以通过艺术教育培养的各类艺术家，拥有的应该是既能够满足当代生活需要，又能引领未来生活方式的艺术理念。艺术专业的多学科交叉融合，艺术专业学者综合素质的培养，都需要艺术教育必须打破过去单一的教学结构，需要设计者深入生活实际，加强理论与实践的联系，加强专业与专业之间的渗透，在合理安排理论教学的同时，加强对实践能力和职业技能的培养，综合各种教学资源，开展课程交流和项目合作，在实践中磨炼、认识、获取、洞悉、把握艺术的能力和方法，从这些层面讲，艺术教育需要实践教学，学生需要在接触生产、生活的实际过程中不断丰富自身的知识，挖掘自身的潜能，开阔自身的视野，培养自身的创造、创新能力和实际操作能力，成为社会需要的高素质、综合型优秀艺术专业人才。

（2）有利于创新型应用设计人才的培养。创新是所有艺术类专业的核心，创新能力是艺术各专业的基本能力，创新能力的培养可以为学生的终身学习奠

定良好的基础和条件。从高等教育的发展状况来看，不同的学科其教学目的和培养方法是不同的。高等院校的定位不能脱离学科属性，总体而言，文科以知识理论为主，理科以实验研究为主，纯艺术以表现自我个性为主，设计类艺术专业以培养设计人才的应用能力为主。现代社会的发展，对艺术人才的培养提出了新的要求，重在强调学生的创新能力和实践应用能力，社会需要的是高素质的综合型人才，那么对于这些要求的实现，实践教学相对于理论教学而言就具有更大的潜能和优势，负有更多的责任，在各艺术专业人才培养教育中具有特殊的地位和重要的作用。实践教学重在培养设计人才的基础实践、创新精神、动手能力，从而实现社会对于复合型艺术设计人才的需求，有利于解决人才培养与社会需求之间的矛盾。

（3）有利于思维能力的不断提升。艺术思维是一种把逻辑思维和形象思维结合在一起的独特的思维方式，艺术思维能力的高低对学生的学习、未来生活和工作都将产生重要的影响。从一般教学规律来看，实践是学习的基本途径之一，艺术专业的学科特点也要求学生在学习的过程中要不断地实践，要从理论的认知过程上升到实际的操作过程，因此，设计教育必须遵循由"实践——认识——再实践——再认识"的基本认知规律。艺术类各专业是一门应用性非常强的学科，是一门存在技艺训练的学科。现代大部分艺术院校的艺术教育，基本是通过学习的方式获得系统的理性知识和间接经验，真正的艺术人才，必须要以一定的感性知识为基础，在教学中开展大量的实践操作活动，完成学生对作品、产品、商品、设计流程的了解和认知，对于社会需求的把握。虽然学校的实践教学活动与社会生产中的实际操作存在一定的差异，但是在实践过程中学生对于设计的目的、状态的思考会有更加务实的认识。

艺术实践教学作为艺术教育的专业体系的重要组成部分，就是要通过实践教学，使学生由课堂走向实际，完成从理论到实践的飞跃，了解艺术类各产业流程动态，熟悉设计的各个环节；通过实践教学，训练学生的动手能力、表现能力，提升学生发现问题、分析解决问题的能力，拓展专业知识。通过实践教学，培养学生团队合作意识，进行艺术创作的过程不是个体的行为，而是需要一个团队共同努力的过程。通过实践教学，鼓励学生锻炼创新思维，在释放学生个性的同时，明确市场需求，与社会对接。艺术实践教学要从思想认识、业务技能、道德品质等方面，培养社会需要的能力强、素质高的综合型优秀艺术专业人才。

2.实践教学的层次

结合艺术专业实践教学认知阶段、理解阶段、创造实践阶段三个层面的理论分析，可以将实践教学分为基础实践教学、专业实践教学和课题实践教学三个层次。

（1）基础实践教学。基础实践教学主要侧重培养学生对于基础知识的把握，了解具体的专业理论知识和操作原理知识，拓展学生的专业基础知识，提升学生的专业基础素质，此阶段主要通过学生的自我实践来实现，属于认知阶段，包括通识类课程和选修类课程。基础实践教学以基础课程的学习为主，主要解决学生的造型问题等基础知识，主要通过课程教学来实现。艺术教育所要关注的培养重点，应该是综合型艺术设计人才需要具备的素质，而培养艺术人才素质的最终落脚点应该是具体的课程，这将是艺术专业高等教育研究的中心。对于艺术专业学生文化素质的培养，可以选择开设文化史、生活方式史、美学、心理学、社会学、文学、经济学、管理学、营销学相关的人文社科课程，为学生打好一个良好基本的文化功底。这些课程的开设可以加强艺术人才的文化素养和基础知识，文化素质课程可以为艺术人才培养基本的文化素养奠定基础，培养他们的人生观、世界观与价值观，这些观念将通过他们所设计的产品走向社会。

艺术院校要培养的专业人才，作为社会生活方式的创造者，所要创造的绝不仅是产品的功能，单纯的改善人们的衣、食、住、行、用等基本生活层面，还包括精神因素、价值尺度、意识形态等方面的内容，所以艺术人才还是一个社会思想的导向者，传递着对过去、现代和未来社会及文化的判断、传承，因此，第一阶段的课程非常重要，它决定了我们培养人才的价值观。在进行基础实践课程教学的同时，要结合当前的科技经济发展以及社会需求变化，开设如市场学、管理学以及新材料、新能源等相关知识课程，让学生及时了解新科技、新材料的应用，把书本的理论知识与现代的社会经济变化相联系，培养学生洞悉变化的能力。

（2）专业实践教学。专业实践教学包括艺术专业基础课和理论课，艺术专业基础课是基础类课程的主干课程，以培养学生"训练视觉思维能力，掌握形式体验、分析与表现方法"能力为目标，重在使学生练就四种能力："感知力""表达力""创造力"和"企划力"。"感知力"是指学习者具有的对普通事物的特殊敏感力和洞察力，以及把握和区别物象形态的分寸感，这是设计者必须具备的素质；"表达力"包括对设计构思、设计概念的形象表达能力和表达技巧、技能与手段；"创造力"是设计创新思维的体现，包括学习的形象思维能力和形式语言的创造能力等方面；"企划力"是指学习者的独立思考能力和解决问题的能力，还包括团队写作能力与处理组织问题的能力，是综合素质的体现。在实践教学过程中，基础教学的设计占有非常重要的地位，专业实践教学中的课程设置应该包括造型基础教学、形式基础教学、视觉表现、专业理论、设计创意等方面的内容。专业实践教学阶段可以分为校内实践和校外实践，一部分是在课堂进行；另一部分是到企业、市场参观考察，这样可以在理论学习的同时，培养学生的实践意识。

（3）课题实践教学。在完成基础实践教学和专业实践教学后，对于学生的培养进入到创造阶段，教学模式开始以课题实践教学为主。课题实践教学可以分为项目实践教学、生产实践教学和社会实践教学三个方面。

项目实践教学是典型的以学生为中心的实践教学。在项目教学过程中，学生能够亲身经历完成教学任务、创作作品或者创作方案的整个过程，学生可以作为一个整体，也可以作为一个个体，在老师的指导下解决遇到的困难，从前期的市场信息收集，到创意方案或者作品，再到项目或者计划的实施，到最终的社会评价和反馈，学生通过一个项目，可以了解和把握整个过程及每一个环节中的基本要求。项目教学包括创新实践教学、创业实践教学等几个部分。创新实践教学其实可以贯穿整个实践教学，重在培养学生的创新意识和创新思维，培养学生的探索精神和发现新事物、掌握新方法的能力，在项目教学的过程中，学生能够运用所有知识创造性地解决问题，具体问题具体分析，在掌握专业技能的同时，提高创新能力。项目教学可以传授给学生必要的创新知识和技能，训练学生的市场开发能力和项目管理能力，是创新实践的进一步深化和发展。课题实践教学是项目实践教学的一部分，通过课题设计、实验室教学、工作室教学等方式实现，具有实验性和前瞻性。

  生产实践教学需要学生深入行业实际，把握社会与产业、行业发展动态，对行业进行研究和分析，了解一个具体的创意方案在现代化的生产方式中如何实现，培养学生的市场观念和完成一个作品的实际应用能力。在生产实践中，学生可以从社会需求的角度出发，根据客户的要求进行作业活动，结合自身的创意诉求，完成创意思想观念与市场价值观的有效结合，使学生可以重新审视自己的专业基础知识和专业文化素养，形成新的价值观和审美观。生产实践的过程，还可以培养学生社会化的思维方式及专业技术操作的严谨性和严密性，同时可以激发学生对专业的兴趣和自信、自豪感。社会实践教学有利于拓宽学生的视野，深化学生的理论知识。社会实践教学可以使艺术专业教育从课堂走向社会，使得学生在了解市场最新资源和信息，了解行业企业运作，培养创新能力、创新思维的同时，具有更高的社会责任感、作品归属感，有利于新的创意价值观的形成。

2. 实践教学构建原则

（1）符合性原则。实践教学体系的构建首先要符合艺术学科自身的发展规律以及学科特点；其次要符合学校的办学理念和人才培养定位。实践性、应用性是各艺术专业的根本属性。艺术学科是一个动态发展的学科，需要学生在进行操作过程中进行反复的训练和求证，是一个从认识到实践，再到认识，再到实践的循环反复过程，因此实践教学体系的构建符合艺术学科自身的发展规律和学科特点，办学理念的合理定位是实践教学体系建立、发展的根基。不同的院校、不同的专业在各方面都具有差异性，那么，实践教学体系构建的重点和内容也就各不相同。各院校或专业要根据自己的实际情况，立足于本校的人才培养目标，立足于本校各艺术专业的属性优势和特色，对各实践教学环节进行设计，以学校学科特点为依据，确立学科发展定位和目标，构建制定适合自身发展的实践教学体系，形成自己的教学特色。

中央美术学院秉承"关注现实、服务社会"的办学理念，一方面以学生的国际视野为主，注重吸收国际设计的前沿发展；另一方面积极开展社会实践，深入社会领域。中央美院的设计教育既关注社会、商业、经济的发展，更专注中国文化的发展，如奥运会的设计项目。

清华大学美术学院强调设计为生活服务，设计与工艺制作、艺术与科学的结合，注重学术交流，关注和研究国内外美术与艺术设计学科发展动向，培养学生敏锐其观察生活的能力和为国家经济和文化建设做贡献的意识。在实践教学方面包括前身中央工艺美术学院，比较成功地将教学与社会密切结合，积极开展实验室建设。清华大学美术学院不过于强调和某个企业进行合作，在进行项目合作时，要考虑项目对教学产生的价值和作用，比如对强调应用和启发思维的概念设计就要区别对待。

南京艺术学院设计学院强调学分制背景下的实践教学，以建立完整的实践课程、专业的工作室、配套的实习基地，实施大学生创新计划。在实施实践教学的过程中，南京艺术学院将社会实践项目引入教学平台，将企业的设计师和工程技术人员引入课堂，开展与实际项目相结合的教学方式。

山东工艺美术学院以培养"创新型应用设计人才"为目标，培养学生的科学精神、人文素养、艺术创新和技术能力，全方位打造实践教学体系，学校提出了"一体两翼"的学科布局，将专业设置与创意产业发展相对接，培养复合型的设计人才，学校主要是立足山东，服务文化创意产业。

（2）以学生为主体原则。艺术院校的教学要以学生为主体，学生是艺术院校的服务对象也是最终产品，艺术院校培养的是未来的设计师，引领未来社会生活，除了专业知识和技能的把握，还要担负起设计师的社会责任感和使命感，因此艺术院校的实践教学环节要围绕学生专业技能和思想意识的提升来展开，培养高素质的综合型设计人才。

艺术院校对学生创新和实践能力的培养已经成为当代艺术教育的首要目

标，贯穿于整个教学和人才培养模式当中，实践的过程就是创新思维实现的过程，在实际操作中去验证自己思维创新是否符合社会实际的过程，通过实践激发创新能力。艺术实践教学重在培养学生的创新精神和实际操作能力，为学生自主学习和自身发展提供充足的时间和空间，培养学生从事艺术专业工作的能力、创造艺术作品的能力、引领社会生活时尚的能力，另外，艺术实践教学还要关注学生自身的成长，包括个人学习、修养、心性的成长等。因此，实践教学体系构建要以培养艺术专业本科人才的素质和能力为中心，培养学生的自学、创新与实践操作能力，既要注重学生专业技能的培养，更要注重学生综合能力的提升。学校要根据不同专业不同学生的特点，进行归类和分解，形成不同的教学方式或者模式，实现个性化教学。

当今艺术院校培养出来的学生，一种是进入公司设计部门成为设计师；另一种就是主动出击，成为创业型人才。艺术类实践教学还应将学生的就业、创业纳入培养体系范围。如果学校培养的人才与社会需求脱节，学生毕业后达不到职业岗位的标准要求，不能适应未来的工作岗位，设计者在以后的专业发展中便没有可持续发展的能力，那么教学就不是成功的。实践教学可以加强学生技术能力的培养，是学生通往社会、走上未来工作岗位的通行证，但是由于扩招带来的一系列问题，毕业生就业难成为一种不得不面对的社会现实，鼓励大学生创业也成为一种社会必然，因此将创业能力培养纳入艺术专业实践教学内容也是时代赋予实践教学的使命。在实践教学过程中，要把实际项目引入课堂，让学生可以在实际项目中去体会市场需求、营销运作，提前适应社会和市场，培养学生的自主创新创业能力。

（3）整体优化原则。整体优化原则包括三个方面的内容：第一方面是教师主导、学生主体，实践教学要和育人相结合；第二个方面是实践教学要与"产学研"相结合，作为一个整体来研究，培养适合社会需求的艺术设计人才；第三个方面是实践教学必须要有连贯性和一致性，保持四年教育的步步深化。

艺术实践教学要以学生为主体，教师为主导，将教学与育人相结合。实践教学的过程应该是教师和学生积极互动的过程，但目前大部分院校的教学模式是以理论教学为主，就是教师围绕某个知识点在台上讲，学生在台下听，理论课程结束后，学生再进入实验室或者工作室完成实际操作，这样就把理论与实践割裂开来，教学方式比较单一。艺术实践教学的理想境界应该是理论教学与实践教学的有机融合，教师在讲授课堂理论的同时可以引进实验或者实践项目，使学生和老师可以产生互动，学生在进行设计作品创作时，不能仅停留在表面和形式的美感上，要深化学生对理论知识的吸收能力，培养学生的实践能力和创新意识。另外大学教育除了专业技能的传授以外，还要关注学生价值观、人生观的形成，要学会如何做人，如何与人相处，要培养学生特有的品格和意识，包括团队合作意识、艺术伦理意识、艺术道德意识，这些只有在实践过程中经过实际的磨炼能够更好地形成。

实践教学要与"产学研"相结合，加强学生与社会的接触，注重对学生自主能力和综合设计素质的培养，适应社会需求。"产、学、研"不仅是一种实践教学方法，也是一种符合艺术教育规律的社会现象。"产、学、研"平台的构建，有利于培养符合社会需求和发展的综合型艺术设计人才，打破了原来学校、企业两个貌似不相干，但实际有密切联系的两个个体，学校、企业、社会机构在这个平台上有机地联系在一起，各自发挥不同的作用，共同培养适合各自发展和要求的设计人才。

实践教学作为一个体系而言，里面的内容是层层递进的关系。理论原则上，一年级强化基础知识的掌握和训练，在掌握基础理论的同时，可以通过参观、考察或者是进入实验室进行基本技法的训练，加强基础实践训练，搭建从基础课程到艺术实践操作的桥梁；二年级开始进行专业知识的学习，加强对专业实践操作技能的训练，丰富实践教学的内容，这个阶段学习的开展主要以校内的工作室和校外实习基地为主，开展假期课堂；三年级由专业老师带领进入系统全面的专业学习阶段，此阶段可以与企业合作，将项目或者课题引入课堂教学，结合社会实际开展实践教学，也可以直接进入企业实习，使学生感受真正的工作氛围；四年级以毕业创作或者毕业论文为主，由指导毕业论文或者毕业设计创作的教师带领，开展创新创作实践教学，学生的毕业设计或者毕业论文的实施，可以与企业或者社会实际需求相结合，完成大学与社会的对接。四年的实践教学内容与方式是层层递进，步步加深的过程，在这个过程中，不仅要使学生完成从高中到大学知识的对接，还要完成大学与社会角色的转变，经过大学四年的培养，实现对学生知识和心性的全面培养，使之成为社会需要的有用之才。

（二）影视动画专业课程实践教学体系构建

影视动画专业是随着信息社会发展而发展起来的，包含了多学术领域的一个学科，该专业的一个显著特征为学科综合交叉，涉及艺术和技术两个学科的领域交叉，它的交叉融合性是传统的媒体专业或艺术专业所没有的。学生不仅要具备数字媒体制作、处理与传输的专业技能和知识，掌握新兴的动画软件制作技术的基本技巧和基础知识，还要具有较高的艺术修养，以及分析、解决现实问题的综合能力。

影视动画专业主要以培养能顺应影视动画技术发展需求的高级的复合型人才为目标，因此，该专业的一个重要特色就是培养的人才具有复合型特点。影视动画技术涵盖到数字影视制作、动画设计与制作等方面，在学习内容上比较宽泛。所以学生所学知识涉及的领域就会很大。由于学生在校学习的时间是有限的，在面对专业知识内容宽泛的同时也面临着专业水平不精的问题，因此在培养复合型人才时，也要考虑学生的特长与学校的特色，尽力做到培养出的人才适合社会需求也适合学生发展。

影视动画技术的发展非常迅速，影视动画技术专业人才的培养应朝着针对市场需求的"大众式"模式发展，即复合应用型。目前，影视动画的快速发展致使这类产业的人才需求是多维的，有倾向于影视动画设计和创意的人才，这类人才不但需要掌握影视动画相应技术，还要有一定的创新能力，能敏锐地洞悉当前市场目标消费群体的需求导向，然后依据导向设计出消费者满意的内容；还有偏重于技术实现类的制作型人才，这方面人才除了要全面了解影视动画技术外，还需要对其中某一个领域的技术达到精湛，才能在工作中发挥特长将创意设计转化为数字产品。因此，影视动画技术专业应根据高校自身的特点，将培养目标定位为培养掌握影视动画制作与设计的专业知识与基本理论。掌握影视动画核心的技术。具有一定的艺术修养，能融会贯通地利用多学科知识从事影视动画技术开发、动漫设计、音视频信息处理、平面媒体设计等领域技术开发的复合应用型人才。学生实践能力的培养是应用型人才培养的关键。部分高校已经建设了校企合作基地，实行产学研结合的教学模式。

1.影视动画专业课程实践教学体系构建原则

影视动画专业融入实践教学体系构建的原则，是根据学校教学过程和教学目的的客观规律制定的，这些原则是在实践教学活动过程中必须遵循的基本要求。根据影视动画专业课程实践教学的发展要求，其构建原则主要有以下方面：

（1）相符性原则。课程实践教学体系的构建首先必须要符合影视动画专业的学科特点和发展规律；其次要符合学生、学校等的实际情况，实践性、应用性是影视动画专业的根本属性。影视动画专业是一个动态发展的学科，学生在设计开发过程中需要反复地进行训练与求证。是一个从认识到实践，再到认识的循环反复的过程。因此构建的实践教学体系必须要符合影视动画专业的学科特点和发展规律。学生的特点以及高校自身的情况等都会影响实践教学的有效开展。影视动画专业是复合型的综合性学科，学生的知识背景可能不同，不同院校的办学理念，培养目标也可能不同。那么实践教学体系构建的侧重点，以及实践教学各环节的时间和内容安排也就各不相同。因此各院校要根据自己学校专业的实际情况，选择合适的实践教学时间和比例，构建符合本校人才培养目标，符合学生特点，符合专业优势等的实践教学体系，形成自己的教学特色。

（2）系统性原则。系统理论认为，组织是一个开放的社会技术系统，不仅包含组织结构和技术的因素，还包括经济、政治、心理和社会等方面的因素。系统理论把这些因素全都看成是整体的构成要素，彼此相互联系，又互为条件。系统性原则要求，构建课程实践教学体系时，实践教学的建设是课程建设不可分割的一部分，所以实践教学建设要与课程建设结合起来，将实践教学的改革纳入课程体系和教学内容改革之中，统筹考虑。要正确处理与理论教学的关系，合理分配实践教学与理论教学的课时比例，同时还需保持学科知识的整体性、系统性，此外，实践教学各环节自成体系，紧密相连，培养过程是系统性的，不是一个或几个环节内容的简单相加，内容既要符合学生能力的发展要求和科学的教学要求，也要符合人才市场的需求。

（3）创新性原则。课程实践教学体系的构建是培养应用型人才的重要途径，也是实现人才培养目标的重要环节。随着数字媒体教育的迅速发展，创新实践教学体系，深化实践教学的内涵，探索实践教学新的模式，构建以社会需求为导向、以能力为本位、促进学生个性发展的实践教学体系，已成为影视动画专业必须解决的热点问题。注重影视动画专业实践教学体系的构建，关系到影视动画专业实践教学的效果和质量，直接影响人才培养的质量，因此要贯彻创新型原则要求，构建的实践教学体系要充分尊重学生的个性发展，充分发挥每位学生的积极因素和潜能，使各个个性特点各不相同的学生都能获得最大限度的发展；进一步加强产、学、研的合作关系，缩小或避免学校教学与实际工作的差距。不断完善和更新实践教学内容，积极探索新的实践教学方法，在传统实践教学的基础上，增加一系列具有专业特色且有利于全面提高学生素质、促进学生个性发展的实践教学内容。尊重学生个性发展，培养学生的创新实践能力，把个性教育、创新教育融入人才培养模式中，通过采取多种形式的实践教学方式，扩大实践教学内容的可选择性范围，因材施教，进一步促进学生的个性发展。

（4）以学生为本原则。以学生为本原则，其核心是充分尊重学生在兴趣、爱好、个性、特长、能力等方面的差异，因材施教，以学生为中心，根据学生需要，围绕学生能力拓展和知识结构开展实践教学。由于数字媒体技术教育规模不断扩大，学生群体朝多样化趋势发展，学生学习需求、学习能力、学习兴趣的差异性日渐突出。不同学生群体的需要得以满足，不仅有利于提高教育质量，还有利于创新型人才的培养。影视动画专业注重培养应用型人才，应突破单一人才培养的模式，在教育模式方面做更多的尝试。打破以学科为中心的模式，建设多样化的实践教学体系，依据学生的个性、能力、爱好和兴趣，设计丰富的课程体系和实践教学内容，改变较为刚性的实践教学管理方式。

2. 影视动画专业课程实践教学体系构建内容

（1）构建多层次的课程实践教学体系。课程实践教学的内容、模式改革和创新已经成了热点话题。对于提高学生的实践能力和创新精神方面，要培养符合时代需要的创新型人才，就要强化实践教学的开放性和多层次化。多层次实践教学是指在实践大纲与目标的规范基础上，将实践项目设计成基础型、综合设计型、研究创新型不同层次的实践。使学生从基础规范—综合设计—研究创新这样难度递增的实践项目中逐渐进行训练。不同层的学生则可以根据自己的实际情况选择合适的实验，有利于因材施教。

第一，基础型实践。基础型实践，承担的任务是"理解"和"了解"，是为检验课程中某一理论或原理的验证性、演示性、练习性实验，以掌握基本试验方法和基本操作技能为目标的实践。基础型实践是实践教学的基石，要求学生通过基础的实践训练后，学会规范地使用仪器设备、软件工具及掌握实验操作的基本技能，灵活地运用基本实践的方法，为后期的研究学习奠定基础。例如，"Maya操作基础"该实验要求学生熟悉常用命令及操作界面。这是一个典型的基础型实验。

第二，综合设计型实践。综合设计型实践，主要承担"综合"和"应用"两大任务，主要以掌握学科基础知识，提高综合技能为基础。教学目的在于通过实验手段、方法、内容的综合训练，培养学生综合考虑问题，综合运用所学知识解决问题的能力，其包含设计型及综合型实践。每一个综合型由多个具有一定内在联系的实验构成。学生通过综合型实践训练，对不同课程（或章节）的知识点有更深刻的理解。能提高学生对相应知识点的认识。依据实践综合程度的不同，每个综合型实践所安排的时间多少也会不同。将已学过的知识点串联起来这项工作是综合型实践的实验重点。

动画要创作出一个完整作品，并不是一气呵成的，是要经过多次的实验，选择怎样的表现手法，采用怎样的合成方法，画面构成采用怎样的方式，画面采取怎样的风格，都是需要通过一步步的实验，发现问题，获得出灵感后，再确定作品的所有内容。设计型实验是在老师的指导下，依据给定的实验条件和实验目的，实验方案学生自己设计、选择实验器材、实验方法、实验的操作程序自行拟定，实现实验设想并对分析处理实验结果的实验。实验的目的具有唯一性和明确性。但是实现实验目的的技术路线和方法可以多种多样。设计型实验与传统实验比较，具有学生学习主动性和实验过程多样性等特征。例如，"游动的鱼的制作"该课程的实践内容的目的很清楚，就是制作游动的鱼，制作游动的鱼的过程中要用到前期学过的材质、灯光、建模以及动画控制等知识，综合性较强，同时设计方案并不是唯一性的，不同的学生可以根据自己的爱好，特长等用不同的方法和技术路线来实现。

第三，研究创新型实践。研究创新型实践所承担的任务是"研究"。为实现综合实践能力的培养，在熟悉及掌握基本理论、基本方法、基本技能的基础上，参与或自主设计进行研究探索的实践。这类实践是为一些学有余力的学生准备的。该实践也属于开放式实践，通过开放的教学内容、教学资源、教学环境，实现学生实践能力和创新能力的提高。学生可根据自己的爱好和学习需要选择实验内容、实验时间、实验地点进行实验学习。鼓励学生将现实中遇到的问题加以研究探索，通过实践，对实验后的数据进行分析与总结。其教学目的是培养学生自主学习、自主研究、将知识综合运用的能力及创新能力。

研究型实践就是以研究为基础，来开展学习的一种模式，是学生对现有知识的思考、疑惑、求证、扩展应用和利用现有的知识创造新的知识的尝试过程。研究型实践重在学生的参与过程，通过思考、研究，实现动手能力、科研能力及思维能力的强化。在研究的过程中巩固已有知识、获取新知识。在研究性实验中，不要求学生必须将实验做成功，只要他们通过实验得到锻炼，学会思考，有所收获即可，为以后学生从事工作或研究奠定基础。创新型实践一般由学生自己选题、设计并加以实现。也可以描述为：利用现有的成果和条件，以解决现实问题、提出新的见解、创造新的事物、对已有成果做出创造性的运用、获得发现以及开拓领域为目的的实验。探索性实践通过具体的实验过程激发学生的创造的创新思维，培养学生的创新精神和综合能力。在探索实验中不要求学生取得举世瞩目的成果，实现历史性的突破。学生只要超越自我，取得任何成果就是探索性实验的成功。例如，"制作人物表情变形动画"要求学生观察动画片中人物表情的变形规律，试图设计并制作一个人物表情变化的动画。该实验由学生探索动画片中人物表情的变形规律，在制作人物表情变化的动画过程中不仅要综合利用已学的知识，并且要对知识加以重组与拓展才能实现。实验具有一定的难度，但能激发学有余力的学生的学习潜力。

（2）开设独立的实践课程。要掌握一门技术的系统知识，实践操作训练必须充分。并且学生普遍反映实践学时太少，实践安排不集中，学了前面忘了后面等情况。独立实践课是指把理论课中的实验分离出来，按一定的内容规律和内在联系，重新组成一门在教务管理及教学计划上单列的课程。开设独立的实验课可使实验教学具有以下方面的优势：

第一，实践内容安排更具系统、全面性，有利于增强学生系统、综合能力的培养。独立实践改变了实践教学附属于理论教学的从属地位，有自己的体系、要求和教学大纲，有自己的考核标准。可以依照培养学生具有完整的、系统的技能、方法及实践理论的目标，将课内的各实践单元优化、组合、设计、编排，使课程单元的目标及功能与课程总体的目标及功能达到最理想的组合。这种整体优化组合可以弥补以往实践课附属理论课形式造成的实验内容之间缺乏纵向和横向的相互协调和联系，以及一些实验内容被遗漏，一些实验内容又出现重叠现象，学生实践能力的得不到系统训练，实验内容单调不丰富，实践考核办法不规范等不足。

第二，有利于调动学生和老师双方的积极性。独立设置实践课，从教学管理、教学组织上来看与理论课一致，从而教师重视实践课程会像重视理论课程一样。教师会积极调整教学计划，设计合理的实践教学内容，努力探索实践教学改革，不断地提高实践教学质量。整体上增强了教师的使命感与责任感，调动了教师的积极性。

第三，有利于保证实践学时有效利用实践资源。将实践课分离出来，再进行整合成一门独立的课程，课程的学时安排不会受到理论课的制约，可以根据内容的复杂度、学习难度及学生的具体情况等合理安排课时。每次上课不用重复太多时间去学习前期学习且已经忘记了的知识。这样学生能在相对短的时间有效地掌握好这门技术。除此之外一些实践课可以放在学期前上，一些实践课可以放在学期中上，再有一些实践课可以放在学期末上，在实验安排上更具灵活性，能更好地利用实验室资源。整合课程内容，独列实践课，对于影视动画专业而言，可以以方向为主线进行整理，先将该方向有关实践内容分离出来，根据该方向实验课培养目标再整理成合适的多门独立实验课，有些实验内容是所有课程的基础，比如像数字图像处理这样的课程，可以整合成一门或几门基础独立实验课，安排在大一完成。

（3）动画方向实践课程实例。以动画方向为例，影视动画专业可以安排实践内容的课程一般有三维动画运动规律、三维场景设计、材质灯光训练、骨骼绑定、三维动画建模、三维动画渲染、三维动画特效、三维动画制作等。综合考虑，该方向可以整合起来开设多门独立实验课，例如《三维动画制作》，因为这门课更强调实践操作技能，相应的理论知识可以融入实践课中一起学习。综合基础、综合设计、研究创新三种实践类型的特点，以《三维动画制作》课程为例，根据知识点的不同和对学生的要求不同设计三种实践类型相结合的实践方法。将与三维动画相关的实践内容抽出来，删掉重复的实践内容，增加遗漏的知识点，组合成一门由浅入深的独立的动画设计实践课程，重新编排各实践内容的上课顺序和课时安排课，该门课全部为实践课。部分实践还可以安排小组活动，充分锻炼学生各方面的能力。

（4）以专业方向为模块的项目实践教学。以河北经贸大学艺术学院动画专业为例，综合性的实践教学环节是专业人才培养中重要的部分。通过项目实践，学生能综合运用所学的技能和知识，进行严格、系统、全面的基本能力及技术的练习。影视动画项目实践的训练内容严格围绕影视动画专业方向，并以方向为模块分成相应的项目实践。"影视动画项目实践"分别安排为期一个月的教学时间，在教师的指导下学生以团队形式完成影视动画项目开发。

影视动画项目实践的训练内容，需要严格围绕影视动画专业的三个方向：二维动画制作、三维动画制作、影视后期制作。影视动画项目实践由校方专职教师和合作企业方兼职教师共同授课，指导学生在真实环境下以团队形式完成动画项目开发。所有动画项目实践内容均有明确详细的评价指标。项目实践结束后学生需要经过现场答辩获得相应学分，致力于提高学生实践水平。

第一，动画制作项目实践细则。完成动画制作项目实践前期准备必须具备的基本知识和技能包括：分镜头稿本的编写，制作二维动画或三维动画的基本知识与基本技能，总结报告的写作等，所以学生应该在学习完相应实践课程和理论课程之后进行项目实践学习，所以该课程应该开设在大二下学期学期末或者暑假。综合学生的意见，该项目实践持续时间最好是在一个月。动画制作项目的实践细则如下：

一是，指导教师：为校方专任教师＋企业老师。

二是，学习目标包括：通过本项目的实践，熟悉二维动画或三维动画的制作流程；提高二维动画或三维动画中各个环节（建模、渲染、动画、特效）的实战能力及综合能力；学会对动画作品进行分析和评价。

三是，项目任务：学生以小组为单位（可多小组合作）自定选题创作一个5分钟左右的二维或者三维动画片，并对所制作的动画片进行综合分析和评价。

四是，实践环境：动画制作机房，后期制作：录音室、非编机房。

五是，项目步骤及要求：以小组（4～6人）为单位，多组合作，在教师的指导下每个小组可负责三维动画项目中的一个或多个环节，最后综合完成一部三维动画成片。并对最后完成的作品进行评价。对于三维动画制作而言，可以分为计划准备阶段、前期稿本和分镜头创作、中期制作（建模、动画、渲染、特效）、后期制作和评审四个阶段。①计划准备阶段：分组，并根据动画的制作过程明确各个小组的分工及小组各成员的分工。②稿本和分镜头创作阶段：以小组或者多组为单位确定选题，创意不限，并完成文字稿本；根据文字稿本创作分镜头（可为文字分镜头脚本或者手绘故事板）；人物角色的设定、道具的设定、场景的设定。③中期制作：按照动画的流程，可单个小组独立完成作品创作或者多个小组合作完成。④后期制作阶段：分层渲染合成，画面的编辑，声音、背景音乐、音效创作并合成，最后输出成片。⑤评审阶段：审片、修改、总结性评价。先由每一作品的负责人简述作品的设计思路、创新点及存在的问题，接着是组员发言，然后教师做最后点评。

六是，项目完成形式：项目结束要求提交作品包括分镜头稿本，角色，道具，场景设定原稿，动画成品，项目总结。

七是，项目评价：①艺术性——动画片的故事情节安排，角色，场景，道具设计，影片色彩，画面构图，声音处理等。②技术性——动画调节，镜头衔接，特效等。

第二，以顶岗实习为导向的专业实训。针对影视动画公司对实习学生上岗要求较高，学生无法胜任实习岗位工作，得不到实际锻炼，不能有效提升实践能力等实际情况，为保证学生步入企业实习时能得到企业认可，真实做到顶岗实习，实习前必须经过较为正式的专业实训环节。专业实训的重点在于"训"，是学生从学校走上实际工作岗位一个衔接的桥梁，在这个过程老师手把手地指导、培训学生直至学生所学能满足行业需求，能与行业具体工作对接为止。专业实训作为知识、能力、综合素质教育的结合点，成为影视动画专业实践教学的重点之一。专业实训教学对课堂教学具有延伸作用。是学生培训职业能力、熟悉职业环境、了解实际知识的重要渠道。通过专业实训，学生不仅可以把所学转化为所用，还能使学生在学习操作过程中通过不断调整自己的知识结构来慢慢适应相应职业岗位，锻炼专业的能力，为实习以及今后走向社会积累经验、奠定基础。

以三维角色动画专业为例，三维动画专业实训是建立在课程实验和项目实践的基础之上的。学生的前期准备知识不仅要掌握相应软件操作知识，还必须具备一定的理论基础和综合运用知识的能力，再结合学生的意见和建议，所以该实训课建议开设在大三上学期，持续时间3～6个月。专业实训是将学生所学知识与行业对接，适应岗位需求，能实现顶岗实习的目标。而学校在师资与资源方面都匮乏。利用校企合作资源建设校内实训基地，是解决诸多问题的有效手段。实训基地是影视动画专业开展实训教学、培养学生实践能力必备的场所，是培养高素质应用型人才的基本支撑条件。影视动画专业应加强实践教学基地的建设，为学生职业技能训练、职业素质训导等工作提供必备条件。因此，影视动画专业应该选择一些基础条件较好的、具有代表性的企业，建设成具有充分保障机制，运行良好的校内外基地，确保学生实训的机会，实现学生从学校走向实习岗位能达到顶岗实习的要求，将所学与所用无缝衔接。

第三，毕业实习与毕业设计（论文）相结合的实践教学模式。毕业实习是实践教学的重要形式，是将所学的专业技能和基础理论知识与实际应用相结合的实践过程，是影视动画专业学习中非常重要的一个实践环节。毕业实习对未来影视动画产业应用创新型人才的培养具有重要作用。可是现实表明，毕业实习并没有达到理想的效果，学生没有将毕业实习放在一个较为重要的位置，积极性不高，部分学生因为自己的实践能力达不到单位的要求，干脆放弃学习的机会，在实习单位混日子。指导老师和实习单位更多的也是放任学生"自由活动"，此外如果毕业实习安排到大四找工作高峰期，学生更无心实习。总体而言毕业实习的重视度还不是很高。所以要通过这个实践环节培养更优秀的影视动画专业人才。

毕业设计（论文）是教学中一个重要的，不可替代的环节，是对学生四年所学习的专业知识的综合研究训练，也是对学生所学的知识综合运用能力的检验。在所有实践教学环节中，毕业设计（论文）的综合性最强，它承担着培养学生综合运用所学的知识及技能，分析、解决问题，团队协作，问题表达，独立工作等能力的任务。目前很多高校毕业设计（论文）选题陈旧，有些选题与学生的就业去向和所学专业知识相差甚远，学生不感兴趣，积极性受到影响。在高等教育扩招的背景下，学生就业压力越来越大，毕业设计（论文）一般是安排在大四，刚好与找工作的时间矛盾，学生没有精力去踏实地完成毕业设计（论文）。在这种情况下不仅毕业设计（论文）的质量严重受到影响，而且学生不能在这个实践环节得到充分锻炼，提升自己的综合能力，进一步又导致了学生综合实践能力不能满足单位的需求，动画专业人才仍是处于匮乏状态。

毕业实习与毕业设计（论文）相结合的实现策略为：将毕业设计（论文）与毕业实习有效组合起来，组成生产、学习、科研相结合的实践环节来培养学生的实践能力，在毕业实习前夕就布置毕业设计（论文）的选题，学生根据自己的兴趣爱好特长以及在老师的指导下选好题，再根据自己的选题来选择相应的实习单位及实习岗位，能满足学生的兴趣和需求，让学生带着任务进行实习，能提高学生的积极性，也能让学生在实习中目标更明确，更能激发学生的创新意识。此外指导老师肩负双重任务，责任心会更强。学生通过毕业实习为毕业设计奠定基础，在毕业设计（论文）完成中，难度减小，更顺利进行。将二者结合起来，还有利于毕业设计（论文）的实践应用性和先进性，与行业对接，做到真题真做。学生在整个过程中能充分锻炼自己的综合实践能力。

与生产、学习、科研相结合的毕业实习与毕业设计（论文）的培养目标是在毕业实习和毕业设计（论文）中，通过学校和实习基地双向指导，双向管理和调控，结合学生的自主学习，最终实现的。毕业实习与毕业设计（论文）相结合模式的教学运行，表现在学校毕设、毕习教学活动和合作单位科研、经营、生产等活动中，在该实践环节中，学生在生产科研一线进行实际的操作锻炼、调查研究，使毕业设计（论文）更具有实用性。毕业实习和毕业设计（论文）选题可以根据学生的具体情况而定，尽量早些安排，错开同学们找工作的高峰期。综合考虑学生的建议，毕业实习可安排在大三下学期，持续时间3-6个月，学生可根据自己的实际情况与学校沟通进行适当调整。毕业设计（论文）的选题和毕业实习在同一时间安排，学生在选择实习单位和岗位时就决定了自己选题的大致方向，具体题目由实习单位、老师和学校指导老师根据学生的意愿和实习项目综合考虑而定。这样就避免了毕业设计题目陈旧，不具有创新性等问题的出现。指导老师跟踪指导和督查。由于指导老师同时肩负实习与毕业设计双重任务，所以一个指导老师指导的学生不能超过四个，这样才能保证学生能及时得到指导，进而保证毕业实习与毕业设计（论文）的质量。

二、"1+X"证书制度下艺术类专业课程建设策略

(一)"1+X"证书制度下环境艺术设计专业课程重构

1."1+X"证书背景下环境艺术设计专业课程重构的意义

(1)有利于实现"课证"融通。现有的专业课程设置主要服务于环境艺术设计专业传统的人才培养目标,暂未从"岗课赛证"出发建构起与技能证书制度相匹配的课程框架;在课程内容上,部分知识点缺乏系统化整合,与证书匹配度弱。基于证书标准,在原有传统课程体系之上,通过对环境艺术设计专业所对应的职业技能等级证书标准的对照,梳理各门课程之间的逻辑关系,在横向上对课程组块进行建构,按照2:8的理论与实操的考核占比,形成理实一体的课程组;纵向上结合证书标准对各个工作任务进行划分,完成对课程内容的优化调整。通过建构课程框架、优化课程内容、设计考核评价等,将环境艺术设计专业的核心课程进行重组与整合,构建以核心技能为核心的理实一体课程组,是环境艺术专业课程体系建设的重要组成部分,也是"X"证书要求和专业人才培养目标相互融通的有效手段。

(2)有利于提高职业院校毕业生就业质量。"1+X"证书制度本质上是在原有人才培养目标的基础上,利用技能证书更好地深化职业教育的类型特色。在过去,职业教育以就业岗位为导向,课程的组织与设计围绕职业岗位进行开展,但针对岗位的任务与技能要求缺少统一科学的标准,技能证书制度的出台对不同行业的准入等级和衡量指标做了规定。而在等级证书考试标准的指导下,通过对环境艺术设计专业课程组的重构优化,能够更具针对性地对学生进行岗位导向的技能训练,将作为"1"的学历教育和承担"X"的技能教育相结合,确保本专业学生顺利取得毕业证和专业技能证书,获得建筑装饰行业的"敲门砖",提高就业率和专业对口度,让学生走出校门就能找到学有所用的职业岗位。

(3)有利于为职业教育课程建设提供标准参考。我国职业教育的发展长期参考大部分是借鉴国外的成功经验,如德国的双元制、英国的现代学徒制、美

国的社区学院等。在职业教育自我发展的道路上，我国提出"1+X"证书制度，近几年在高职院校中推行职业技能等级证书考取试点工作，通过学历证书和技能证书的考核方式培养复合型人才。对于这个新生事物，在课程建设和教学层面应该如何应对，各高校目前仍处在实践和探索阶段。中华人民共和国教育部批准的第三批职业技能等级证书试点名单中的《数字创意建模职业技能等级证书》，其对接建筑装饰行业需求，主要面向环境艺术设计专业的职校学生。我们通过完成与"1+X"证书数字创意建模职业技能等级标准相对应的课程组建设，能够更好地助推"1+X"证书在职业院校的落实，为近年基于"1+X"技能等级证书进行课程建设与重构的各地方院校和环境艺术设计专业的课程优化提供参考和借鉴。

2."1+X"证书制度下环境艺术设计专业课程重构的路径

（1）解构考核要求。《数字创意建模职业技能等级证书》中级证书考核内容分为理论考核和实操考核，分别将其考查的知识理论和操作技能进行分析，其中理论考核占20%，主要包含美术基础知识、艺术设计理论、造型理论、空间设计基础、空间建模概念等；实操考核占80%，涉及硬装建模、软装建模、空间渲染、后期制作等。这里通过对证书考核所涉及的工作任务、知识要求、职业技能要求等维度的解构梳理出支撑的专业课程。该证书基于工作任务将考核任务分为四项，即二维场景概念的解读（任务一）、三维场景模型的制作（任务二）、三维场景模型贴图的制作（任务三）和三维场景模型的归档与优化处理（任务四）。其中，任务一在知识、技能方面要求学生在掌握艺术设计理论、造型理论、建筑装饰等基本概念的基础上能够理解场景二维概念设计图、分析不同的设计风格、读懂图纸，这就需要专业基础课程。如《造型基础》《色彩基础》和专业核心课程。如《建筑识图》《AutoCAD辅助制图》来共同支撑；任务二要求学生在掌握三维建模基础上可以根据二维场景创建三维立体空间，这需要《AutoCAD辅助制图》《3Dmax初级建模》《3Dmax高级建模》大量软件实操课程做辅助；任务三需要在了解三维软件内置渲染应用及外置渲染功能、了解 PBR 贴图制作流程的前提下，对三维空间场景进行材质、灯光的设置完成场景渲染，所需支撑课程涉及《3Dmax 高级建模》《Vray 空间渲染》；任务四要求学生在掌握模型归档的方法及图片后期处理的操作命令的基础上能够完成对模型、贴图等素材的归档，以及渲染后图片的优化处理，这需要在前述课程基础上加入《photoshop 后期处理》课程。

（2）完善课程构架。将技能证书中知识技能、职业素养与现有课程体系比对分析，以专业人才培养目标为根基、能力为导向、技能为关键、重构环境艺术设计专业课程组课程。在对"X"技能标准深入分析的基础上，合理分解技能标准，借助分析表确定在哪些课程中安排理论知识的传授和技能操作的学习训练，其先行和后续课程有哪些，证书的考核安排在哪个学期，把技能之间的支撑关系理顺。同时，也要考虑由于技能训练强度的增加而带来的训练课时大幅度增加，在相应的教学时间内是否能够完成，是否会影响其他专业课程教学或不同的学年班级使用教学实训设施。按照环境艺术设计专业课程体系重构后的课程，将《数字创意建模》职业技能等级标准（中级）的工作任务、工作领域、职业技能点，采取融入、对接、单列的方式在原有课程内容的基础上优化整合。第一，融入："X"证书高度对接、教学内容吻合的，全部融入课程体系课程模块、课程项目或者任务；第二，对接：与"X"证书进行对接、教学内容大部分吻合的，大部分融入课程体系课程模块、课程项目或者任务；第三，单列："X"职业技能等级证书里面的内容，在重构后的课程体系课程模块、课程项目或者任务没有涉及的，将在课程体系中增加选修、补修。

（3）重构课程内容。在课程组课程框架下，为更好地契合证书标准要求，对课程内容完善优化，要在原有的传统学科体系的课程内容上进行取舍与组合，适当删除那些繁复、落后、与技能证书没有关联的内容，增加与证书考核内容关联性强、与时代对接性强的内容，这样才能与"X"技能证书标准的要求协调一致。在课程内容组织上，课与课之间的内容衔接需要针对技能证书的等级要求做贯通的处理。如在二年级第一学期开设的与证书内容高度对接的课程《AutoCAD 辅助制图》和《3Dmax 建模基础》，在传统教学模式下，任课教师会根据教学目标选定各自适用的教学载体完成知识点的讲解和技能训练，两门课程之间的案例完全孤立；在"课证融通"的思路下，课程可以在关照各自课程特点的前提下，选取共用的项目载体，利用《AutoCAD辅助制图》完成项目的二维建模任务，顺接《3Dmax建模基础》完成三维建模任务。类似的贯通式项目教学方式可以更多地辐射到"1+X"课程组课程内容中，通过课程内容的系统整合，减少知识的盲区，避免知识的重复，探求"课证融通"之路。

（4）打造实施方案。课程标准清晰化、课堂目标可操作化是保证课程组课程有效实施的方法和手段。在课程组实施的过程中，先要根据人才培养方案和课程培养目标制定可实施、清晰化的课程标准，在此基础上成立课程组课程实施小组，建立集体备课制度，按固定周期开展集体教研活动。通过打造科学、可行的实施方案，可以帮助所有参与"1+X"课程建设的教师厘清每门课程的教学目标、每个教学任务的重难点，明确学生学的内容、怎么学、怎么练，针对证书考核要求采取各课程之间相互协作、共同推进的教学机制，为推进课证融合落地提供指导。

（5）构建评价体系。构建校企双元的评价体系，由校企共建的课程，也由学校和企业按照相应占比共同完成学生评价；多维度综合评价学生，尤其应注重对于学生的过程性考核，其重点应放在解决实际问题的能力上，建立一套既能考核学生基本理论、又能有效评价学生应用能力的过程考核评价机制；实施学分置换的评价方式，采用证书成绩置换课程学分、培训模块成绩替代课程成绩或者在条件成熟的基础上，实现课程成绩替代证书培训成绩，以保证课程的有效实施。

（6）加强育训结合的课程团队建设。为确保"1+X"课程组课程实施的有效推进，需要从团队构建、师资培训等方面提质增效。团队建设方面，专业需建构以专业带头人为主导，专业课教师为主体，企业兼职教师做支撑的师资队伍。其中，专业带头人应来自"X"证书所对应的企业一线，专业教师应具备至少一年的相关岗位工作经历。另外，聘请与证书考核要求具备强关联性的岗位从业人员，充实优化教师队伍，提升专业服务能力。师资培训方面，组织全体课程组教师分期、分批参加"X"证书初、中、高级考评员培训、培训师培训，成为该领域种子培训师，提升课程组教师的专业水平和专业素养，为实现育训结合、书证融合夯实基础。

（7）开发基于"X"证书的环境艺术设计专业共享型优质教学资源。开发优质教学资源是保障"1+X"证书制度政策落地，推动课证融通有效实施的必要前提。环境艺术设计专业需要从《数字创意建模职业技能等级证书标准》出发，校企双方共同探究包括活页式教材、项目案例、企业培训录像、微课、试题库、虚拟仿真等类型的共享型优质教学资源，开发基于"X"证书的真实项目的企业培训资源包、信息化教学资源包、案例资源包、视频资源包、课程资源包，使教学资源的内容适应证书要求，组织形式符合认知规律，既能满足教学需求，又能指导学生"X"证书的考取，从资源效用上做到"书证融通"。

（二）"1+X"证书制度下数字媒体艺术设计专业课程教学

随着时代的发展，媒体、设计和艺术创意市场的数字化发展趋势日益明显，以文字为中心的媒体内容正在向图像、影像和互动的方向做重大转移，特别是国家对于文化创意产业支持力度的不断增大，带动了艺术、设计、传媒、虚拟现实等数字化艺术人才的需求。随着信息社会的发展，如何培养能够跨越科学与艺术领域的"两栖"艺术设计人才，是数字艺术教育的重要课题。在"1+X"证书制度下数字媒体艺术设计专业课程实践教学体系的建设，需要根据"1+X"证书的认证制度、认证内容进行专业实践教学体系构建，提升学生的专业实践能力，为数字媒体行业和文化创意产业发展培养能从事网络媒体制作、数码视频编辑、虚拟现实、室内空间设计、陈设艺术设计、装饰工程项目管理等工作的高素质技术技能人才。下面主要探讨数字媒体艺术设计专业的虚拟现实专业方向课程教学重点：

第一，明确专业课程实践教学体系的目标。结合课程内容和专业方向所开设的具有实践性较强的VR界面设计、全景拍摄及处理、VR高级模型制作、虚拟现实引擎开发、增强现实引擎开发等实践课程，其教学目标都要以"1+X"

虚拟现实应用开发职业技能的等级对应的工作领域、工作任务及职业技能要求，结合学生特点确立实践课程的分层次人才培养目标，让学生能够完成图像处理、资源制作、三维建模、虚拟现实环境搭建、应用设计、程序开发、性能优化、测试与维护等工作，胜任虚拟现实项目管理、应用设计、程序开发、测试、资源制作等部门及岗位。

第二，形成实践性较强的课程教学内容。根据虚拟现实工作领域、工作任务及职业技能要求而制定的虚拟现实应用开发职业技能等级分为初级，中级，高级，三个级别依次递进，高级分别涵盖低级别职业技能要求，主要培养和考核学生的场景建模、角色建模、动画制作、VR界面设计、灯光调节与烘焙、网络编程、功能测试、系统性能优化等各方面的能力。因此，专业实践课程的设置和教学内容的安排需要与"1+X"证书的渐进式知识体系充分结合，课程内容安排要与企业实践紧密结合，并根据企业的具体工作要求，进行专业实践课程的设置、课程设置顺序的安排和课程内容的设置。

第三，以实训项目为主开展实践教学。"1+X"证书制度下数字媒体艺术设计专业实践教学体系的建设还要重视专业课实践的创新性，鼓励学生参加相关的实践活动和企业实践项目，形成以项目案例为主的实践课程教学形式。校企合作教学模式将促进校企合作教学的发展。将企业实践项目和"1+X"认证考试的内容整合到实践课程中。通过项目实践的开展，了解VR项目的发展过程、新技术、新技能和具体技术要求，培养学生的创新思维和创新能力，全面提高学生的实践能力。另外还要充分发挥"1+X"试点和考点建设过程，充分发挥校企合作共同建立的实训实习基地作用，一些电脑机房、摄影棚、虚拟现实实训中心的各类设备要向学生开放，充分激发学生的学习积极性，为学生提高实践技能提供良好的设备和实训平台。

第四节 "1+X"证书制度下电子商务专业课程建设

一、电子商务专业相关的"1+X"职业技能等级证书

电子商务行业及其辅助行业的快速发展,对人才的数量和质量提出了新的要求。电子商务专业的毕业生主要为电子商务行业及为其提供辅助、支持服务的行业提供人才支持,主要从事网店运营、营销策划、电商客户服务、新媒体推广、社群等相关岗位的工作,X证书中与电子商务专业相关的证书有"网店运营推广""电子商务数据分析""跨境电商B2B数据运营""新媒体营销"等,每一个等级证书又根据面向工作岗位群的不同分为初级、中级、高级三个等级。各职业院校根据各自所在区域人才需求状况和专业培养目标的不同,在X证书的选择上也各有侧重。电子商务专业可以参与的"1+X"职业技能等级证书有:鸿科经纬的网店运营推广初级、中级和高级"1+X"职业技能等级证书、博导的"1+X"电子商务数据分析初级、中级和高级等级证书。

二、"1+X"证书制度下电子商务专业书证融通课程建设

职业院校在落实X证书制度时,要根据专业人才培养的目标定位和职业岗位需求来确定专业课程、授课内容和方式,做到书证融通,即将学生获取"X"证书的过程与学历教育过程统一融合,教学过程与培训过程统一,使学生经过学习既获得学历证书,也可以获得多种职业技能等级证书。下面以网店运营推广(中级)"X"证书模块为例,探讨电子商务专业实施书证融通课程建设的思路:

(一)优化电子商务专业课程设置

电子商务专业应以"1+X"证书制度的实施为契机,围绕本校电商专业人才培养目标,适应地方发展经济需要,深入走访行业企业调研,与行业专家交流探讨,获取企业对专业人才岗位技能要求的一手数据,再结合国家职业标准

和相关职业技能鉴定考核要求，全面梳理专业人才培养目标、培养条件和规格，调整完善人才培养方案，将职业技能等级证书标准与教学标准相对接，将"X"证书的获取与人才培养计划、培训课程、顶岗实习、毕业鉴定等环节有机结合在一起，统筹规划与安排，同时，调整课程的开设时间，优化课程设置，保证学生在校期间有两次机会获取一项职业技能等级证书。

首先，在课程学时分配中增加实践学时，而且在课程设计方案要中明确具体实践内容，将实践教学内容与企业岗位典型工作任务相结合、与职业技能等级证书实操考试内容相结合，增加学生的动手机会，强化学生解决具体问题的能力。其次，充分发挥企业的作用，企业与学校之间深度合作共同建立实践教学标准，可以考虑采用跟岗实践、订单培养等方式，让学生接触真实的工作岗位和任务，加深学生对岗位工作内容和要求的了解，这样做既有助于知识的消化吸收，也可以帮助学生明确未来的就业意向，做好个人职业规划。

（二）将"X"证书考核点融入专业课程体系

围绕与电子商务专业相关的"1+X"职业技能证书，综合考虑电子商务专业人才培养目标和现有教学条件，部分院校可以鼓励学生获取"网店运营推广（中级）"职业技能证书，学有余力的同学可以考虑获取"电子商务数据分析（中级）"职业技能证书，以这样的思路来进行人才培养模式的优化改进。

在书证融通方式上采取课内补修与课外阶段性强化相结合的方式，首先将职业技能等级证书的工作任务进行分解，然后将其与专业人才培养方案中现有课程内容进行比对，对于现有课程内容与要求不能涵盖完成工作任务所学的知识、技能与素养要求的部分，则在对应任务的后面进行补修；对于现有课程教学已具备知识点或技能点，但仍然需要根据职业技能等级标准要求，转化为职业技能的部分，运用培训评价组织的实训平台组织开展专门培训。同时，在临近考试时再组织学生模拟操作，强化练习。

（三）加强职业素养与可持续发展能力培养

电商行业发展迅速，新思维和新技术层出不穷，这就要求电商从业人员能够敏锐地洞察到行业的新趋势、新动向，同时要具有持续的学习能力和较强的工作执行能力，能够快速地掌握新技术，适应新变化。因此，电子商务专业的授课内容、教学方式、考核方式应根据时代发展对人才需求的变化做出适时的调整和改变。

首先，在知识技能讲授环节、顶岗实习环节中有意识地增加关于学生职业素养培养的内容，注重帮助电商专业学生培养敬业爱岗、坚持原则、遵纪守法、吃苦耐劳、勇于创新等优良的职业素养。其次，学生在校期间获得的知识和技能往往只能满足于一时，学生在进入工作岗位后还需要继续学习，因此，教师在传授知识的同时，引导学生关注行业动态、了解工作岗位实际状况，帮助学生进行职业规划，增强学生学习的目的性、主动性；注重学生自主学习能力的培养，向学生传授终身学习的思想，使学生不仅可以在初入职场时通过自主学习适应角色的转变，达到工作岗位的要求，同时也能保证学生在工作若干年后仍然能跟上时代的步伐，主动接收新知识、学会新技能，具有可持续发展能力。最后，改变现有课程中只注重考核理论知识和操作技能掌握程度的考核和评价方式，应在考核评价指标中加入对学生团队协作意识、人际沟通能力、品德素质关键能力提升等内容的考核。

（四）基于"1+X"证书试点工作建设教学资源

课程教学资源是课程顺利实施，实现课程目标的有力保证，高等职业院校电子商务专业应该根据相关职业技能等级证书的要求，结合专业特点，进行在线学习资源的开发，形成电子商务专业"1+X"书证融通的信息化教学资源，以提高学生学习的效果，为学生获取职业技能等级证书提供帮助。建议按照完成某一具体工作任务所需具备的知识和技能为单位来重组教学内容，使学生按照模块化的形式进行专业学习，保证每个知识点都配有相应的微课视频、PPT、文字学习材料、拓展阅读、习题、企业案例等，现在，网店运营推广等级证书已经开放出了对应的教材和在线学习资源，专业课程教师可以充分利用这些资源，对现有教学资源进行补充、替换和更新。同时需要注意教学资源的开发不仅要考虑到目前在校学生对知识和技能的需要，还要兼顾社会人员继续教育的需要，不仅要考虑到目前学生通过课程考核、获取职业技能证书的需要，也要兼顾学生后期职业发展规划的需要。

（五）强化电子商务专业教师的队伍建设

为进一步强化"1+X"证书制度下高职电子商务专业书证融通课程建设，提升教师的专业教学水平和生产实践能力，应统筹规划学科建设与教师培养途径，基于成果导向的 OBE 理念，以学生为中心，积极鼓励专业教师参与各类线上线下师资培训，提升教育教学技能和水平；大力支持专业教师进入企业实践，了解工作流程和岗位任务，丰富企业实践经验和专业技能。优化兼职教师团队，将一部分优秀的工业企业专业技术人员纳入兼职教师队伍，作为专业教师的有益补充。

第三章 "1+X"证书制度下工科专业课程体系建设

第一节 "1+X"证书制度下计算机专业课程建设

一、计算机专业课程建设分析

（一）计算机专业课程建设之课程体系

1. 课程体系的设置

课程体系设置得科学与否，决定着人才培养目标能否实现。如何根据经济社会发展和人才市场对各专业人才的真实要求，科学合理地调整各专业的课程设置和教学内容，构建一个新型的课程体系，一直是我们努力探索、积极实践的核心。各高职院校计算机专业将课程体系的基本取向定位为强化学生应用能力的培养和训练。

计算机专业的课程设置体现了能力本位的思想，体现了以职业素质为核心的全面素质教育培养，并贯穿于教育教学的全过程。教学体系充分反映职业岗位资格要求，以应用为主旨和特征，构建教学内容和课程体系；基础理论教学以应用为目的，以"必须、够用"为度，加大实践教学的力度；专业课程教学加强针对性和实用性，教学内容组织与安排融知识传授、能力培养、素质教育于一体，针对专业培养目标，进行必要的课程整合。课程体系的设置需要注意以下方面：

（1）遵循中国服务经济研究中心（CCSE）规范要求，按照初级课程、中级课程和高级课程部署核心课程。

第一，初级课程解决系统平台认知、程序设计、问题求解、软件工程基础方法、职业社会、交流组织等教学要求，由计算机学科导论、高级语言程序设计、面向对象程序设计、软件工程导论、离散数学、数据结构与算法等六门课程组成。

第二，中级课程解决计算机系统问题，由计算机组成原理与系统结构、操作系统、计算机网络、数据库系统等四门课程组成。

第三，高级课程解决软件工程的高级应用问题，由软件改造、软件系统设计与体系结构、软件需求工程、软件测试与质量、软件过程与管理、人机交互的软件工程方法、统计与经验方法等内容组成。

（2）覆盖全软件工程生命周期：①在初级课程阶段，把软件工程基础方法与程序设计相结合，体现软件工程思想指导下的个体和小组软件设计与实施；②在高级课程阶段，覆盖软件需求、分析与建模、设计、测试、质量、过程、管理等各个阶段，并将其与人机交互的领域相结合。

（3）以软件工程基本方法为主线改造计算机科学传统课程：①把从数字电路、计算机组成、汇编语言、编译、顺序程序设计等在内的基本知识重新组合，以 C/C++[①]语言为载体，以软件工程思想为指导，设置专业基础课程；②把面向对象方法与程序设计、软件工程基础知识、职业与社会、团队工作、实践等知识融合，统一设计软件工程及其实践类的课程体系。

（4）改造计算机科学传统课程以适应软件工程专业教学需要。除离散数学、数据结构与算法、数据库系统等少量课程之外，可以进行如下改革：①更新传统课程的教学内容，具体而言，精简操作系统、计算机网络等课程原有教学内容，补充系统、平台和工具；以软件工程方法为主线改造人机交互课程。②在核心课程中停止部分传统课程，具体而言，削减硬件教学，基本认知归入"计

[①]C语言是当今最流行的程序设计语言之一，既可以用来编写系统软件，也可以用来编写应用软件；C++提出了一些更为深入的概念，它所支持的这些面向对象的概念容易将问题空间直接地映射到程序空间，为程序员提供了一种与传统结构程序设计不同的思维方式和编程方法。

算机学科导论"和"计算机组成原理与系统结构"（对于嵌入式等方向针对课程群予以补充强化）；停止"编译原理"，基本认知归入计算机语言与程序设计，基本方法归入软件构造；停止"计算机图形学"（放入选修课）；停止传统核心课程中的课程设计，与软件工程结合归入项目实训环节。

（5）课程融合。把职业与社会、团队工作、工程经济学等软件技能知识教学与其他知识教育相融合，归入软件工程、软件需求工程、软件过程与管理、项目实训等核心课程。

（6）强调基础理论知识教学与企业需求的辩证统一。基础理论知识教学是学生可持续发展的自学习能力的基本保障，是软件产业知识快速更新的现实要求，对业界工作环境、方法与工具的认知是学生快速融入企业的需要。因此，课程体系、核心课程和具体课程设计均须体现两者融合的特征，在强化基础的同时，要有效融入企业界主流技术、方法和工具。

在现有的基础上，进一步完善知识、能力和综合素质并重的应用型人才的培养方案，引进、吸收国外先进教学体系，适应国际化软件人才培养的需要。创新课程体系，加强教学资源建设，从软硬两方面改善教学条件，将企业项目引进教学课程。加大实践教学学时比例，使实验、实训比例达到1/3以上，以项目为驱动开展综合训练。

2. 课程体系的模块化

在本专业的课程体系建设中，结合就业需求和计算机专业教育的特点，打破传统的"三段式"教学模式，建立了由基本素质教育模块、专业基础模块和专业方向模块组成的模块化课程体系。

（1）基本素质模块。基本素质模块涵盖了知法守法用法能力、语言文字能力、数学工具使用能力、信息收集处理能力、思维能力、合作能力、组织能力、创新能力以及身体素质、心理素质等诸多方面的教育，教学目标是重点培养学生的人文基础素质、自学能力和创新创业能力，主要任务是教育学生学会做人。基本素质模块应包含数学模块、人文模块、公共选修模块、语言模块、综合素质模块等。

（2）专业基础模块。专业基础模块主要是培养学生从事某一类行业（岗位群）的公共基础素质和能力，为学生的未来就业和终身学习奠定坚实的基础，提高学生的社会适应能力和职业迁移能力。专业基础模块课程主要包含专业理论模块、专业基本技能模块和专业选修模块。具体而言，专业理论模块包含：计算机基础、程序设计语言、数据结构与算法、操作系统、软件工程和数据库技术基础等课程；专业基本技能模块包括网络程序设计、软件测试技术Java程序设计、人机交互技术、软件文档写作等课程。

专业基础模块课程的教学可以实行学历教育与专业技术认证教育的结合，实现双证互通。例如，结合全国计算机等级考试、各专业行业认证等，使学生掌握从事计算机各行业工作所具备的最基本的硬件、软件知识，而且能使学生具备专业最基本的技能。

（3）专业方向模块。专业方向模块主要是培养学生从事某一项具体的项目工作，以培养学生直接上岗能力为出发点，实现本科教育培养应用型、技能型人才的目标。如果专业基础模块注重的是从业的未来及其变化因素，强调的是专业宽口径，专业方向模块则注重就业岗位的现实要求，强调的是学生的实践能力。掌握一门乃至多门专业技能是提高学生就业能力的需要。

专业方向模块课程主要包括专业核心课程模块、项目实践模块、毕业实习等，每个专业的核心专业课程一般由5~6门组成，充分体现精而专、面向就业岗位的特点。

（二）计算机专业课程建设之实践教学

1. 计算机应用专业实践教学质量保障体系的功能模式

高等职业教育目的是培养具有必要的理论基础和较强的技术开发能力，能够学习和运用高新技术知识，创造性地解决生产经营与管理中的实际技术问题，能够与科技和生产操作人员正常交流，传播科学技术知识和指导操作的应用型高层次专门人才。对于计算机应用专业而言更是如此，随着科技的迅猛发展，信息化时代的来临，各行各业对计算机应用专业人才的需求越来越具体化、能力化、实践化。为此，高职院校计算机应用专业应打破原有的保守计划，将理论与实践、知识和能力有机地结合起来，加强学生动手能力培养，将实践教学贯穿人才培养的全过程。由此可见，构建切实可行的高职院校计算机应用专业实践教学质量保障体系具有重要作用，下面将从高职院校计算机应用专业实践教学质量保障体系的内涵、功能及主要模式出发，对高职院校计算机应用专业实践教学质量保障体系进行总体概述。

（1）计算机专业实践教学质量保障体系的相关理论。要建立高职院校计算机应用专业实践教学质量保障体系，必须深入分析高职院校计算机应用专业实践教学质量保障体系的内涵和结构，并在此基础上构建和完善实践教学质量保障体系，从内涵上提高培养人才的质量。

第一，计算机应用专业实践教学。高职院校计算机应用专业实践教学通常包括课内实验、校内综合实训（课程设计、技能训练、项目实训等）、专业顶岗实习、毕业设计等。实践教学体系通常由硬件和软件组成，硬件包括校内外实践教学基地，软件包括实践教学管理制度、人才培养方案、实践教学大纲、实践指导书、教师资源、课程资源、项目案例等内容，整个体系是教师开展实践教学的依据，是学生实践能力培养的具体体现。

高职院校计算机应用专业实践教学具有很强的实践性和应用性，主要能帮助学生掌握必要的技术、方法、设备和科学的研究方法，也是培养学生的科学精神和创新意识的重要手段，学生可以通过实践得到对自己综合素质的训练。提高对计算机应用专业实践教学重要性的认识，是深化实践教学改革的关键。计算机应用专业实践教学是课堂教学的重要延续和发展。学生通过计算机应用专业实践教学过程加深对计算机学科中的基本概念、基本理论及其操作应用的理解，逐步实现独立操作，验证和巩固所学的计算机知识。

第二，教学质量。关于教学质量含义的认识，有一种观点是根据教学本身所固有的传授性、示范性、启发性、递进性和社会性，认为教学质量是满足学生本身、高校管理者、学生家长和社会上的相关部门对教学要求的程度。另一种观点则是从教学效果方面对教学质量进行定义，认为教学质量是教学效果的体现，是教育价值的表现形式，即学生知识、能力、素质的变化与教学目标的符合程度，换言之，是学生的发展变化达到某一标准的程度以及不同的公众对这种发展的满意度。

本书认为，"教学"是"教"与"学"的含义，"教"是传授知识，"学"是接受知识，是教师与学生两大主体之间的活动，有别于"教育"这一概念；"教育"是"教"和"育"的含义，"教"是传授知识，"育"是培养人，"教育"就是通过传授知识培养人。"教学质量"是指知识传递过程的质量，取决于两方面合力：一是知识输出质量；二是知识接受质量。前者（知识输出质量）考察知识传授者"教"的水平，后者（知识接受质量）考察知识接受者"学"的水平，两者呈互动关系，"教"促进"学"，"学"印证"教"，"教"与"学"互为前提，互相促进，共同提高。因此，评价"教学"质量侧重过程评价、动态评价、环节评价以及内部评价。

从教学系统上看，教学是一个过程，是一个教师为学生提供知识、帮助学生提高自己能力的过程，一般包括教学输入、教学准备、教学输出三个方面。而教学质量是指学生在知识、能力、价值观等方面的增量，是学校整个教学环节综合作用的结果。高职院校作为一种为"顾客"提供服务的实体，其直接顾客是学生，间接顾客是政府、企事业单位等。教学质量即满足顾客的需求，需求的满足通过服务过程即教学过程实现。

第三，教学质量保障体系。质量保障这一术语最早起源于工商界，是指厂家或者产品生产者向用户提供的产品或服务持续达成预定目标以使用户满意的过程。体系是指"若干有关事物按照一定的秩序和内部联系而组成的具有一定结构和特定功能的统一整体"[①]。质量保障体系是厂家或者产品生产者企业以保证和提高产品质量为目标，运用系统的原理和方法，设置统一协调的组织机构，把各部门、各环节的质量管理职能严密组织起来，形成一个有明确任务、职责、权限、互相协作、互相促进的质量管理有机整体。把在工商界形成的关于质量保障的基本思想逐渐应用于学校教学领域当中，形成关于教学质量保障

---

① 傅波.计算机专业教学改革研究[M].成都：西南交通大学出版社，2018：109.

的理论。教学质量保障体系是指为了达到学校人才培养目标,将对教学产生重要影响的各项教学、管理活动有机结合起来,从而形成一个能够保证达到预期教学质量目标并能保持稳定性的统一整体。

第四,高职院校计算机应用专业实践教学质量保障体系。在高职院校背景下,质量保障就是根据预先制定的一系列质量标准与工作流程,要求学校全体员工发挥每个人的主观能动性,认真实施并不断改进教育教学计划,从而达到既定教育质量目标,逐步达到学校总体目标的过程。而高职院校计算机应用专业实践教学质量保障体系,是以高职院校计算机应用专业实践教学质量保障活动和实践教学质量保障机构作为基础,以保障和提高高职院校计算机应用专业实践教学质量作为目标,依据已制定的质量标准,按照特定的运行规则,采用特定的管理策略和管理手段保障高职院校计算机应用专业实践教学质量的一系列理论和方法。高职院校计算机专业实践教学质量保障体系的建立是为了进一步完善实践教学质量管理,加强实践教学质量控制,有计划、有步骤地开展教学活动,培养面向高新技术产业和现代信息服务业、熟练掌握计算机应用技能的高素质应用型人才。

与高等教育质量保障体系类似,高职院校计算机应用专业实践教学质量的形成和发展既受到学校内部各个环节的影响,同时也受到学校外部的经济、文化等环境的影响,因此,高职院校计算机应用专业实践教学质量保障需要学校内、外部因素的协同保障。根据实施教学质量保障的主体不同,高职院校计算机应用专业实践教学质量保障体系可分为内部保障和外部保障两个子体系。

内部保障体系是学校乃至计算机应用专业教学团队,为提高计算机应用专业实践教学质量,而与外部保障活动相配合建立起来的组织与系统,主要负责高职院校计算机应用专业内部的实践教学质量保障。外部保障体系通常是全国性或区域性的高职院校教学质量保障机构,其成员包括高教界与高教界之外的专家,他们由政府或某个作为其领导部门的专业和行业组织进行任命,主要负责领导、组织、实施、协调高职院校实践教学质量的鉴定活动与监督高职院校内部实践教学质量保障活动。高职院校计算机应用专业教学质量的内、外部保障体系有机结合，以内为主，以外促内，内外并举，共同实现对高职院校计算机应用专业实践教学质量予以保障的功能。

下面将在内、外部教学质量保障体系有机结合的基础上，主要研究高职院校计算机应用专业实践教学的内部教学质量保障体系。

（2）计算机应用专业实践教学质量保障体系的功能。计算机应用专业实践教学质量保障体系的功能问题，是实践教学质量保障体系研究的重要问题之一。在社会学中，功能是指物质系统所具有的作用、能力和功效。而这一概念应用在高职院校计算机应用专业实践教学质量保障体系中，是表示高职院校计算机应用专业实践教学质量保障体系本身所起的作用，它是高职院校计算机应用专业实践教学质量保障体系所具有的功效以及能发挥这种功效所具有的能力的总称。高职院校计算机应用专业实践教学质量保障体系具有如下功能：

第一，鉴定功能。计算机应用专业实践教学质量保障体系构建完毕以后，高职院校有关人员就可根据该体系中既定目标和标准，评判该专业实践教学质量，进而判断该专业实践教学活动是否已达到预定标准。

第二，诊断功能。计算机应用专业实践教学质量保障体系在实行其鉴定功能的同时，还具有诊断功能，即这一体系在判定学校计算机应用专业实践教学质量是否达到已制定的目标和标准的同时，还能分析该专业在整个实践教学过程中的得失成败，进而吸收成功经验，规避失败教训，并且深入分析得失成败的根本原因，提出应对措施，供决策人员参考。

第三，调控功能。计算机应用专业实践教学质量保障体系构建出来以后，有利于高职计算机实践教学本身、政府与教育主管部门、师生个体这三大方面发挥强大的调控功能，促进高职院校计算机应用专业实践教学质量的提高。首先，是高职院校计算机应用专业实践教学本身的调控。通过构建高职院校计算机应用专业实践教学质量保障体系，可以及时准确地获取有关实践教学反馈信息，并根据已获取的信息，调整实践教学活动，有利于保障和提高高职院校计算机应用专业实践教学质量。其次，是政府与教育主管部门的调控。政府与教育主管部门可以根据实践教学质量评估结果，适当调整、改进相关教育政策。

最后，是师生个体的调控。高职院校计算机应用专业师生可以通过健全的实践教学质量保障体系，全面了解自己的教学与学习效果，找出需要改进的地方，采取有效应对措施，使自己朝着原定目标前进。

第四，监督功能。计算机应用专业实践教学质量保障体系构建出来以后，该专业的实践教学质量评估与保障活动便有了制度上的保障。政府与社会可通过高职院校自身或外部评审专家的评审报告，了解高职院校计算机应用专业实践教学的质量状况，对于高职院校计算机应用专业本身而言，外界对其实践教学质量状况的了解与认识，以及其在社会中的形象，有助于其提升在教育资源上的竞争力。因此，高职院校计算机应用专业应当重视自身实践教学质量的提高和各种类型实践教学质量保障活动的开展，提高计算机应用专业人才培养质量，使高职院校计算机应用专业实践教学活动自觉地处于社会监督之下。另外，在高职院校内部，全体师生还可以通过制度化的实践教学质量保障体系，监督高职院校计算机应用专业实践教学开展情况，确保其按既定的实践教学工作计划进行，逐步达到实践教学质量的最终目标。

第五，导向功能。计算机应用专业实践教学质量保障体系的导向功能，主要表现在导向教师和专业发展两个方面。首先，是导向教师方面。健全的、制度化的实践教学质量保障体系对教师的导向功能可分为隐性引导和显性引导：隐性引导是指高职院校计算机应用专业实践教学质量政策与质量文化对教师有着潜移默化的作用；而显性引导是指高职院校计算机应用专业实践教学硬性的质量保障措施对教师的开展教学活动的引导与规范。其次，是导向专业发展方面。高职院校计算机应用专业通过已构建的实践教学质量保障体系，可以及时了解社会对高职院校计算机应用专业人才培养需求、期望和基本评价，发现自身在满足社会需要方面存在的优点与不足，从而引导本专业明确自己的发展方向，积极调整本专业实践教学目标，保障和提高实践教学质量，培养适合社会生产需要的高素质计算机应用专业人才。

第六，激励功能。计算机应用专业实践教学质量保障体系构建出来以后，有利于高职计算机应用专业向社会增加透明度，从而促使本专业对自身有一个正确的评估，对本专业的生存与发展进行反思，增强本专业对学生、对学校、对政府和对社会的责任感，增强本专业实践教学质量意识和效益意识。此外，学校其他专业和社会可通过本专业已构建的实践教学质量保障体系了解本专业实践教学质量，促使计算机应用专业关注本专业与本校其他专业的差距以及本专业所造成的社会声誉，增强本专业的荣誉感和危机感，以刺激本专业不断进取，不断完善本专业实践教学体制。

（3）计算机应用专业实践教学质量保障体系的主要模式。计算机应用专业实践教学质量保障模式，是指在特定的方法论指导下，采用特定的管理策略和管理手段对高职院校计算机实践教学质量实施保障的一整套理论和实践行动。由于高职院校实践教学质量观趋于多元化以及所采用方法论基础各异，高职院校计算机应用专业实践教学质量保障体系的模式也不尽相同。目前，尚未形成明确针对高职院校计算机应用专业实践教学质量保障体系的模式，此处借鉴高等教育质量保障体系，以此类推高职院校计算机应用专业实践教学质量保障的主要模式，为构建高职院校计算机应用专业实践教学质量保障体系提供理论基础。

第一，系统流程模式。高职院校教学质量的形成与发展过程与高职院校输入过程和输出的系统流程密切相关。因此，以系统流程出发去保障高职院校计算机实践教学质量是十分必要的。系统流程模式的理论依据主要有教育决策导向模型，其代表人物斯塔弗尔比姆，其强调以决策为中心的背景评价、输入评价、过程评价和成果评价的评价模型。

斯塔弗尔比姆的教育决策导向模型认为：评价不应局限于评判决策者所确定的教育目标所达到预期效果的程度，而应该视作为决策者提供信息的过程。评价的最重要目的不是为了证明，而是为了改进。为此，斯塔弗尔比姆把决策分为四类，组成一个评价体系：①背景评价为预期结果的决策服务，旨在判断所提出的目标是否充分满足已评定的需要；②输入评价为预期方法的决策服务，对备选方案进行论证和评定；③过程评价为实际方法的决策服务，它既对计划执行情况不断检查，为方案制定者提供反馈信息，又对修改和解决计划提供指导；④成果评价为实际成果的决策服务，它收集、反馈对结果的描述和判断信息，并与目标相比较，判断人的需要和满足的程度。

总而言之，输入保障涵盖背景评价和输入评价，主要是将社会宏观质量需要转化成教育或具体的质量要求，并根据自身办学实力制定切合实际的培养方案和条件保障；过程保障是以过程评价为主旨，在教育行动中不断监控教育质量，达到及时纠偏的目的；输出保障是以成果评价为依托，达到输出保障的效果。

第二，全面质量管理（TQM）模式。全面质量管理（TQM）模式要点是把组织管理、数理统计和现代科学紧密地结合起来，建立一整套质量保障体系，从而有效地利用人力、物力、财力、信息等资源，提供令顾客满意的产品或服务，其理论精髓是"三全"学说，即全面的质量、全过程和全员参与。

对于高职院校计算机应用专业而言，由于其职能是为生产、建设、管理和服务第一线输送具有较高计算机应用技能的专门人才，其"产品"同样存在质量高低的问题。所以，对高职院校计算机应用专业实践教学质量进行全面质量管理显得尤为重要。计算机应用专业实践教学质量管理的全过程指的是高素质计算机应用技能专门人才培养的整个过程，即从市场调查、专业人才培养方案修订开始，直到毕业顶岗实习、毕业就业指导的全过程。全方位管理不仅是知识、技能教学层面的管理，还包括德、体、美等层面的管理，即与人的全面发展有关的所有工作的质量管理。全员管理是指高职院校各个部门、各个单位的全体教职员工都要积极服务于教学，积极参与教学质量管理。

第三，动态监控模式。计算机应用专业实践教学质量是在动态的运行过程中逐步形成的，动态监控模式就是在动态的实践教学过程中对影响教学质量的最主要因素加以调适和监控，它由目标保障、投入保障、过程保障和监督保障这四个方面组成。

高职院校计算机应用专业实践教学质量，是以高职院校计算机应用专业所培养出来的学生与目标的符合程度来衡量的，所以目标保障是保证高职院校计算机应用专业实践教学质量的前提。

目标保障是指行为主体在目标运行过程中对目标进行确定、调整、修订等过程。由于质量是一种动态的状态，它会随着时间的推移和环境的改变而改变，所以作为反映社会需求的质量标准也会不断改变。高职院校作为目标保障的行为主体，应根据社会的反馈信息，在政府的指导下及时地对目标进行调适，使之更好地发挥导向作用。

实践教学活动的开展需要一定的投入，投入状况直接影响高职院校计算机应用专业实践教学质量，所以投入保障是保障高职院校计算机应用专业实践教学质量的重要条件。投入保障一般包括人力、物力和财力的投入。政府作为主要办学者是投入的主体，社会作为教育的受益者同样担负投入的责任，学校则应有合理支配和使用人力、物力和财力的责任。投入保障的目标就是避免投入不足和使用不当情况的发生。

高职院校计算机应用专业实践教学质量不是考出来的，而是"教"和"学"两者充分发挥作用而产生的。因此，保障高职院校计算机应用专业实践教学的整个过程的顺利开展，是保障人才培养质量的核心。过程保障的承担者在于学校，它负责对形成最终结果的全过程进行保障，对影响质量的各个环节进行监控和调适。

高职院校培养出来的计算机应用专业人才应满足社会生产的需要，所以必须建立外部监督保障，对高职院校计算机应用专业实践教学质量进行监督、检查和评估，以保证高职院校计算机应用专业人才培养沿着市场需要的方向发展。所以，监控保障方面是保障高职院校计算机应用专业实践教学质量的关键。全国性或区域性的高职院校教学质量保障机构是监督保障的主体，它以其权威性承担着政府或社会委托的监督、检查和评估的职责。

2. 计算机应用专业实践教学质量保障体系的构建

由于高职院校计算机应用专业实践教学是一项复杂的系统活动，影响实践教学质量的因素涉及计算机应用专业本身，乃至整个高职院校内部和社会的各个方面。因此，高职院校计算机应用专业实践教学质量保障体系的构建不可能依据某一指标或一组类似的指标，必须尽可能考虑学校各方面的通力合作。然而，计算机应用专业实践教学质量保障体系又不可能囊括学校和社会所有反映和影响实践教学质量的各个层面，它只能选择其中的关键因素，即高职院校计算机应用专业实践教学质量保障体系的构建，一方面要尽可能广泛，力图构成实践教学质量保障体系的各方面因素；另一方面又要尽可能简明，力图把握影响实践教学质量的关键因素。此处根据高职院校计算机应用专业实践教学的特点，通过查阅文献、对象访谈、统计分析已有影响高职院校计算机专业实践教学质量的数据和到实践教学现场进行考察等方式，找准高职院校计算机应用专业实践教学质量的关键因素，探索合理的高职院校计算机应用专业实践教学质量保障体系内容及其指标构成，构建一个相对科学完整、导向明确，既符合高职院校计算机应用专业实践教学规律，又便于操作的高职院校计算机应用专业实践教学质量保障体系。

（1）构建计算机应用专业实践教学质量保障体系的基本原则。构建高职院校计算机应用专业实践教学质量保障体系前先要明确在构建过程中所要遵循的基本原则，具体阐述如下：

第一，服从培养目标的原则。构建计算机应用专业实践教学质量保障体系，要遵循高等教育特别是高等职业教育规律和本专业培养为社会生产、服务、管理第一线需要的高素质计算机应用技能型人才目标，突出高职院校计算机应用专业实践教学的基本特征。

第二，科学性原则。设定高职院校计算机应用专业实践教学质量保障体系的内容及每一项指标时，都必须经过科学论证使每项指标都有科学依据，同时得到学校的专业技术人员或管理人员的认可，能直接反映高职院校计算机应用专业实践教学质量特性。各指标名称、概念要科学、确切。

第三，系统性、可比性原则。构建高职院校计算机应用专业实践教学质量保障体系是一个涉及多方面的系统性问题，该体系的内容和指标构成的设计必须首先明确构建本体系的目标，在此前提下，按规定目标要求，全面系统地设计、确定保障体系的内容和各项指标。整个高职院校计算机应用专业实践教学质量保障体系要有系统性，形成一个闭合的回路，各项指标构成要素应有可比性。

第四，可操作性、真实性原则。构建高职院校计算机应用专业实践教学质量保障体系时，保障体系的内容要具体，构成指标必须切实可行，指标定义要明确，便于指标数据采集，保证真实可靠，该体系在操作上要具有可行性，要有明确、便于操作的指标，能真实反映计算机应用专业实践教学的客观情况。

第五，持续性原则。构建计算机应用专业实践教学质量保障体系，要从持续提高实践教学质量的动态发展观出发，促使计算机应用专业实践教学质量不断改进和持续发展，及时了解实践教学质量需求而进行持续性管理，并从制定制度上确保实践教学质量持续提高。贯彻持续性原则要坚持持续提高实践教学质量的动态发展观理念，充分认识到实践教学质量的提高只有起点，而没有终点，把不断提高实践教学质量，从而促使高职院校计算机应用专业人才培养质量的提高作为永恒目标。

（2）计算机应用专业实践教学质量保障体系的内容。高职院校计算机应用专业实践教学质量保障体系的内容包括以下三方面，它们相辅相成，形成完整的高职院校计算机应用专业实践教学质量保障体系：

第一，输入质量保障。输入质量保障是为实现高职院校计算机专业培养高素质计算机应用职业技能人才目标所需要的各种条件的整合，其主要功能在于帮助决策者利用已有条件解决问题。只有加强了输入质量保障，才能通过优化资源配置，保障实践教学质量。输入质量保障主要包括实践教学目标理念、校企合作质量、师资队伍质量和实践教学基地建设质量等四大方面：

一是，实践教学目标理念。只有明确了高职院校计算机应用专业的实践教学目标理念，才能指导全体成员向着同一个方向前进；只有让全体成员都熟悉和认同高职院校计算机应用专业的实践教学目标理念，才能得到最大的支持，让计算机专业实践教学整体目标与各个成员的个体目标完美结合，形成合力，从而保障和提高实践教学质量。

二是，校企合作质量。校企合作的核心内容就是企业和学校的紧密合作，共同完成对高职院校计算机应用技能人才的培养。高职院校计算机应用专业要主动了解企业的需求，企业则应对高职计算机专业办学提供人力、物力等方面的支持，帮助解决学生实习和就业问题。校企合作质量，直接关系着为国家培养高素质计算机职业技能人才的质量、企业竞争力和高职院校计算机专业实践教学质量的协调发展，涉及国家、企业、学校之间的共同利益，所以需要各方面通力协作来推进这一事业。

三是，师资队伍质量。加强师资队伍建设是保障高职院校计算机专业教学质量的关键，主要从制定切实可行的师资队伍政策、完善师资队伍结构和教师自身素质的提高等三方面着手，积极建设一支数量适当、结构合理、素质优良、专兼结合的实践教学师资队伍。某城市职业学院计算机应用专业教学团队师资结构就比较合理，对高职院校计算机应用专业实践教学质量保障体系的内容及其指标构成有良好的借鉴作用。

四是，实践教学基地建设质量。实践教学基地是保障高职院校计算机应用专业实践教学质量所必不可少的条件，有必要制订完善的实践教学基地建设规划，并按此规划循序渐进，建立稳定、高质量的校内、外实践教学基地。基地建设应注重数量和质量并重，在数量上满足实践教学的需要，在质量上达到优质的标准，并积极鼓励高职院校计算机专业寻找社会资源来应用于高职院校实践教学环节。

第二，过程质量保障。过程质量保障是根据高职院校人才培养目标的总体要求，对实践教学过程中的各个环节、各项教学活动进行合理组织，建立起稳定的、协调的、有活力的教学秩序，确保教学工作顺利开展的过程，它主要包括实践教学管理质量和教学环节质量两个方面的内容：

一是，实践教学管理质量。实践教学管理是对教师、学生、设施手段、形式方法及其相互关系的组织协调，服务监控，以达到整体优化，全面实现高职院校实践教学目标的活动，其核心是实践教学质量管理。实践教学管理的主要内容是建立合理的管理组织与队伍，形成完善的教学管理制度，把加强专业建设、课程建设、教材建设、师资队伍建设、实践基地建设以及日常教学运行等有机地结合，从整体上研究、监控高职院校计算机应用专业实践教学质量，推动实践教学质量的稳步提升。

二是，实践教学环节质量。实践教学环节是培养学生具备娴熟的计算机应用职业能力和创新意识，实现高素质计算机职业应用型专业人才培养目标的重要环节。所以加强实践教学环节质量，对于切实保障高职院校计算机应用专业实践教学质量，推进学生职业技能教育和实践动手能力的培养，深化高职院校计算机应用专业实践教学改革，都有着重要意义。高职院校计算机专业可通过实践教学内容、教学方法手段改革和考核模式改革等三个方面开展工作，保障实践教学环节质量。

第三，输出质量保障。输出质量保障是测量和判断高职院校计算机专业实践教学所取得的成效，它仍然是质量控制的一种手段，而不是最终的评定。最终的评定是针对输入质量保障、过程质量保障和输出质量保障三个方面同时发挥作用所产生的效果而进行的总体评定。根据学习的客观规律和社会需求，把输出质量保障分为学生学习质量和社会输出质量两方面内容：

一是，学生学习质量。学生学习质量高低是评价高职院校计算机应用专业实践教学效果的重要依据，也是衡量高职院校计算机专业人才培养质量的根本尺度。学生学习质量保障是高职院校计算机应用专业实践教学质量保障中的一个重要组成部分，主要是从学习者的角度来考察计算机应用专业实践教学质量。

二是，社会输出质量。社会输出质量是社会用人单位依据人才适用性原则对高职院校计算机应用专业所培养出来的人才做出的价值判断。它主要是从高职院校外部角度来考察高职院校计算机专业实践教学质量，包括社会对毕业生的评价和毕业生当年就业率等。其中学生就业率更是反映高职院校计算机应用专业办学成功与否的重要标志之一，而高职院校计算机应用专业实践教学质量直接影响学生就业率。在高职院校学生求职就业过程中，用人单位最看重的是毕业生的计算机应用职业能力，高职院校学生只有在不断提高自身职业技能的同时提升自己的综合素质，才能在竞争激烈的求职中取胜。在此参考近四届某城市职业学院计算机应用专业毕业生就业率，为社会输出质量保障指标的确定提供依据。

（三）计算机专业课程建设之校企合作

1. 计算机教育校企合作的必要性

（1）国家高度重视，目标与要求明确具体。我国出台的文件《关于进一步加强高校实践育人工作的若干意见》，文件明确指出："进一步加强高校实践育人工作，是全面落实党的教育方针，把社会主义核心价值体系贯穿于国民教育全过程，深入实施素质教育，大力提高高等教育质量的必然要求。"

我国历来高度重视实践育人工作。坚持教育与生产劳动和社会实践相结合，是国家的教育方针的重要内容。坚持理论学习、创新思维与社会实践相统一、坚持向实践学习、向人民群众学习，是大学生成长成才的必由之路。进一步加强高校实践育人工作，对于不断增强学生服务国家服务人民的社会责任感、勇于探索的创新精神、善于解决问题的实践能力，具有不可替代的重要作用；对于坚定学生为实现中华民族伟大复兴而奋斗，自觉成为国家的合格建设者和可靠接班人，具有极其重要的意义；对于深化教育教学改革、提高人才培养质量，服务于加快转变经济发展方式、建设创新型国家和人力资源强国，具有重要且深远的意义。

当前，我国高等职业院校实践育人工作得到进一步重视，内容不断丰富，形式不断拓展，取得了很大成绩，积累了宝贵经验，但是实践育人特别是实践教学依然是高职院校人才培养中的薄弱环节，离培养拔尖创新人才的要求还有差距。要切实改变重理论轻实践、重知识传授轻能力培养的观念，注重学思结合，注重知行合一，注重因材施教，以强化实践教学有关要求为重点，以创新实践育人方法途径为基础，以加强实践育人基地建设为依托，以加大实践育人经费投入为保障，积极调动整合社会各方面资源，形成实践育人合力。着力构建长效机制，努力推动学校实践育人工作取得新成效、开创新局面。

综上所述，高职院校需要坚持把国家的核心价值体系融入实践育人工作全过程，把实践育人工作摆在人才培养的重要位置，纳入学校教学计划，系统设计实践育人教育教学体系，规定相应学时学分，合理增加实践课时，确保实践育人工作全面开展。要区分不同类型实践育人形式，制订具体工作规划，深入推动实践育人工作。实践教学是学校教学工作的重要组成部分，是深化课堂教学的重要环节，是学生获取、掌握知识的重要途径。各院校要结合专业特点和人才培养要求，分类制定实践教学标准，增加实践教学比重。

实践教学方法改革是推动实践教学改革和人才培养模式改革的关键。各院校需要把加强实践教学方法改革作为专业建设的重要内容，重点推行基于问题、基于项目、基于案例的教学模式和学习方法，加强综合性实践科目设计和应用。加强大学生创新创业教育，支持学生开展研究性学习、创新性实验、创业计划和创业模拟活动。

为落实好实践育人的具体工作，需要所有高职院校教师都负有实践育人的重要责任。各个职业院校要制定完善教师实践育人的规定和政策，加大教师培训力度，不断提高教师实践育人水平，要主动聘用具有丰富实践经验的专业人才。要鼓励教师增加实践经历，参与产业化科研项目，积极选派相关专业教师到社会各部门进行挂职锻炼。要配齐配强实验室人员，提升实验教学水平。要统筹安排教师指导和参加学生社会实践活动。教师承担实践育人工作要计算工作量，并纳入年度考核内容。学生是实践育人的对象，也是开展实践教学、社会实践活动的主体。要充分发挥学生在实践育人中的主体作用，建立和完善合理的考核激励机制，加大表彰力度，激发学生参与实践的自觉性、积极性。

另外，实践育人基地是开展实践育人工作的重要载体。要加强实验室、实习实训基地、实践教学共享平台建设，依托现有资源，重点建设一批国家级实验教学示范中心、国家大学生校外实践教育基地和高职实训基地。各职业院校要努力建设教学与科研紧密结合、学校与社会密切合作的实践教学基地，有条件的职业院校要强化现场教学环节。基地建设可采取校所合作、校企联合、学校引进等方式。要依托高新技术产业开发区、大学科技园或其他园区，设立学生科技创业实习基地，力争每个学校、每个院系、每个专业都有相对固定的实习实训基地。落实实践育人经费，是加强职业院校实践育人工作的根本保障和基本前提。职业院校作为实践育人经费投入主体，要统筹安排好教学、科研等方面的经费，新增生均拨款和教学经费要加大对实践教学、社会实践活动等实践育人工作的投入。要积极争取社会力量的支持，多渠道增加实践育人经费投入。各职业院校要制订实践育人成效考核评价办法，切实增强实践育人效果。要制定安全预案，大力加强对学生的安全教育和安全管理，确保实践育人工作的安全有序。

除了《关于进一步加强高校实践育人工作的若干意见》外，中华人民共和国教育部又出台了《关于全面提高高等教育质量的若干意见》（高教〔2012〕4号），该文件指出，我们需要强化实践育人环节，制定加强职业院校实践育人工作的办法。结合专业特点和人才培养要求，分类制订实践教学标准，增加实践教学比重，确保各类专业实践教学必要的学分（学时）。配齐配强实验室人员，提升实验教学水平。组织编写一批优秀实验教材。加强实验室、实习实训基地、实践教学共享平台建设，重点建设一批国家级实验教学示范中心、国家大学生校外实践教育基地、职业院校实训基地。加强实践教学管理，提高实验、实习实训、实践和毕业设计（论文）质量。支持职业院校学生参加企业技改、工艺创新等活动。广泛开展社会调查、生产劳动、志愿服务、公益活动、科技发明、勤工助学和挂职锻炼等社会实践活动。新增生均拨款优先投入实践育人工作，新增教学经费优先用于实践教学。

（2）构思、设计、实现、运作理论引领计算机教育改革的风向。CDIO是构思（Conceive）、设计（Design）、实现（Implement）、运作（Operate）4个英文单词的缩写，它是"做中学"和"基于项目教育和学习"的集中概括和抽象表达，CDIO模式以工程实践为载体，以培养学生掌握基础工程技术知识和实践动手能力为目的，在新产品的开发过程中引导创新，使知识、能力、素质的培养紧密结合，使理论、实践、创新合为一体，通过各种教育方法弥补工程专业人才培养的某些不足。CDIO模式不仅继承和发展了国际上数十年以来的工程教育改革的理念，更重要的是还提出了系统的能力培养、实施指导，以及实施过程和结果检验的12条标准，具有很强的可操作性。

构思、设计、实现、运作理论标准中提出的要求是直接参照工业界的需求，构思、设计、实现、运作理论模式是能力本位的培养模式，是根本区别于学科知识本位的培养模式。对学生能力的评价不仅要来自学校教师和学生群体，也要来自工业界。评价的方式要多样化，而不只是闭卷理论考试。可见，CDIO是对传统教育模式的颠覆性改革。

迄今为止，已有数十所世界著名大学加入了CDIO国际组织，这些学校的机械系和航空航天系已全面采用了CDIO工程教育模式，取得了非常好的成绩，CDIO模式培养的学生尤其受到社会与企业的欢迎。

2. 计算机教育校企合作的主要模式

模式是一组共同的认识假设。亚当·史密斯在《心灵的力量》一书中指出："模型或模式是我们感知世界的方法，它如同鱼类的水。模型或模式向我们解释世界，并协助我们预测世界的行为。"研究计算机教育校企合作模式的目的主要在于提高对计算机教育的特点和校企合作办学重要性的认识，以期对构建适应本地经济发展的现代教育人才培养模式达成共识。

计算机教育的作用是培养生产、建设、管理、服务第一线的应用型人才，其培养目标的定位说明与其他教育相比，计算机教育与生产实践的关系更为直接。校企合作办学有效地解决了学校学生实习难、就业难、招生难等重大问题，又使企业得到了岗位需求的人才，实现了企业、学校双赢。近年来，我国各院校坚持以就业为导向，采取多种形式与重点行业、支柱产业合作办学，建立和完善校企合作、工学结合的办学机制，为我国的经济发展培养了大批技能型人才和高素质劳动者，并探索出了具有计算机教育特色的校企合作办学模式。

（1）企业独立举办计算机院校模式。所谓企业独立举办计算机院校模式：①在原有企业职工大学或有关教育机构的基础上改制举办的计算机学校；②企业独立投资举办职业学校。企业独立举办职业学校在实施校企合作、工学结合的办学途径中具有自己独特的优势，其特点在于实现了企业与学校一体化，企业直接主管学校，学校直接为企业服务，但也存在一定的问题，诸如投入不足、不享受公益事业单位的政策等。

第一，企业独立举办计算机院校模式分析。根据国家大力发展民办计算机教育的精神，支持企业独资兴建计算机院校或职业培训机构，企业要继续办好原有的计算机院校。其他经济效益好，办学条件具备，有实力的企业也可以在整合自有各种教育资源或盘活其他计算机教育资源的基础上，独资兴办职业院校或职业培训机构。对此，各级教育、经贸、劳动和社会保障部门应该加强指导，在同等情况下优先发展，优先审批，优先扶持。

第二，企业独立举办计算机院校模式的作用。

一是，为学生找工作提供方便。"课堂设在车间里，学校办在企业内"这是企业独立举办计算机教育的独特优势。学校根据企业的要求，不断更新教学内容，改进教学方法，使学生学有所专，学有所长，学有所用。学生走上工作岗位后，都能很快适应工作的要求，成为生产一线的技术工人。例如，职业计算机学院为了使学生免除找工作的后顾之忧，学校与某集团公司签订协议，实行订单式培养。学校根据集团公司用工情况设立专业招生，使学校和企业实现了"零距离"合作。

二是，坚持为企业培养优秀技术工人的宗旨。技工学校是这种模式的典型代表。职业院校在培养学生实践动手能力方面有着优秀的传统、扎实的工作作风，坚持以就业为导向，坚持为企业培养优秀技术工人。

三是，贴近计算机教育本质的实习教学。计算机学校与企业有着天然的联系，背靠企业，服务企业，真实的生产环境就在身边，为学校的实习教学提供了极大的便利，也更贴近计算机教育教学的本质。例如，职业院校可以坚持"丰田培养模式"的实习教学，在实习教学中努力做到一人一机（岗），真机床、真材料、真课题、真训练，实习指导教师对操作的基本动作进行分解，按分解步骤进行指导示范，一步一步地指导学生训练，保证学生基本操作符合标准规范。

四是，实现教师与企业研发人员的互动。企业独立举办计算机院校模式，人事管理隶属主管企业或行业。因此，更容易实现教师与企业技术人员的互动。高职院校的"产学研"主要侧重在将教学与生产、新科学、新技术与新工艺的推广、嫁接和应用的紧密结合。针对这一特点，信息职业技术学院可以以"产学研"为导向，充分利用各种教育与技术资源优势，与知名互联网技术（IT）企业共同培养"双师型"（教师、工程师）、"双薪制"（企业薪酬、学校课时费）、"双岗位"（教学岗位、研发岗位）的师资队伍。如学院每年可以以"双薪制"从合作企业遴选有企业实践经验和良好授课能力的高学历研发人员作为"双师型"教师，完成部分专业课和实践课教学任务。通过委派教师深入到软件园各企业参与项目开发工作，实现教师与研发人员互动，确保教师的知识更新率每年在20%~30%左右，保证实训教学的需要。

五是，发挥培训基地作用，开展对企业员工的全员培训和全过程培训。企业举办计算机院校，可以更方便、更有针对性地为企业员工的岗位培训提供服务。例如，高职院校可以充分发挥教育培训基地作用，积极开展对企业员工的全员培训和全过程培训，为企业提供强有力的人才和智力支持。学校每年和公司人力资源部共同研究制订年度企业员工培训工作计划，明确培训目标，落实培训措施，完善培训评估考核标准，增强企业员工培训工作的针对性和有效性。

（2）职教集团模式。职教集团办学模式是指以职教集团为核心，由职业学校、行业协会和相关企事业单位组成的校企合作联合体。例如，开发区职教集团是以名人（名师、名校长、名校）效应为纽带的教育联合体，即以开发区职业中专为主体，以相关专业群为纽带，根据自愿、平等、互惠互利的原则，集中多所国内职业学校和企业组建而成，它实行董事会管理下紧密联合、独立运转的办学模式。职教集团模式宗旨在于优化教育资源配置，集群体优势和各自特色于一体，最大限度地发挥组合效应和规模效应，促进计算机教育的不断发展。

第一，职教集团模式分析。职教集团模式的基本特点：①坚持以行业、企业服务为宗旨；②具有规模效益，教育要素可以达到优化配置，提高运行速率，降低内部成本，实现学校与企业的产学合作和利益一体化，从而可以实现规模经营；③职教集团不具有法人资格。

职教集团模式适用于各类计算机教育集团，这种模式的优势在于：①具有规模效益，有利于形成产学联盟，提高管理的标准化水平和专业化程度；②通过大量采购，可以节约交易费用和供给成本；③通过大规模市场推广，能够营造优势品牌，克服市场进入壁垒。

第二，职教集团模式的作用。

一是，集团促进了办学体制的创新。例如，大连开发区计算机教育集团的实践证明，将若干个中高等计算机院校联合起来，组建计算机教育集团，实行纵向沟通、横向联合、资源共享、优势互补，把计算机教育做大、做强，对于打破单一的办学模式所表现出来的惰性和封闭性的弊端有重要作用，为促进薄弱职业学校的发展提供了良好的发展机遇。

二是，集团实现了计算机教育资源的整合。计算机教育集团将有形资源（如人力、物力、财力）和无形资源（如学校声誉、信息情报、计划指标等），按优化组合的方式进行最佳配置，做到人尽其才、物尽其用、财尽其力。

三是，集团促进了计算机教育的优势互补。加入集团的学校在资金、实验实训条件、实习基地、学生就业等方面，通过合理分工，可以实现优势互补与拓展：①实现地域和空间优势互补，即特色各异的地域和空间优势，给学校带来连锁互动、互补发展的契机；通过组织校际间的活动，开阔学生视野，为学生成长提供大环境和大课堂，也为学校的教育教学带来生机。②实现人才的优势互补，即集团化的大空间办学模式为汇集名师、优化教师结构、精选骨干教师提供了更多更好的机会，使人才优势得到充分展示。③实现职业学校内部管理的优势互补，即集团学校之间，联合办学、连锁发展，有利于在更广泛的范围内进行管理经验交流。集团内的学校之间有各自的管理特色，其内部管理优势就成为他校借鉴的依据，达到相互融通、共同发展的目的。

四是，集团加强了职业学校的专业建设。通过集团统筹，调整专业结构，实现学科和专业建设上的分工；根据经济结构调整和市场需要，加快发展新兴产业和现代服务相关专业；集中精力办好自己的特色学科和专业，避免了学校之间在学科和专业设置上的重复。

五是，集团推进了各成员学校的教学改革。计算机教育集团化，集团内的学校可以实行弹性学制和完全学分制，实现学分或成绩互认；集团内的学校根据自己的优势和特色开设选修课程，可以充分提供学生选课余地；有利于职业学校教学上集理论、实践、技术、技能于一体的培养目标的实现，客观上可以吸引更多的学生就读于集团内的学校。

（3）资源共享模式。资源共享是校企合作的共性特征，一切校企合作都具有资源共享的特点，这里所讨论的资源共享模式是指充分利用计算机院校资源，与对应的行业、企业通过合作共建实训基地和举办职业教育培训机构等方式，培养与培训相结合，与企业零距离培养学生实际操作能力，培训"双师型"专业教师和企业在岗职工。

第一，资源共享模式分析。资源共享模式的基本特点：①实现培养与培训相结合；②开展"订单培养"，学校按照企业人才要求标准为企业定向培养人才；③实现学生、教师、学校、企业共赢。

资源共享模式适用于所有职业学校。在实施这种模式时，坚持优势互补、资源共享、互惠互利、共同发展的原则。校企合作资源共享模式因有适用范围广，学生、学校、企业共同受益且明显等特点，故得到了学校认同，被许多学校所采用。这是目前我国计算机教育领域校企合作采用比较多的一种模式，其优势包括：①解决了学校生产实习教学所需的场地、设备、工具、指导教师不足等问题；②促进了学校的招生工作，广泛的订单培养模式的实施，使学生毕业即就业，顺畅的就业渠道促进了学校招生；③为构建高素质的"双师型"教师队伍创造了方便条件；④为在岗职工文化与技能培训找到优质的教育资源。

资源共享模式虽然被大多数学校采用，但资源共享模式有其优势也有一定的局限性，其主要局限是合适的选择，如合作的实习单位或实习岗位选择得不合适将不能实现"优势互补、资源共享、互惠互利、共同发展"，不仅如此，还有可能给合作的双方带来负担或者是伤害。

第二，资源共享模式的作用。

一是，"互惠互利"。在校企合作形成真正的利益共同体中得到体现。通过合作，企业向学校提供仪器、设备和技术支持，建立校内"教学型"实习、实训基地，同时，企业根据自身条件和实际需要，在厂区车间内设立"生产与教学合一型"校外实习、实训基地。学校与企业各得所需。

二是,"双师型"专业教师得到企业的优质资源及最新模式的培训。学校可以和企业合作共同培养"双师型"教师队伍。例如,汽车工程学校与汽车集团合作,集团出资一部分资金,学校出资一部分资金,共同培养高技能型教师。经过培训的"培训师"专业教师,不仅要负责学校专业教师的培训任务,还要负责地方汽车专业教师培训任务,同时又在集团兼任在岗职工的培训任务。校企教师、设备、教材优势互补、互惠互利。在社会、汽车业产生了很大影响,全国各地汽车及相关品牌企业也加入了人才培训基地的建设。

三是,资源共享在培养与培训相结合中得以实现。例如,汽车工程学校除了学历教育培养未来的汽车中等技术人才外,学校可以自觉承担起面向企业培训员工的任务。企业与学校共同结合改革和发展的实际,制定计算机教育培训规划与年度计划,积极开展员工的全员培训和全过程培训,努力建设学习型企业。来自汽车发动机公司的汽车发动机装配初级工、中级工、高级工、技师四个级别共百余人,加工中心操作工数十人,由学校具有丰富教学经验的专业课教师和外聘专家上课,以国家人力资源和社会保障部技术等级教材为内容进行培训,并结合公司生产实际,安排技能操作实习课。

(4)厂校合一模式。厂校合一模式,即企业(公司)与学校合作办学,成立独立办学机构,实现企业(公司)与学校合一。合办的办学机构或以企业冠名或以学校冠名。办学机构教学计划是根据企业的需要,由企业组织专家提出方案,学校审核后制定。学生的实训、毕业设计主要由企业组织落实。

第一,厂校合一模式分析。厂校合一模式以培养学生的全面职业化素质、技术应用能力和就业竞争力为主线,充分利用学校和企业两种不同的教育环境和教育资源,通过学校和企业合作双向介入,将在校的理论学习、基本训练与企业实际工作经历的学习有机地结合起来。厂校合一模式主要特征是:①学校与合作企业要建立相对稳定的契约合作关系,形成互惠互利、优势互补、共同发展的动力机制;②企业为学生提供工作岗位、企业对学生的录用由企业与学生双向选择决定。

厂校合一即企业（公司）与学校合一；教学设备与企业（公司）设备合一；员工与学生合一；教学内容与公司生产产品合一。厂校合一模式适用于学校根据市场需求新增设的专业或为适应市场需求而调整相关教学内容的专业。在选择合作伙伴时要以市场需求为基本原则，应坚持可行性原则。

厂校合一模式的优势是：①有利于调动企业办学的积极性；②有利于学校明确以市场为导向的培养目标；③有利于形成灵活而具职业功能性的课程体系；④有利于实施实践教学；⑤有利于培养"双师型"教师队伍。

第二，厂校合一模式的作用。

一是，开发适应市场经济的专业，培养企业所需要的技术人才。厂校合一模式的结合点主要体现在专业开发和专业设置上，企业所需要的人才是学校在一定的专业中定向培养出来的，因而专业设置必须满足市场的需要。例如，高职院校"号准市场脉搏"，以社会的需要而不是学校现有的条件来设置、调整专业，创设电子商务、通信与信息技术应用、应用生物技术、精细化工工艺等新专业，强调培养具有实际工作经验的人才，能解决企业实际问题的人才。高职院校可以创造性地提出"零适应期"的培养目标，要求培养出来的学生与社会"零距离"，到企业上岗"零适应期"。正因为有以市场为导向的培养目标，再加上行之有效的培养措施，所以培养出的毕业生会特别受社会欢迎，赢得社会声誉，也奠定了校企合作的坚实基础。

二是，课堂教学与现场教学有机结合。厂校合一模式正是把课堂教学与现场教学有机结合起来，既为学生掌握必要的职业训练和做好就业准备提供了条件，又可以把在工作岗位上接触到的各种信息反馈给学生，使学校不断更新课程教学内容，提高人才培养质量。

三是，有利于实施项目实例教学法。项目实例教学法的实施，不仅使学生在技能水平上达到了一个经验型技能人才的标准，而且将一个真实生产环境下的企业文化、管理系统、业务规范、质量要求氛围呈现在学生面前，对学生产生了潜移默化的影响。

四是，真正调动企业办学的积极性。计算机教育改革与发展的根本动力从客观上而言不是来自教育部门内部，而是来自经济部门和就业部门。一所计算机院校的成功，无论是专业设置、培养计划的制订、教学环节的实施，还是学生的就业都离不开企业的支持与配合。例如，高职院校可以通过厂校合一的合作方式，为企业培养高质量的毕业生。学校教师到企业兼职，帮助企业进行技术开发。通过专业或班级用企业命名、在校园免费给企业提供厂房、展示平台等方式，促进企业的发展，提高企业的效益，扩大企业的知名度，这些措施可以调动企业办学的积极性。企业会以更大的热情投身到合作院校的发展中来。

（5）科技创新服务型模式。科技创新服务型模式，即计算机院校立足本校的重点和品牌专业，研发新产品、新技术。以研发的新产品、新技术应用于企业，为行业和企业提供科技创新服务。学校建立若干个与行业、企业、科研机构合作的科技创新服务中心，以行业和企业，特别是中小企业服务为主，实现校企合作，工学结合。在为企业服务的同时，获得自身发展所需的行业信息、实习指导教师、体验真实职业环境。

第一，科技创新服务型模式特点。科技创新服务型模式特点为：①以职业学校为主体，以科技创新服务为切入点，服务于企业；②利用学校优秀教师和教育设施的优质资源，开展科技创新，研发新产品、新技术，以产促教，使教育资源得到充分合理利用；③发挥学校在产、学、研合作中的主导作用，兼顾学校效益、经济效益、社会效益。

第二，科技创新服务型模式的原则。校企合作科技创新服务型模式中，拟合作的对象是与职业学校重点和品牌专业相对应的或相关的行业、企业、科研机构、其他高校等部门。实施科技创新服务型模式：一要坚持与职业学校所设专业相同或相关的原则，这样，既可充分利用学院相关专业的人员、设备进行科技创新研究、服务。同时，因项目合作需要增加的人员、设备，也可以服务于高职专业教学，从而实现教育资源优化配置，促进专业建设。二要坚持以社会经济发展需要，为当地支柱行业发展提供科技创新服务的原则，侧重技术应用研究，注重新技术的应用与推广，并结合学校在技术应用研究领域的相对优势，从而奠定合作项目的可行性基础。

第三，科技创新服务型模式的优势。科技创新服务型模式的实质是产、学、研结合，这是一种以科研合作为主的合作，目的是促进科研成果的转化，它所具有的优势具体如下：

一是，有助于计算机院校学生综合素质与能力的培养。科技创新服务型模式从有利于人才培养的角度出发，学生通过参与科技创新服务，结合所学专业知识与技能，不仅锻炼了创新思维与解决实际问题的能力，并且能使学生更深层次地接触、认识企业的生产实践，从而也在一定程度上提高学生的就业竞争能力。

二是，有助于教师科研能力的培养和"双师型"教师队伍建设。以科技创新服务为切入点，一则强化了教师的科研意识，促使教师深入企业，主动进行应用技术研究；二则通过各科技创新服务平台为教师进行技术应用研究提供便利，帮助教师提高科研能力；三则促进计算机院校教师提高技术应用能力，所授专业与该行业的先进技术密切相连，培养掌握该行业先进技术、满足行业企业需要的技术、技能型人才。

三是，助于与行业技术发展保持一致的专业建设。计算机院校以培养应用型人才为主要特征，其专业建设必须与相关行业技术应用发展紧密联系。职业学校只有与企业合作进行科技创新研究，才能使专业建设与行业发展保持一致而不滞后，以确保其人才培养目标的实现。

需要注意的是，科技创新服务型模式要求服务的技术含量高，要求具有高科技含量的科研成果和实用技术。就目前职业学校的现状来看，科技创新服务型模式适用范围有限。

（6）企业参股、入股模式。企业通过投资、提供设备和设施等方式，参股、入股举办职业教育。

第一，企业参股、入股模式的特点。企业参股、入股模式的特点为：①学校、企业双方共同出资，利润和风险共同承担，校企合作体具有独立法人资格；②学校既有利用自身教育资源优势，努力为企业提供合格人才的义务，同时又有从企业一方获得投资回报，要求企业为其获得的人才"买单"的权利；③企业既有为所需人才的培养付费并提供相关支持的义务，又有要求学校按质量与数量提供合格人才的权利。

第二，企业参股、入股模式的作用。

一是，有利于建立由企业"购买"培训成果的机制。大的企业或企业集团需要长期、有计划地录用符合本企业特殊需要的技能型人才，那么，采用这种模式，有利于建立由企业"购买"培训成果的机制。例如，德国拜耳公司与上海石化工业学校合作，在学校设立"拜耳班"，长期、有计划地为拜耳在上海化学工业园区的生产企业培养其所需的操作技术人员。为此，拜耳公司投入百万欧元以建设"拜耳（中国）实训基地"，承担部分骨干教师去德国拜耳公司考察的费用。上海赛科石化公司则向学校支付培训费百余万元人民币，设立数万元"赛科"奖学金，同时为学校部分教室配置近数十万元的多媒体教学设备等；德国巴斯夫公司除设立"巴斯夫"奖学金外，将承担学校教师五年内去德国培训的费用等。而国内知名企业基本上以设立奖学金和向学校捐赠实训设施为主，通过这种模式的校企合作，容易构建起由企业"购买"培训成果的机制。

二是，注重企业文化的渗透教育。在进行"订单"式培养的教学实践中，校企双方十分重视对学生进行企业文化的渗透教育。每次企业冠名班开学或者学生与企业举办联谊会，企业领导都亲自参加，宣传企业文化，介绍企业的历史和经营理念，以企业各自独特的文化亲和力，对这些企业未来的员工进行熏陶。学生们都以进入企业冠名班为骄傲，以一种"准员工"的使命感自觉进行知识的学习和能力储备。

（7）"双元制"模式。"双元制"是德国首创的一种计算机教育模式，其基本操作形式是：整个教育教学过程分别在企业和职业学校两个场所进行，企业主要负责实践操作技能的培训，学校主要负责专业理论和文化课的教学。

第一，"双元制"模式的基本特点。"双元制"模式的基本特点为：①教学过程分别在企业和职业学校两个场所进行；②企业主要负责实践操作技能的培训；③学校负责专业理论和文化课的教学；④接受"双元制"职业教育的人既是企业学徒，也是职业学校的学生；⑤从事计算机教育的人既有企业的培训师傅，也有职业学校的教师。"双元制"模式适用于借鉴"双元制"的学校及专业。

第二，"双元制"模式的注意事项。"双元制"模式的注意事项包括：①制定统一的培训规章和制定统一的教学计划；②受培训者与企业签订培训合同，成为企业学徒；③受培训者在职业学校注册，成为学校的学生；④受培训者在不同的学习地点接受培训与教育；⑤进行中间考试与结业考试；⑥企业和个人双向选择确定工作岗位；⑦接受"双元制"培训的技术工人还可以通过多种途径进行深造、晋级（职）。

3.计算机教育校企合作的具体实施

（1）建设校外实习实训基地。校企合作是高职院校谋求自身发展、实现与市场接轨、大力提高育人质量、有针对性地为企业培养一线实用型技术人才的重要举措，其初衷是让学生在校所学与企业实践有机结合，让学校和企业的设备、技术实现优势互补、资源共享，以切实提高育人的针对性和实效性，提高技能型人才的培养质量。通过校企合作使企业招纳人才，学生学会技能，学校得到发展；从而得到学校与企业"优势互补、资源共享、互惠互利、共同发展"的双赢结果。

如何使受教育者在良好的环境影响下获得最大值是每一个教育工作者应该考虑的问题。在学校这一具体环境中，学校文化建设与人的全面发展之间的双向互动关系日益明显，校园文化尤其是大学文化是历史积淀和现实环境的产物，它以相对的独立性、自由性、创造性和包容性等特点，对学生有着极大的影响。校企合作办学的重要目标之一就是让学生切身感受一下企业文化，或者说对企业文化有一个基本的认识，以利于学生的全面发展。

校企合作办学的关键是选择合适的企业，建立稳定的校外实习实训基地。一般而言，很多实力较强的企业未必适合建设实习实训基地，只有具备以下几个方面条件的企业才能作为高等学校的合作伙伴：

第一，拥有专门的供学生学习的教学环境，包括实训设备（计算机、网络、应用软件开发环境等）、场地、住宿、食堂、交通等，最好有一个比较独立的教学环境，能确保学生的学习和安全。

第二，拥有专职的师资和管理队伍，特别是师资，需要是来自一线的具有丰富实践经验的专职技术人员或项目经理，具有多年项目开发经验的人员，借助于他们来弥补高校教师经验的不足。

第三，拥有丰富的真实项目案例（包括齐全的项目文档资料），这些来自生产实践第一线的项目案例能够锻炼学生的项目开发能力以及积累相关经验。

第四，开发自主知识产权的教学资源，如教材、课件、教学软件、学习网站等，表明企业对教学很重视，并做相关研究，积累了丰富的素材。

第五，和人才需求市场有着紧密的联系，换言之，了解用人企业对人才的需求情况，能帮助学校解决学生的就业问题，这也是校企合作办学的重要目标之一。

（2）实行以人为本的实训机制。"以人为本"作为一种价值取向，其根本所在就是以人为尊、以人为重、以人为先。以人为本教育的根本目的是为了人并塑造人。为了更好地体现以人为本的教学理念，某高等院校在很多方面都做了考虑与安排，具体体现在以下方面：

第一，提供多种实训选择。尊重并合理地引导每一个学生的个性和差异性，为每一个学生提供多元发展途径。为此，我们在专业方向、实训地点、实训企业、费用、时间等方面需要为学生提供多种选择，且为自主选择。

在专业方向方面，可以设立软件开发技术（JAVA方向）、软件开发技术（C++方向）、嵌入式系统开发、软件测试、数字媒体技术等多个学科方向，满足学生更好的个性化需求。需要注意的是，确实有少部分学生对软件开发不感兴趣，或者没有这方面的潜质，所以设立数字媒体技术方向就是给这部分同学一个选择。

在实习实训地点的选择方面，学校也需要做认真的考虑。由于地缘的原因，如珠三角和长三角地区的IT业比较发达，学生毕业后，多半喜欢去这些地区工作。因此，在选择实习实训企业时，尽量优先考虑广州、深圳、上海、珠海、无锡等地企业。

在实习实训企业的选择方面，也要考虑多种选择。原则上，每个专业方向须选择两家不同地区、服务与收费不同的企业，供学生选择。特别需要提到的是，实训的主体是学生，应该充分考虑学生的意见。

在实习实训经费方面，学生是最敏感、最关注的。这里所指的费用，一是实习实训企业收取的服务费；二是学生在企业实习实训时的生活费用。这两项费用加起来对学生而言是不小的开支。很显然，不能要求所有的学生支付大笔费用。高职院校在这方面，需要考虑高、中、低三种不同的层次，这样学生们可以根据自己家庭的经济状况，选择不同收费层次的企业。费用方面的解决方案还有其他措施，接下来会详细讨论。

第二，关键的费用问题及其解决方案。由于经济发展的不平衡，学生家庭在经济实力方面存在一定差距。事实上，贫困生和特困生所占的比例也是不少的，这给实习实训方面造成了一定的困难，如果解决不好，校企合作办学无从谈起。除了上述所采取的分高、中、低三个档次选择实习实训企业外，高职院校还需要考虑以下方面的措施：①给每个外出实习实训的学生支付一定金额的实训费，经费从学校收取的学费中支出。②如果学生在企业实习实训后，能按时就业，学校再给每个学生进行现金奖励，这一方面能为学生解决经济负担；另一方面也督促学生学好技术、提高能力、按时就业。

（3）与行业接轨。传统意义下的学校教育是有一些瑕疵的，教师和学生基本上都是从一个校门到另外一个校门来的，缺乏对行业或企业的了解，特别是还未走出校门的学生，对行业企业几乎一无所知。校企合作办学既要让学生切身感受企业文化，又要让学生掌握行业标准的知识与技能，也就是专业知识与能力方面尽可能地与行业接轨，这样才有利于学生今后的发展。高职院校计算机专业教学改革可具体做以下方面的工作：

第一，5R实训体验机制。5R实训体验机制是构建应用型技术人才的核心和保证。这5个"R"分别是Real Office（真实的企业环境）、Real PM（真实的项目经理）、Real Project（真实的项目案例）、Real Pressure（真实的工作压力）、Real Opening（真实的就业机会）。

一是，Real Office（真实的企业环境）。实训工作室的设计可以参照大公司的办公环境，一人一个独立工位，每个办公间有独立的会议室供各个小组讨论和评审。企业要求实训的学生严格按企业员工执行上下班考勤制度（工作牌、指纹考勤机、打卡机等）、工作进程汇报制度，真实体验在大企业的工作感觉。学生实训时，按正规的项目开发来组织，即学生按项目开发的实际需要分成小组，每个组的成员都有具体的任务分工。一切按实际项目的运作模式来进行。

二是，Real PM（真实的项目经理）。在项目实训过程中，各个项目组均由两种职能的指导教师带队，负责项目进度跟踪管理的项目经理和具体技术辅导的技术高手。带队的项目经理都是来自于企业具有丰富项目开发经验的项目经理。确保每个学生能获得IT企业正式员工应有的真才实学。

三是，Real Project（真实的项目案例）。实训需要真实地去实践，所以真实的项目案例是至关重要的。所谓真实的项目案例，就是企业的项目经理亲自做过的真实项目，加以消化整理，用来培训学生的项目开发能力。例如，企业实施过国家级大型项目，具有非常宝贵的项目经验，经过整理，抽取出典型的企业应用案例，将整个项目过程完整地还原给学员，让学员在项目中完整地学习整个项目的流程，充分体验一个项目团队应该如何工作，使学生积累做大型项目的经验。

项目案例，例如大型电子商务网站系统；中小企业内部信息门户；微软移动开发；WEB2.0社区；销售或人事Windows智能客户端；企业形象展示；集团协同办公平台；集团人力资源管理系统；信息发布系统；审计项目管理系统；在线培训系统；工作流引擎；互联网数据中心运营管理系统；网通计费管理系统；局域网游戏（C++）。

四是，RealPressure（真实的工作压力）。项目中需要有模拟客户代表给予项目组施加真实的项目压力，"意外随时有可能以任何一种形式出现"，当遭遇需求变更、新技术风险、工期变更、人员变动等问题时，能够从容应对的员工才是企业的栋梁。

五是，Real Opening（真实的就业机会）。往往实训机构自身所依托的企业需要大量的人才，它们可以通过实训为企业培养后备人才。项目经理也可以根据学生的表现，向行业战略合作伙伴推荐就业。另外，很多企业也乐意到实训机构挑选具有一定项目经验的人才。

第二，文档标准。文档是软件开发使用和维护中的必备资料。文档能提高软件开发的效率，保证软件的质量，而且在软件的使用过程中有指导、帮助、解惑的作用，尤其在维护工作中，文档是不可或缺的资料。在传统的专业教学中，确实也向学生介绍了软件文档的概念以及书写方法，但都不深入细致，学生们也没有得到真实项目的锻炼，顶多也就脑子里有个大概的概念而已。很显然，这对培养软件开发人员来说是很不够的。

就毕业设计以及毕业设计论文而言，传统的专业教育也是忽视软件开发文档的。计算机类各专业的毕业设计多半都是围绕某个应用开发一个软件，然后就该应用软件开发的总体概述、用户需求、总体设计（概要设计）、详细设计、测试与维护等方面写一份综合性的材料，就算作毕业论文了。

要造就卓越工程师，必须与行业接轨，必须培养学生具备行业企业所需要的知识和能力，甚至一定的经验。为此，学校可以要求本专业的学生，在做毕业设计与毕业论文时，毕业设计选题必须是企业的实际课题，真题真做；毕业论文可以改成软件开发方面符合行业企业标准的系列文档，如可行性分析报告、项目开发计划、开发进度月报、需求规格说明书、概要设计说明书、详细设计说明书、测试计划、测试分析报告、用户操作手册、项目开发总结报告等。为了避免在软件开发中文件编制的不足或不符合要求，可以将软件文档的编制要求与软件的规模大小联系起来，参照 CMM[①] 标准采用的软件文档规范体系。一般而言，一个计算机软件的开发过程中，一般应产生以下 14 种文档：

一、可行性分析报告。可行性分析报告的编写目的是说明该软件开发项目的实现在技术、经济和社会条件方面的可行性；评述为了合理地达到开发目标而可能选择的各种方案；说明并论证所选定的方案。

[①] CMM 是指"能力成熟度模型"，它是对于软件组织在定义、实施、度量、控制和改善其软件过程的实践中各个发展阶段的描述。

二、项目开发计划。编制项目开发计划的目的是用文档的形式,把对于在开发过程中各项工作的负责人员、开发进度、所需经费预算、所需硬件条件等问题做出的安排记录下来,以便根据本计划开展和检查本项目的开发工作。

三、软件需求说明。软件需求说明书的编制是为了使用户和软件开发者双方对该软件的初始规定有一个共同的理解,使之成为整个开发工作的基础。

四、数据要求说明。数据要求说明书的编制目的是向整个项目开发时期提供关于被处理数据的描述和数据采集要求的技术信息。

五、测试计划。此处所说的测试计划,主要是指整个程序系统的组装测试和确认测试。本文档的编制是为了提供一个对该软件的测试计划,包括对每项测试活动的内容、进度安排、设计考虑、测试数据的整理方法及评价准则。

六、概要设计说明。概要设计说明书又称为系统设计说明书,这里的系统是指程序系统。编制的目的是说明对程序系统的设计考虑,包括程序系统的基本处理流程、程序系统的组织结构、模块划分、功能分配、接口设计、运行设计、数据结构设计和出错处理设计等,为程序的详细设计提供基础。

七、详细设计说明。详细设计说明书又可称为程序设计说明书。编制的目的是说明一个软件系统各个层次中的每一个程序(每个模块或子程序)的设计考虑,如果一个软件系统比较简单,层次很少,本文档可以不单独编写,有关内容合并到概要设计说明书。

八、数据库设计说明书的编制目的是对于设计中的数据库的所有标识、逻辑结构和物理结构做出具体的设计规定。

九、用户手册。用户手册的编制是要使用非专门术语的语言,充分地描述该软件系统所具有的功能及基本的使用方法。使用户(或潜在用户)通过本手册能够了解该软件的用途,并且能够确定在什么情况下,如何使用它。

十、操作手册。操作手册的编制是为了向操作人员提供该软件每一个运行的具体过程和有关知识,包括操作方面的细节。可与用户手册整合编制。

十一、模块开发卷宗。模块开发卷宗是在模块开发过程中逐步编写出来的,每完成一个模块或一组密切相关的模块的复审时编写一份,应该把所有的模块开发卷宗汇集在一起。编写的目的是记录和汇总低层次开发的进度和结果，以便于对整个模块开发工作的管理和复审，并为将来的维护提供非常有利的技术信息。

十二、测试分析报告。测试分析报告的编写是为了把组装测试和确认测试的结果、发现及分析写成文档加以记载。

十三、开发进度月报（周报）。开发进度月报（周报）的编制目的是及时向有关管理部门汇报项目开发的进展和情况，以便及时发现和处理开发过程中出现的问题。

十四、项目开发总结。项目开发总结报告的编制是为了总结本项目开发工作的经验，说明实际取得的开发结果以及对整个开发工作的各个方面的评价。

（4）合理的实习实训方案。总体而言，实习实训的目的可以概括为五个方面：①贯彻加强实践环节和理论联系实际的教学原则，增加学生对专业的感性认识的深度和广度，运用所学知识和技能为后续课程奠定较好的基础；②通过实训，开阔学生眼界和扩展知识面，获得计算机软件设计和开发的感性认识，与此同时安排适量的讲课或讲座，促进理论同实践的结合，培养学生良好的学风；③提高学生使用相关工具的熟练程度、运用相关知识、技术完成给定任务的能力及在完成任务过程中解决问题、学习新知识、掌握新技术的能力，能够通过自学方式在较短时间内获取知识的能力，较强的分析问题与解决实际问题的能力；④通过对专业、行业、社会的了解，认识今后的就业岗位和就业形势，使学生明确学习方向，努力探索学习与就业的结合点，从而发挥学习的主观能动性；⑤实训中进行专业思想与职业道德教育，使学生了解专业、热爱专业，激发学习热情，增强专业适应能力，以具备正确的人生观、价值观和健全人格，较高的道德修养、职业道德及社会责任感，良好的沟通、表达与写作能力和团队合作精神。

一些高职院校在实习实训方案的设计与运作方面做了很多考虑，也制定了很多管理制度与政策，以促使计算机专业的实习实训取得良好的成效。下面分三个方面阐述：

第一，专业方向多元化。为了学生的个性化需求与发展，学校在专业方向的设置上需要做许多工作，例如，设置软件开发技术（C/C++）方向、软件开发技术（Java）方向、软件测试方向、嵌入式系统方向、对日软件外包方向、数字媒体方向等，这些方向的差异很大，目的、要求也都不一样。下面就每个方向的实训目的分别予以分析，并以一个具体的实训方向为例，阐述实训的详细安排。

一是，软件开发技术（C/C++方向）：①熟练掌握C/C++语言基础，增强编码、调试能力，理解面向对象分析与设计思想；②掌握常用数据库(SQLServer/Omde)的设计与管理能力；③具备软件工程思想，了解软件开发规范；④了解分布式软件编程，掌握应用服务器与中间件使用；⑤深刻理解面向对象的软件开发方法（OOA/OOD/OOP），熟悉UML建模（UML建模技术是一种建模语言，指用模型元素来组建整个系统的模型，模型元素包括系统中的类、类和类之间的关联、类的实例相互配合实现系统的动态行为等）及相关常用工具的使用方法；⑤参与实际软件项目开发全过程，体验企业工作环境和工作方式，加强团队意识、交流和表达能力；⑥增强学生对本专业课程的理解，明确学生本专业的学习目的。

二是，软件开发技术（JAVA方向）：①深刻理解面向对象的软件开发方法（OOA/OOD/OOP），熟悉UML建模及相关常用工具的使用方法；培养良好的编码风格，能够编写高质量的Java程序代码。②熟悉W3CWeb标准，熟悉Web4.0技术规范，至少掌握一种前端开发技术。③全面掌握JavaEE核心开发技术，能熟练运用JSF+EJB3+JPA+Seam和/或Stmts2+Spring3+Hibemate3进行企业级Java应用程序开发。④理解面向服务的体系架构（SOA），能够开发基于SOAP和/或REST风格的WebService应用程序。⑤掌握Java/JavaEE常用设计模式（DesignPattem），熟悉JavaEE开发的最佳实践（BestPractice）。⑥熟悉RUP/Agile等以迭代为核心的现代软件工程思想和方法，掌握专业软件开发的规范化过程，包括需求分析、系统分析与设计、编码、测试等。⑦培养良好的团队协作精神，掌握软件开发人员应该具备的社交技能及自我管理的能力。

三是，嵌入式系统方向。嵌入式系统是与特定行业应用密不可分的，嵌入式软件在移动设备、数字家电、数控机床、汽车电子、医疗电子、航天航空、工控等领域得到广泛应用。通过此实训，使得学生具有一定的行业领域知识，使得学生在走上工作岗位时能快速适应现代企业要求，快速成为嵌入式软件工程优秀人才。

此处以Android4G手机开发方向为例阐述实习实训的目的：①掌握嵌入式系统开发的基本方法与技术，了解嵌入式系统的体系结构，具备嵌入式操作系统基础知识，具备嵌入式微处理器ARM的基本知识和编程能力，具备嵌入式存储系统、接口的基本知识和编程能力。精通一种主流微处理器系统+1套开发工具+1种嵌入式操作系统+多门开发语言。②学习Android应用程序的运行以及基于Android平台的系统开发技术、应用开发平台和系统开发的整合技术，全面理解Android底层实现机制。③掌握Android平台和Linux内核集成、能熟练在linux内核上开发自有的Android平台。④熟练掌握Android项目的开发流程，从需求分析、系统设计到软件开发，完成一个真实的项目。积累开发项目的经验，满足企业用人需求。⑤掌握Android的同时了解其他手机平台，如iPhone和Symbian，以拓宽学生知识面，丰富学员知识结构。⑥在项目开发上积累一定的经验，能结合嵌入式系统软硬平台多样性的特点举一反三，具有创新思维和独立分析解决问题能力。

四是，软件测试方向：①掌握软件测试的一般理论和方法，掌握白盒测试、黑盒测试、回归测试等重要概念，掌握单元测试、集成测试、系统测试等测试过程，系统地了解测试计划、测试方案、测试用例、测试执行等测试基本工作。②理论和实际结合，通过实际案例分析，对软件测试的理论、方法、技术和工具有实践性的认识。③从系统全局着眼，不局限于具体实现方式；与实践经验丰富的一线从业人员进行互动和交流，了解测试的一些误区和经验，切实掌握一个中等软件项目测试的全过程。④培养良好的团队协作精神，掌握软件开发人员应该具备的交流沟通技能及自我管理的能力。

五是，数字媒体方向：①掌握动画设计的基本理论，具有运用相关软件工具制作动画、漫画的能力，具备创作二维动画、三维动画的能力；②掌握数字影视技术、数字影视制作技术的理论与方法，能熟练运用拍摄、编辑、特效制作等技巧创作数字影视作品；③掌握数字媒体产品开发项目的策划与管理的相关理论与方法，了解相关的法律法规和行业规则，具有组织、控制、管理和项目推广能力。

六是，对日软件外包：①学习对日软件外包所必须掌握的日语基础，了解日本软件企业的项目管理特点、方式和日本人的品质观，掌握对日软件开发的原则和指导思路；②掌握对日外包项目启动的人员体制编成、资源调配方面的方法和技巧，以及根据项目环境灵活进行调整的着眼点及思路；③掌握对日软件项目中的品质和进度控制方法、技巧，学会处理项目组内部成员间的衔接事宜；④了解与日方进行准确、高效沟通的机制、方式，掌握与日方进行沟通的技巧和注意点，掌握项目变更的控制技术和方法；⑤了解对日软件项目发布、维护期间的相关事宜，掌握项目迁移的管理方法和技术；⑥掌握日本项目管理中的分析思路和方法，掌握如何建立对日软件开发流程的方法和手段；⑦培养熟悉对日软件开发企业软件工程规范、具有精湛的软件开发技能，能较快适应IT企业的各项工作，日语须达到相当于日本国家日语能力考试三级水平，能适应对日外包IT企业工作的专业人才。

以上是每个实训方向的培养目标，下面结合一个具体方向阐述部分软件企业在Java方面与学校合作的具体安排。

第二，实习实训内容层次化。针对合格的工程化软件人才所应具备的个人开发能力、团队开发能力、系统研发能力和设备应用能力，一些学校在专业人才培养方案里设计了以下四个阶段性的工程实训环节：

一是，认识实习。认识实习主要是让学生对本专业、本行业、IT企业有一个基本的感性认识，以参观学习为主，不要求学生自己动手。操作上，主要选择本地企业，由老师带队，集体去企业参观，听取企业相关人士的介绍。时间安排上，一般参观一天或者半天，参观一到两个企业。

二是，课程实训。课程实训是结合具体课程进行的，它跟实验不一样，实验是针对课程里的某一个内容安排的,课程实训原则上是综合课程所学知识的,至少囊括了课程所学知识的主要方面。并不是每门课程都安排实训,而是选择基础性的、理论与实践紧密结合的课程,如C语言程序设计、面向对象程序设计、算法与数据结构、数据库技术等。时间安排为两周,课程理论教学与实验结束后进行。

三是,阶段性工程实训。阶段性工程实训不同于课程实训,它综合了若干知识点,借助于一个规模不大的真实或虚拟项目,专门训练项目开发所需要的某些能力,如程序设计能力、项目管理能力、团队协作能力等。由于阶段性工程实训与专业方向紧密相关,通常都是邀请企业技术人员来校对学生实训,该阶段也是项目综合实训的基础,类似于实战前的演练。

此处是从软件开发的角度设计的几个不同阶段的工程实训:①程序设计实训——培养个人及工程项目开发能力;②软件工程实训——培养团队合作及工程项目研发能力;③信息系统实训——培养系统及工程项目研发能力;④网络平台实训——培养开发软件所必备的网络应用能力。

四是,项目综合实训。项目综合实训的要求更高,它是高职院校所学知识与能力的综合运用,是结合大型真实项目案例来锻炼能力的。一般时间安排4~5月,专程离校到企业实训,由企业工程技术人员与学校老师共同指导。学生们既能感受到"真实项目"的压力,也能切身体会到工作氛围,了解企业文化。实际上,项目综合实训比传统上的毕业设计要求高多了,完全可以取代传统意义上的毕业设计。

五是,顶岗实习。所谓顶岗实习,就是像企业员工一样,正式上班工作,是实习员工的工资待遇。顶岗实习一般只安排一个月,这一个月的顶岗实习也与用人单位的试用期吻合,给了用人单位和学生相互了解、取得信任的机会,有利于学生的就业。

第三,时间安排合理化。计算机专业的人才培养方案安排了很多实习实训教学环节,这就需要在时间安排上尽量合理,既要考虑知识与能力的循序渐进,又要考虑其他方方面面的问题。具体考虑如下:

一是，见习实习：一般安排在大一第一、二学期。

二是，课程实训：根据课程安排，一般安排课程所在学期的期末，时间两周。

三是，阶段性工程实训：一般安排在第三、四学期，请企业工程技术人员来校组织实训，个别实训安排在暑假。每次实训持续 2~3 周。

四是，项目综合实训：通常安排在第五学期后半段与第六学期前半段，学生到企业完成实训任务。

五是，顶岗实习：通常安排在第六学期，也就是项目综合实训结束后。

第四，"请进来"与"送出去"。校企合作办学最重要的一点就是充分发挥校企双方各自的优势，合理地配置资源，以使资源效益最大化。就教学而言，如何在有限的时间内以及尽可能节省经费的前提下，让学生学会更多的知识和能力是我们必须认真考虑的。对此，学校可以采取"请进来、送出去"相结合的办法，有效地解决实习实训的有关问题。所谓"请进来"就是邀请有关企业的业务经理、技术骨干进学校给学生们做报告，在校内完成课程实训、阶段性实训任务；所谓"送出去"，就是安排学生到企业去感受企业文化，去完成真实项目的综合实训等。

一是，学术报告和专题讲座。学校定期或不定期地邀请企业界的经理和技术骨干来校给同学们做讲座或报告，报告的内容非常广泛，比如如何面对企业的面试、IT界的新技术、人才需求状况、职业规划、人生经验、行业状况等，让学生们了解更多的信息，开阔视野，树立正确的人生观与世界观，准确面对学习乃至人生。

企业界的经理和技术骨干对行业、对技术、对就业等有不同的视角和观点，邀请他们做报告，例如，软件园就业实训基地领导对学术、就业等问题就有非常独到的见解，可以邀请相关领导先后多次到学校来做报告。

二是，课程实训或专业方向阶段性实训——"请进来"。计算机专业的实践教学环节除了传统意义下的课程实验、毕业设计外，还可以安排一系列的实习实训环节，这些实习实训环节包括认识实习、课程实训、专业方向阶段性实训、真实项目综合实训、顶岗实习等。对于课程实训，学校既采取"请进来"的方式（即聘请企业有关工程技术人员来校实训），也采取校内老师自己解决的方式；对于专业方向阶段性实训，则全部采取"请进来"的方式解决。这种"请进来"的方式既可以节省学校里的经费，也能节省学生的费用（外出的食、宿、交通、通信等开支）。

三是，项目综合实训——"送出去"。项目综合实训是非常关键的一个实训环节，要求高，历时长（4～5月），能很好地锻炼学生的项目开发能力。对此，学校可以采取"送出去"的方式来解决。"送出去"可让学生切身体会项目开发和工作环境的"真实感"，积累"工作经验"（企业用人很"功利"，都希望招收有工作经历的学生），"送出去"作真实的项目综合实训可望解决"学生"和"员工"之间缺失的某些东西，如经验、能力、工作氛围、责任感等，对学生将来就业非常有好处。依靠本专业的校外实习实训基地，以及学校制定的各项政策和措施，近年来，这项工作进行得非常顺利，既让学生在能力上得到了很好的锻炼，也非常好地解决了学生的就业问题，得到了学校、学生和企业的肯定。

（5）校企双方的监管与考核机制。

第一，学校的院系领导和教师定期或不定期地走访实训学生所在的企业，召开学生座谈会，了解、监控学生的实习实训情况，填写相关调查表，及时掌握、处理有关问题，这一点是非常重要的，失去监管的实习实训就有可能"走过场"，达不到预期的目的。校方不仅定期或不定期巡查，而且还要求写出巡查报告，回校后，组织相关人员讨论巡查过程中发现的问题，并提出解决方案。对实习实训工作做得不是很满意的企业，要及时进行调整解决。

第二，校企双方都要按照一定的师生比指定若干专职人员，监控学生的学习情况，要求学生每周与学校教师联系，提交个人工作计划、每周工作总结、课题组进度周报、阶段总结等，这些材料都有相应的模板，学生只要按要求填报、上交就可以了。例如，有的科技公司会结合学校的要求明确相关要求，学员填写好所有的资料之后，由负责高校业务的老师在规定时间之内统一发快递到学校负责人处，并明确各种材料提交的时间和方式。①实训考察表：班主任每天负责详细地记录学生的出勤情况。②实训成绩表：让学生在学习期间记录好所学的知识，在实训结束时把实训内容填好；同时，班主任也要在学生学习期间把学生的表现做好记录。③实训项目分组：由班主任记录。④就业统计表：让就业部的老师负责登记。⑤周志表：让学生每周把实训进展情况及体会以及对实训单位的意见填好交到班主任处。⑥实训教学情况调查表：在一个实训项目结束时让学生统一填好，由班主任统一收集。⑦实习实训总结：实训总结包括专业技能实训、企业文化感受、团队精神训练、职业道德培养、对实训的意见或建议等内容，让学生在实训结束时填好，由班主任收集。

第三，企业要按照自己的员工一样管理学生，学生每天的出勤情况都要认真考核，个别企业甚至购买了指纹考勤机，每天上下班按指纹，或者利用刷卡机考勤。确保学生按时作息。企业定期向学校报告学生的考勤记录。这对培养学生劳动纪律方面有好处。学生确有客观原因，需要外出办事或回家等，必须办理请假手续，并通报学校。严重违纪的学生，企业有权终止实习实训并遣送其回学校，学校授权企业从严管理。

第四，校企双方共同指导学生的项目实训。项目实训综合性比较强，需要更多理论和经验才能完成任务。校企双方共同指导有利于发挥校企双方各自的长项，有利于学生顺利完成项目的开发工作。为此，在学生外出实训期间，学校需要专门指定一批老师负责学生外出实习、实训期间的指导工作，主要负责协调、解决、指导、帮助学生完成实训任务。为了规范校内老师远程指导工作的考核和管理，特制定了校内指导教师工作职责，具体如下：

一、在每学年暑假前（每年的6月），由学院实训中心为指导老师确定需要指导的学生名单，学生离校之前指导老师必须与学生召开见面会，确定完成实习实训的时间、任务和步骤以及联系方式，否则不准许离校到外单位实习或者实训，不承认实习实训成绩。

二、校内指导教师要了解学生实习单位的基本情况，并且与学生建立定期的、固定的沟通方式（如群等）。

三、每周定期与实训单位、学生联系，了解学生实习实训及生活情况，了解学生实训的项目内容，督促学生配合学院实训中心工作，按时提交实训阶段的材料。

四、校内指导教师需要在所负责的学生中，挑选 1~2 名学生作为联系人，负责实习实训期间的日常管理，并向老师汇报在实训机构的情况。

五、监督学生每周上交电子档的实训周志，实训结束后提交纸质档的实训周志并签字。填写《校内老师指导工作完成情况记录表（每周）》。

六、学生实训时间为：每年的 9 月至 12 月，实训材料于 12 月中旬统一交至学院实训中心，并由学院实训中心组织召开实训工作总结会（参会人员包括负责教学的学院领导、实训中心主任及工作人员、各校内指导教师），根据指导教师的实际表现给予计算相应的工作量。

七、实训结束后，进入毕业设计阶段，时间从 1 月至 5 月。校内指导老师于第 6 学期开学的第二周前将毕业设计学生的周志及校内负责老师指导工作完成情况记录表提交至实训中心，以便进行校内负责教师工作的评价。校内指导教师要督促学生按照学校要求和规格完成毕业设计工作。

八、校内指导教师有义务参与到相关工作中，与实训中心工作人员一起认真考察实训机构的资质（提高学生实习实训的能力，包括生活和学习各方面的条件），有义务参加每年的外出巡视（组织系里面相关领导、指导老师前往实训机构所在地进行调查走访）以及外出实训单位进行毕业答辩。

九、指导学生毕业设计结束，校内指导老师必须提交所有相关的工作材料，以便确定工作是否认真负责，提交材料包括开题报告、毕业论文（学校规定的毕业设计档案袋中规定提交的材料）、毕业设计指导记录（如腾讯 QQ 聊天记录、电话记录、短信记录等）、校内负责老师指导工作完成情况记录表（每周）。

十、毕业设计指导老师的工作量考核标准按照 1 个工作量（每周）、每学生，以毕业设计环节 16 周计，必须提交学生毕业设计周志（16 份/人）、《校内负责老师指导工作完成情况记录表（每周）》16 份、学生毕业设计档案袋中规定提交的材料、指导记录若干，由教学工作小组对工作进行衡量，给出评价等级，评价结果分为：合格、基本合格、不合格。合格给予全额工作量，基本合格的给予50%的工作量，不合格不计算工作量。

第五，企业按照学校的要求，对学生的整体表现、能力、完成工作的情况、效果等方面进行考核，考核结果上交学校，作为学生成绩评定的重要依据，或者某些环节就以企业的评价标准为主。另外，在毕业设计答辩时，答辩小组就由校方人员与企业工程技术人员共同组成，以便可以更全面地参考企业方的评价意见。毕业答辩以到公司企业异地答辩为主。

（6）其他方面。

第一，合作共赢与风险共担。实习实训工作的指导思想原则是"多方受益"。首先，是学校受益（社会效益和经济效益）；其次，是学生受益（学生切实能学到知识，得到锻炼，能积累经验）；最后，实训机构也肯定会受益，更进一步而言，将来的用人单位应该是最大的受益者。

校企合作办学也是有一定风险的，如学生离开学校到企业实习实训，安全就是一个非常重要的问题，一旦出点安全事故，学校、学生与企业就将承担非常大的风险。为此，除了加强管理外，学校给每一个外出实习实训的学生都购买了意外伤害保险。又如，学生经企业实训后，仍然没有按期就业，企业将拿不到相应的实训费，或者企业将免费继续给学生实训，直到就业为止。可见，校企合作办学必然是合作共赢、风险共担的。

第二，就业。由于各种客观原因，近年来，大学生毕业后就业不是一件容易的事情。特别是计算机类的专业，由于扩招以及每个学校开设计算机类专业，导致该类学生就业有一定困难。校企合作办学的另一个重要的目的，就是利用企业的优势，解决学生毕业后的就业问题。实训企业身处生产第一线，与很多生产企业或用人单位保持着紧密的联系，对市场需求了如指掌，拥有比学校多得多的就业渠道。因此，校企合作办学时，必须重点关注企业在解决学生就业方面的巨大作用。例如，软件园实训基地在办理学员入学手续时可以与学员签订《学员就业安置协议书》，明确就业岗位、薪资，承诺完全就业，不就业退还全部培训费。一些实训单位，甚至承诺100%帮助学生就业。

第三，协议与合同。所谓协议是指有关国家、企业、事业单位、社会团体或者个人，在平等协商的基础上订立的一种具有政治、经济或其他关系的契约。协议，在其所表示的意义、作用、格式、形式等方面基本上与合同是相同的。两者都是确立当事人双方法律关系的法律文书。合同与协议虽然有其共同之处，但两者也有其明显区别。合同的特点是明确、详细、具体，并规定有违约责任；而协议的特点是没有具体目标的、简单、概括、原则，不涉及违约责任。从其区别角度而言，协议是签订合同的基础，合同又是协议的具体化。

校企合作办学涉及学校、企业与学生三方的经济、责任、义务等方面的问题，应该借助于协议与合同，维护各自的利益。特别是学生，以前几乎都没有跟协议或者合同打过交道，利用校企合作办学的机会，也让学生跟企业签订相应的协议或合同，这样既让学生能借助法律手段维护自身的利益，还能增强法律意识，为日后的工作增加经验。

第四，校企共建专业教学指导委员会。为全面提高专业教育教学质量，增强办学特色，培养与地方经济和社会发展紧密结合的高素质专门人才，成立专业教学指导委员会是专业建设的重要工作之一。专业教学指导委员会是专业建设的咨询、督导机构，协助主管领导改革人才培养模式，确定所在专业培养目标、专业知识、能力和素质结构，制定专业人才培养计划，搞好课程建设与改革，加强实训、实习基地建设，改善师资队伍结构。

计算机专业的教学指导委员会按专业方向进行了细分，原因是不同方向差异比较大。另外，由于企业界的代表往往比较忙，在讨论人才培养方案等问题时，未必能抽出时间坐下来共同讨论。为此，每个方向都尽量多邀请一些企业代表，以保证真正会商专业教学时有足够的企业界代表参加。

第五，共同打造教学资源。校企合作办学要求企业参与教学过程，帮助学生更好地完成实习实训，甚至承担某些课程的理论教学。校企双方各有所长，为更好地发挥各自的优势，共同构建教学所需的各种资源就变得非常有意义，如合作编写教材、提炼教案、精选教学案例、设计教学网站、分解实训项目等。

就教材而言，传统的教材比较重视基本的理论完整性、结构系统性、逻辑严密性以及知识的广度，有助于学生尽快地掌握基本的理论、概念、原理、原则，但其不足也很明显，那就是忽视实践和应用，因而不能很好地培养学生的实践能力。因此，应该采用怎样的教材，由于应用型人才既要有扎实的理论基础，又要具备较强的动手能力，所以教材建设既要考虑为学生搭建可塑性的知识框架，又要从实践知识出发，建立理论知识与实践知识的双向、互动关系，这种教材并不是按照从理论到实践或者从实践到理论的单向方式进行组织，或者把理论部分与实践部分割裂开来，而是将理论知识与实践知识有机地融合起来，在理论知识与实践知识的循环往复中发挥促进掌握理论知识和培养动手能力的作用。因此，这样的教材值得校企双方的教师和工程技术人员认真去探索。

第六，培养双师型教师队伍。在影响学生发展的诸多外在因素中，教师因素显然是第一位的。一般而言，高职院校教师的素质由知识系统、能力系统以及教师职业道德三部分组成。相对而言，计算机专业教师素养有其自身的特殊性：在知识系统方面，应用型人才宽广、先进的知识定位，决定了教师自身应具有扎实的理论功底，对所教授的专业有充分的了解和整体的把握，具有开放式的知识结构，可不断更新和深化自身的知识体系，能及时掌握本学科的学术前沿和发展动向，了解企业行业的管理规律以及对人才的需求等。

在能力系统方面，应用型人才综合性、实用化的能力特征，决定了教师应有较丰富的实践经验，具备综合应用各种理论知识解决现实问题的能力，从而可能在教育教学过程中给学生以示范的作用，具有较强的开展应用研究的科研能力，能不断通过科研来反哺教学，应具有较强的自我发展能力，善于接受新信息、新知识、新观念，能不断提升自己，主动适应变化的形势。

正是基于应用型人才培养规格对专业教师在知识与能力方面的双重要求，一些学者提出，应用型教师应该是"双师型"的，既重视基础知识、应用知识的学习与积累，又要重视综合解决问题能力、学习能力、使用技能的培养和提高。从目前的实际情况来看，学校现有的师资是达不到要求的，需要通过各种途径、创新管理制度等来解决问题。

第七，科研合作。学校与企业开展科研项目联合攻关能为校企合作办学提供强有力的支撑作用。原因在于：一是学校与企业开展科研合作，有利于校企加强联系、紧密协作；二是开展科学研究尤其是应用性研究对学科建设可以起到先导性作用；三是将有关科学理论与实验方法应用于实际，具有直接为经济建设服务的能力；四是学生有机会参加科研项目的有关工作，可直接得到科研训练，从而获取宝贵的科研能力。

二、"1+X"证书制度下计算机专业课程建设实施

"1+X"证书制度是我国印发的《国家职业教育改革实施方案》中的"职教20条"的一条。启动"1+X"证书制度试点工作要进一步发挥好学历证书作用，夯实学生可持续发展基础，鼓励职业院校学生在获得学历证书的同时，积极取得多类职业技能等级证书，拓展就业创业本领，缓解结构性就业矛盾。

"1"是指学历证书，"X"为若干职业技能等级证书，是"1"的补充、强化和拓展。"学历证书是人才培养质量的证明，职业技能证书则是学生具有对应职业技能和职业素质的有效证明"[1]。传统的职业院校教育课程设置，往往都是实行"双证制"，即"一本学历证＋一本专业技能证书"，这就造成了学生毕业后职业选择单一的困境，不仅局限了学生未来人生的发展方向，而且也严重影响了学生在人才市场中的竞争力。而"1+X"证书的课程结构，则能够有效补充和强化学生的新技术和新技能，成功拓宽了职业院校毕业生的就业通道，为学生提供了更多的人生选择，也为社会输送了更多的复合型人才。

当前，"1+X"证书制度下计算机专业课程建设实施策略主要包括以下几个方面：

（一）课程结构设计需要贴合实际需求

课程结构建设是学校教学的基础环节，一定要结合本校师资和实训基地的实际情况，结合社会发展和行业对于人才的最新需求来进行设置。教师根据最

---

[1] 曹蕾. "1+X"证书制度下职业院校计算机应用专业课程体系的建设实施[J]. 无线互联科技，2022，19（4）：133.

新技术对课程内容和题库及时进行调整，以保证教学效果。近年来，随着互联网用户群的不断扩大，社会对于计算机专业的人才需求也在不断增加，尤其是多媒体的迅速发展，更是拓展了计算机专业人才的就业渠道。

传统的打字员、计算机操作员、计算机组装与维护维修工作已不能满足社会的需求。职业院校毕业生要尝试从事 Web 前端开发、网页设计与制作、网站开发、三维动画设计、网络营销、UI 设计等工作，这就要求职业院校的专业课程设置方向要更贴合社会需求，增设相对应于 Web 前端开发、网络安全服务、界面设计、动画制作等职业技能的等级证书。

（二）课程结构设计需要围绕实践操作能力

计算机应用专业的操作性特别强，往往要求学生能够具有丰富的操作经验，对于学生的反应速度和熟练程度也有极高的要求。因此，在进行课程设计的时候，要以能力培养为核心，注重课程的实际应用性，强调理论实践一体化。要注重与"1+X"证书中的"X"职业技能等级证书考核要求相结合，有针对性地采取"项目＋案例"教学、PBL（问题式学习）、任务驱动等方法，给学生开设实践性、操作性强的课程科目。学校要建设自己的实训基地，以校内实训、校外顶岗实习等多种实践形式来提高学生的实践操作能力。

（三）课程结构既要有针对性又要有连贯性

职业院校课程设置要以"1+X"理念为引导，针对市场对人才的最新需求来开展。同时，职业院校也必须要考虑课程结构的整体连贯性，保障学生在三年的时间内前后所学到的知识能够融会贯通。为此，学校要充分进行市场调研，有针对性地开设和更新课程，采用学分制，形成学习和考核层层推进的教学机制。学校在初级阶段开设常用工具软件、计算机文字录入与编辑、计算机编程基础等基础课程。学校在中级阶段开设计算机网络技术、网页设计与制作、数据库应用基础、图形图像处理、多媒体制作等课程。学校在高级阶段开设Python（计算机编程语言）、Web 前端开发、网络搭建与应用、多媒体编程技术、三维动画设计等课程。同时，学校还要重视扩大选修课程的范围，并组织个人、小组、班级之间技能竞赛，达到实现以赛促教、以赛促学的目的；并采取顶岗实习的形式，加大专项实习的力度，以便于帮助学生全面提升专业技能水平，获得"X"证书。

（四）需要加强专业教学团队的建设工作

教师团队素质的重要性是众所周知的，为适应教育的发展趋势，加强学习型教师团队的建设，从整体上提升教师专业素养，以满足教师适应新时期教学改革的需求。首先，新入职教师须培训，奠定好坚实基础。对刚参加工作的新教师进行岗前培训、岗中指导，使新教师能够尽快地进入教学角色。学科骨干教师发挥"传、帮、带"的作用，重点指导课堂教学工作，使新教师在一年内进入角色，在二年内达到合格，在三年内进入骨干教师行列。其次，定期进行教师专业培训。教师通过培训，掌握知识技能。学校运用新的教学理念，指导教师走进课改，并解决课改中遇到的实际问题，促进教师教育教学能力的提高。同时，教师要注重更新知识结构，反思教学效果，开展互动研讨、案例学习和课题研究，从而切实提升教师自身素质，保证课程体系的顺利建设和实施。

综上所述，"1+X"证书的教学理念成功扭转了以往职业院校计算机应用专业就业方向单一的不利局面，不仅有效提升了职业院校学生的就业竞争力，而且同时也对职业院校未来的发展起到了积极的促进作用。

第二节 "1+X"证书制度下机械专业课程建设

落实"1+X"证书制度在机械专业的改革途径"1+X"证书制度对于高职院校是一个比较新颖的事物，各个高职院校都在进行探索。怎样把这个制度贯彻落实好，需要学校和系部学院的教师共同努力，才能让"1"和"X"真正地有机融合在一起。而且，学校还与相关的企业要做好对接，在教育教学方法上协同创新发展，保证"1+X"证书制度在机械专业的落地生根。

一、改革完善教学方式并建立相关管理制度

可充分利用多媒体技术等先进的教学模式进行教学，利用数控加工仿真软件和 3D（3D 是英文"3 Dimensions"的简称，中文是指三维、三个维度、三个坐标，即有长、宽、高）打印模拟软件进行机械加工过程的虚拟模拟，利用线上平台进行远程视频授课，发挥提高教学效果和降低培训成本的作用。教学活动中，教师兼备企业设计、管理、技术、师傅等角色，学生兼具企业生产员工的身份去完成"1+X"证书制度下所要求完成的任务，达到相关技能的提高。从学校层面而言，建议成立以分管校长为领导的"1+X"证书建设委员会或领导小组，统筹项目的组织管理工作，对运行的情况进行协调和综合性指导，与上级相关部门和社会培训评价组织进行沟通联络。

学校应该建立财务管理制度，在学校账户设立"1+X"专项资金，统一办理收支业务，对"1+X"项目进行划拨资金。要做好后勤保障，相关实习实训中心的安全保卫、水电供应，要承担必要的师资培训、学生培训考核期间的食宿安排等。系部要重点做好教师和学生的培训培养，考务工作的管理，需要相关的专职教师做好配合工作。要统筹规划和科学安排好培训的内容、组织学生进行报名考试、派出评判员监考员、发放证书、准备好实训耗材以及实训设备保养和维护等。

二、制定与时俱进的相关人才培养方案

高职院校机械专业的修业期限一般为三年，学生在校学习的时间实际上只有两年半。如何在这短的时间内把学历证书"1"的培养目标和职业技能等级证书"X"的培养目标实现，我们需要强化学生的职业技能和素养，补充好新工艺、新材料、新技术、新要求，并将课程思政融入其中，是需要进行思考和研究的。要明确"1+X"中的学历和技能不是割据对立的，而是一个有机的整体。

以"多轴数控加工"中级证书为例，该级别的证书要求根据零件图纸和加工要求，设计多轴数控加工工艺；利用多轴数控机床、计算机及 CAD/CAM 软

件等，完成零件的参数化建模及四轴联动或五轴定向数控加工程序编写，操作机床加工合格零件。依据上述的标准新修订的培养方案中，专业基础课仍然保留了经典课程。专业核心课中删去了繁难的金属切削原理与刀具和金属切削机床，取而代之的是机械制造技术基础和三维计算机制图。增加了3D打印技术，帮助学生拓宽视野。实训课的设置中适当削减普通机床加工的课时，延长了数控机床操作的课时。培养方案初稿完成后，又请企业工程师和社会培训评价组织进行审阅，对照相关企业岗位标准、证书标准进行反复修改。

三、建立实习实训中心并与企业进行对接

对照社会培训评价组织设立的实习实训中心建议配置表，相关部门采购相应的设备或者利用学校现有设备进行改造，使相关的设备满足学生日常教学培训和职业技能等级证书的考核。学校也应该加强企业相互联系，通过校企合作，让学生进入企业进行实习，在企业内部通过企业的新型设备学习先进的实践知识，这样既能解决部分实习设备的问题，还能为企业创造出更多的收益，也能有利于高职院校培养出更加贴近企业生产制造一线的技能型人才。

四、打造高水平的高职院校教师团队

从学校层次来看，师资力量将直接影响到人才培养的质量。师资队伍也是"1+X"证书制度实施的关键和难点。学校应该加强高水平师资队伍的建设工作，能够严格把控在职教师的培训和兼职教师的规划管理，建设出一支与人才培养方案和"1+X"证书制度相匹配的教师队伍。应该将双师型教师队伍建设成为高职院校的主流方向，学校需结合相关的岗位需求对教师的能力进行重点培训，可以通过社会招聘或引进特殊的高技能人才。对于在校在岗的教师，应该让他们通过培训学习，深刻理解并掌握考核标准，熟练操作并通过证书的考核，逐步建成一支高校、专业和实践技能强，在机械专业领域内具有一定影响力的教学团队。

"1+X"证书制度是一种新型的证书制度,在"1+X"证书制度背景下实施机械专业课程建设改革,它既是挑战又是契机,可尝试探索"学分银行"的管理体制来进行完善、通过实训体系进行衔接、对办学模式进行改革、教学组织形式创新等。以"1+X"证书制度为纽带,塑造政府、产业、企业、学校共同参与的多元办学格局,使机械类专业课程建设更符合时代的发展趋势和经济产业的需求,与时俱进,顺应时代潮流,为社会输送更多高素质技能型人才,以实现"1+X"证书制度下产业链与专业建设的有机融合。

第三节 "1+X"证书制度下环境工程专业课程建设

一、环境工程专业课程设计的任务和内容

(一)环境工程专业课程设计的任务

1. 环境工程专业课程设计任务的作用

实践教学是培养学生动手能力和创新能力的主要途径,而课程设计又是实践教学的一个重要环节。环境工程课程设计是专业课理论联系实际的桥梁,是环境工程专业学生的必修实践课,是对前期理论与实践教学效果的检验,是学生从事环境工程专业科研、设计与施工、生产管理时所必须具备的技术技能。通过课程设计,使学生学会运用环境工程技术和有关基础学科的原理和方法,研究如何防治废气、废水、固体废物、噪声等污染;使学生掌握环境工程设计的主要内容、基本步骤、方法,依据一定的规范编制出环境保护设施建设过程所需的工程设计文件和图纸,培养学生综合运用理论知识分析和解决实际问题的能力。

通过课程设计使学生受到设计方法的初步训练,能用文字、图形和现代设计方法系统、正确地表达设计成果。

2.环境工程专业课程设计的任务书

设计任务书是确定建设项目的方案、规模、依据、布局和进度的重要文件，是对可行性研究报告中最佳方案作进一步的实施性研究，并在此基础上形成的制约建设项目全过程的指导性文件。建设项目经可行性研究，证明其建设是必要和可行的，则编制设计任务书。设计任务书不是论证方案，而是确定的建设方案和实施意见，不具有选择性，一经批准，即可实施。设计任务书的作用包括以下方面：

（1）根据我国现行基本程序，任何建设项目都必须经主管部门批准并列入相应的投资计划，建设项目才算正式成立。否则，建设项目就成为通常所说的计划外项目。因此，申请建设项目列入国家正式计划的过程，也就是建设单位编制设计任务书、报请主管部门批准的过程。

（2）设计任务书是建设项目列入建设的主要文件。拟建中的建设项目只有经建设规划部门做出相应的建设规划后，项目建设才算有了安身之地。规划部门批准建设规划，主要依据已列为投资计划的设计任务书。

（3）设计任务书是建设项目申请银行贷款的主要文件。任何建设项目，如果想得到银行贷款进行建设，必须把经政府主管部门批准的设计任务书报送银行，才能作为银行安排贷款项目的依据。

（4）设计任务书是进行工程设计和其他准备工作的依据，各专业设计单位接受并进行建设总方案的专业设计主要是依据经批准的设计任务书来进行；同时，设计任务书还是项目建设过程中土地征用、拆迁工程招标、设备洽谈订货的主要依据。

（二）环境工程专业课程设计的内容

课程设计一般包括：选题、设计计划书的制定、实际任务书的下达、设计指导书的编写、设计计算书的编写、设计图纸的绘制及设计总结。

环境工程课程设计应以废气、废水、固体废物、噪声等污染治理工艺方案研究为对象，课程设计的题目尽量从科研和生产实际中选题。环境工程课程设计内容包括以下几个方面：

第一，设计方案简介。设计方案简介包括对给定或选定的工艺流程、主要设备（或构筑物）的形式进行简要的论述。

第二，主要设备（或构筑物）的工艺设计计算。主要设备（或构筑物）的工艺设计计算包括工艺参数的选定、物料衡算、热量衡算、设备（或构筑物）的工艺尺寸计算及结构设计。

第三，典型辅助设备的选型和计算。典型辅助设备的选型和计算包括典型辅助设备的主要工艺尺寸计算和设备型号规格的选定。

第四，工艺流程图。工艺流程图以单线图的形式绘制，标出主要设备（或构筑物）和辅助设备的物料流向、物流量、能流量和主要参数测量点。

第五，主要设备（或构筑物）工艺条件图。主要设备（或构筑物）工艺条件图包括设备（或构筑物）的主要工艺尺寸。

第六，编写设计说明书。编写设计说明书需要掌握设计说明书的编写方法和格式，包括设计任务书、目录、设计方案评述、工艺设计及计算、主要设备设计、工艺流程示意图（Visio或AutoCAD）及主要设备（或构筑物）结构图、计算程序、设计结果总汇、结束语、参考文献及符号说明等，要求整个设计内容全部用计算机打字排版、打印。

二、"1+X"证书制度下环境工程专业课程建设的措施

（一）对接职业技能要求进行课程体系改革

为了更好地改革高职环境工程技术专业课程体系，需要在课程体系构建时对接职业技能要求，因为在"1+X"证书制度下，提升职业技能是高职院校开展教育活动的重点。长期来看，进行课程体系改革既要提高环境工程技术专业证书的通过率，又要将证书的技能要求融入人才培养方案以及课程体系构建中，从而更好地提升课证融通的效率。

在第一学期，可以对"基础化学"课程进行调整，将原来的实验基础技能

训练调整为以培养学生的规范性操作为主,例如,培养学生的称重技能、溶液稀释转移技能等。

在第二学期,可以开设"化学分析""化工安全技术"课程,并在化学分析实验教学中保留原有滴定分析和质量分析等经典实验,进而不断提升学生的知识应用能力和创新能力;同时在教学中渗透 HSE 管理体系(HSE 管理体系指的是健康—Health、安全—Safety 和环境—Environment 三位一体的管理体系)的理念,如以人为本的理念、所有安全事故都可以预防的思想等,从而使学生的安全意识与防护能力得到显著提升。

在第三学期,可以开设"仪器分析""水污染控制技术"课程。通过开展"仪器分析"课程教学,能够更好地提升学生操作分光光度计及处理数据的技能;通过开展污水处理工艺仿真教学,提高学生的实践能力。通过对环境工程技术专业三个学期的课程进行调整后,将"1+X"证书的内容以及涉及的技能融入课程中,使学生在学习完三个学期的课程后,能够更好地掌握环境工程技术专业的理论知识,更好地提升学生的实践能力,使学生能够真正具备污水处理的相关技能。

(二)根据实际学情进而改革教学方法

我们需要根据学情改革教学方法。由于高职院校学生的基础能力普遍较弱,学习主动性较低学习能力差,而且对于未来的职业规划不全面,使得许多学生对于证书考取的意愿不是很强烈。面对这一情况,教师需要不断地对学生加强引导,调整教学观念,不断丰富教学方式。

在构建环境工程技术专业课程体系过程中,需要充分利用信息化技术,加强信息化教学,使理论与实践有效结合,在教学中充分发挥信息化、数字化教学资源的优势,教师在教授理论知识的同时,随时切换到实训课程,从而更好地提升教学质量与效率,使学生能够更好地学习和掌握知识。

在构建环境工程技术专业课程体系过程中,应树立育训结合的人才培养理念,并在课程中挖掘出思政元素,在日常教学中结合环境工程技术学科进行课程思政的教学设计,全面地对学生进行德育教育,教师可以在教学中增加教学案例，使教学内容更加具有吸引力，适当增加相关案例，如适当引入近年来企业出现的中毒、溺水等安全事故，从而更好地提高学生的安全意识。同时，可以在教学过程中融入绿色发展理念，使学生的环保意识与环保责任不断增加，促进学生更好地投身到环境工程建设当中。

（三）高职院校需要充分开展实践教学

1. 建设校内仿真实训基地

我们需要充分开展实践教学，其中建设校内仿真实训基地具有十分重要的意义，在数字化教学背景下，进一步完善环境工程技术专业仿真实训基地的建设，搭建网络教学平台，通过数字仿真、虚拟现实教学的方式，促进信息化教学水平的提升。利用虚拟现实技术、模拟仿真技术能够将抽象的环境工程的工作更为具体化、可视化，是课堂教学的拓展，更好地推动学生提高理解理论知识和实践的能力。

2. 开展深度的校企合作

深度开展校企合作也是实现高职环境工程技术专业课程体系改革的重要措施，通过实行"1+X"证书制度，更好地发挥校企合作的重要价值，加快推进产教融合校企合作模式的形成。"1+X"证书制度能够使学校教育与企业岗位需求相结合，将人才培养目标划分为多个职业岗位技能目标，进而使学生在不断提升技能水平的同时，完成学历教育目标，从而实现对复合型人才的培养。与传统的职业教育模式不同，"1+X"证书制度能够为校企合作提供更多的合作途径，使校企合作的深度和广度都显著提升。在"1+X"证书制度背景下，企业可以将自身对人才的需求进行展示，学校能够直接根据企业的人才岗位需求有针对性地进行教学方案的制定、课程体系的构建等，同时，院校内的教师与合作企业中的教师能够形成紧密的联系，在工作中形成互帮互助、共同提升的新局面。环境工程技术专业通过开展校企合作，将企业的需求具体为课程，将企业开展的环境工程作为项目任务引入到课堂，并且由学校与企业共同对学生进行指导，使学生能够在学习的过程中提升技能，促进综合型人才的培养，同时也为企业培养了更多的专业化人才。

（四）加强"1+X"融合型师资队伍培训

我们需要不断加强"1+X"融合型师资队伍的培训力度，因为教学质量的高低在很大程度上受教师队伍的影响，所以要求环境工程技术专业教师不仅要具备专业化的教学能力，同时也能够充分应用"1+X"证书制度的教育价值，从而更好地打造"双师型"教师队伍，不断推进环境工程技术专业教学改革，构建新的课程体系。

同时，需要鼓励环境工程技术专业教师积极进入企业进行锻炼，深入企业相关岗位，促进自身专业技能的提升，并坚持自学或者积极参加各种培训，从而更好地了解行业发展的最前沿的消息，为教学活动的开展奠定基础。学校也要足够重视师资队伍建设，强化引进优秀教师到学校开展教学，或者邀请环境工程领域的专家、学者开展讲座，从而从整体上提高环境工程技术专业的师资队伍水平。

（五）开发环境工程技术专业"1+X"实训教材

为了更好实现对高职环境工程技术专业课程体系的改革，需要注重开发"1+X"实训教材，因为在实行"课证融通"一体化教学的过程中，需要配备与职业技能等级证书相关的课程教材，教材的编著需要结合职业等级技能培训考核的标准，体现出职业技能考证的具体要求，同时在教材中需要列明具体、细致的技能操作流程，进而更好满足教师与学生的需求，提升学生取得等级技能证书的通过率，提高学生的实践能力。

（六）完善高职院校相关课程的考核评价设计

为了更好实现对高职环境工程技术专业课程体系的改革，需要进一步完善考核评价设计，既要注重强化过程，又要注重过程性考核在教学活动中的价值。

环境工程技术专业教师可以在教学中创设教学情境，开展项目任务教学，提升学生的实践操作能力，在考核环节中，不沿用传统的考核模式，形成过程性考核模式，将学生的整个学期划分为多个实训项目，并结合技能考核点对学生进行阶段性考核，将考核成绩作为考核评价的重要内容。同时提高实训考核成绩在整体考核中的比例，从而实现学生实训意识的提升，促进学生实训能力的提高，更好发挥考核评价在环境工程技术专业课程体系构建中的作用。

综上所述，"1+X"证书制度"在高职院校环境工程技术专业课程体系改革中的有效应用，为课程质量与效率的提升以及专业化人才的培养发挥着十分重要的意义，并通过在教学中对接职业技能要求、改革教学方法、开展实践教学、完善师资队伍、整合实训教材以及完善考核评价方式等措施更好地促进课程体系改革，更好地为社会和企业培养专业化的技能型人才"[①]。

第四节 "1+X"证书制度下工业机器人技术专业课程建设

一、工业机器人技术专业课程分析

（一）工业机器人技术专业课程的人才培养

1. 人才的素质结构

（1）基本素质：①积极参加体育锻炼，养成良好的生活和体育锻炼习惯；②具有爱国主义和集体主义精神，遵纪守法，诚恳务实，行为规范，具有正确的世界观、人生观和价值观；③有良好的心理素质，能够对抗挫折，在工作中具有一定的社交、合作及适应各种环境的能力。

（2）职业素质：①良好的职业操守和职业道德；②讲究产品质量，注重和自觉维护信誉；③具有积极进取的精神和团结合作的意识；④能够遵循流程，

---

① 李欣. 融入"1+X"证书的高职环境工程技术专业课程体系改革研究 [J]. 科技与创新，2022（14）：43.

安全并文明生产；⑤具有绿色环保意识。

2. 人才的能力结构

（1）专业能力：①能读懂工业机器人应用系统的结构安装图和电气原理图，整理工业机器人应用方案的设计思路；②能绘制简单机械部件零件图和装配图，跟进非标零件加工，完成装配工作；③能维护、保养工业机器人应用系统设备，能排除简单电气及机械故障；④能掌握工业机器人的原理、操作、编程与调试；⑤能根据自动化生产线的工作要求，编制、调整工业机器人控制程序；⑥能根据工业机器人应用方案要求，安装、调试工业机器人及其应用系统；⑦能应用操作机、控制器、伺服驱动系统和检测传感装置，绘制逻辑运算程序；⑧能收集、查阅工业机器人应用技术资料，对已完成的工作进行规范记录和存档；⑨能对工业机器人应用系统的新操作人员进行培训。

（2）方法能力：①具有制订切实可行的工作计划，提出解决实际问题的方法能力；②具有对新知识、新技术的学习能力，通过不同途径获取信息的能力，以及对工作结果进行评估的方法能力；③具有全局思维与系统思维、整体思维与创新思维的方法能力；④具有决策、迁移能力；能收集、记录、处理、保存各类专业技术的信息资料方法能力；⑤具有创新意识和创新能力，能根据企业的发展及需求改造和革新原有设备。

（3）社会能力：①较强的法律意识与社会责任感；②快速适应环境变化的能力；③人际交流及团队协作能力；④劳动组织能力。

3. 人才的知识结构

（1）基础知识：①数学、物理、化学等基础知识；②计算机常用办公软件基本知识；③应用文写作基本知识；④心理健康基础知识；⑤安全生产、环境保护和质量管理的基本知识。

（2）专业知识：①具有常用电子元器件、集成器件、单片机的应用知识；②具有传感器应用的基本知识；③具有应用机械传动、液压与气动系统的基础知识；④具有PLC、变频器、触摸屏、组态软件控制技术的应用知识；⑤具有交流调速技术的应用知识；⑥具有机械系统绘图与设计的知识；⑦具有计算机接口、工业控制网络和自动化生产线系统的基础知识；⑧具有工业机器人原理、操作、编程与调试的知识；⑨具有工业机器人与周边装备的系统集成的设计、装配、调试相关知识；⑩具有检修工业机器人系统、自动化生产线系统故障的相关知识。

（二）工业机器人技术专业课程的专业建设

1. 教师团队的建设

教师团队的建设，需要根据"稳定、培养、引进、借智"的人才队伍建设思路，以全面提高师资队伍素质为中心，以优化结构为重点，优先配置重点专业的师资队伍资源，重点加强"双师"素质教师队伍建设。努力建设一支数量足够、专兼结合、结构合理、素质优良、符合高技能人才培养目标要求的"双师型"教师队伍。

"双师型"教学团队的配备与建设通过"内培外引"，形成一支教学业务精湛、专业技术熟练、梯队结构合理、专兼结合的专业教学团队，依托名副其实的"双师"队伍，突破"工学结合"的瓶颈问题，积累生产案例，按照企业岗位（群）任职要求及高职学历教育要求，实施工业机器人技术专业的"双证"教学，实现高职教育的课程教学与学生未来的工作实际"零距离接触"。总而言之，教师团队的建设具体措施如下：

（1）注重已有专业教师的企业实践经历，形成让专业教师定期到企业锻炼的机制。造就一批既有技师或高级技师职业资格又有较强教学能力的高技能"双师型"教师。

（2）经过纵向或横向科研项目开发、技术服务、职业技能培训和教师技能大赛等多种实践锻炼途径提高已有专业教师的实践能力，增强解决工程技术问题的实际能力，促进教师"双师"素质的提高。

（3）从企事业单位引进、聘请具有较强实践能力的专家、能工巧匠、技能大师来校从教或兼职，教学内容侧重于实践。

（4）加强兼职教师聘请、管理等规章制度建设，使兼职教师队伍管理规范化、制度化，组织兼职教师参加相关教学教研活动、参与专业培养方案、工学结合课程和工作过程项目化教学等工作。

2. 实训环境的建设

工业机器人技术专业实训条件建设投资较大，可以充分运用现有实验和实训设备，逐步、逐年进行规划和完善，建设的基本原则是总体规划、分步实施。实训室建设依次分为基础、仿真、实训站、简单系统和复杂系统等，具体由工业机器人基础实训室、工业机器人虚拟仿真实训室、工业机器人编程与操作实训室、工业机器人系统集成实训室及工业机器人智能制造综合实训室等组成。

（1）工业机器人基础实训室。配置全开放的教学工业机器人平台，学习工业机器人技术基础知识，掌握工业机器人典型机械结构、控制架构和软件操作方法，设备注重开放性及可参与性，学生可亲自动手对工业机器人进行拆装与维护，锻炼学生的识图能力、工具使用能力和安装维护能力。工业机器人基础实训室承担的主要实训项目有：工业机器人基本认识，电机选型与性能测试，机电设备典型传动与元器件选型，减速器减速原理与安装，工业机器人构型与应用，机电设备安装与调试，PLC 与人机界面编程及通信，气动元器件选型与管路连接，典型传感器安装与应用及机电设备故障诊断与处理等。

（2）工业机器人虚拟仿真实训室。配置专业的工业机器人虚拟仿真软件，学习工业机器人的模拟操作、搭建典型机器人工作站和生产线等，可实现模拟仿真作业。通过实际机器人工作站验证仿真效果，降低教学和实训成本，提高安全性。工业机器人虚拟仿真实训室负责的主要实训项目有：机器人编程与操作，CAD 建模与导入，仿真过程操作，机器人作业应用仿真和虚拟仿真操作机器人等。

（3）工业机器人编程与操作实训室。配置各种典型的工业机器人实训台，学习简单地操作机器人，熟练掌握工业机器人的编程操作。工业机器人编程与操作实训室承担的主要实训项目有：工业机器人示教器编程操作，工业机器人示教指令和参数设定，机器人坐标系的建立，工业机器人 I/O 控制应用，工业机器人简单外设，简单轨迹运行编程与示教，工业机器人搬运、装配、焊接、码垛编程与示教作业编程等。

（4）工业机器人系统集成实训室。配置各种典型的工业机器人实训站，学习工业机器人的系统集成技术、各种典型的作业工艺、典型的外设和通信接口技术等。工业机器人系统集成实训室承担的主要实训项目包括：工业机器人初始化与参数设置，工业机器人 I/O 分配与接线，工业机器人与 PLC 的 I/O 通信，工业机器人安装与接线，工业机器人编程与调试，工业机器人搬运、码垛、上下料、焊接、打磨、喷涂实训站安装与接线，工业机器人搬运、码垛、上下料、焊接、打磨、喷涂实训站编程与调试，工业机器人搬运、码垛、上下料、焊接、打磨、喷涂实训站夹具选择与设计及工业机器人维修、保养等。

（5）工业机器人智能制造综合实训室。配置典型以工业机器人实训站为主要设备的智能制造实训线，学习工业机器人系统成线技术，掌握智能生产管理、PLC 主控、总线与网络通信、人机交互（HMI）、作业流程优化等核心技术，提高大系统掌控能力。工业机器人智能制造综合实训室承担的主要实训项目有：生产线综合维护，复杂自动化系统安装，HMI 编程，工业机器人安装与调试，PLC 编程与网络通信技术，系统故障诊断与维护等。

3.教学资源的建设

在学习研究国内外职教专业建设、课程开发及其配套教学资源建设的成功范例基础上，结合专业教学资源建设要求，结合设计工业机器人技术专业教学资源的建设目标，设计工业机器人技术专业教学资源，包括以下三大基本内容。

（1）全面制订专业教学资源库建设的指导性文件。为了高效集成与整合各种资源，应制订教学资源库建设的技术规范与文件标准，并提供相关素材制作模板，为规范化建设成套的专业建设资源提供指导性文件，为课程体系及课程开发、培训包开发、课程资源开发、素材采集与分类开发提供基础。

（2）系统开发教学资源。工业机器人技术教学资源开发结合了时代背景，加入互联网、手机 APP 等技术手段，以一个网络平台、一个手机 APP 及三级教学资源为框架进行建设。专业级教学资源包括行业标准、规范、专业办学条件、人才培养目标及规格、人才培养方案、职业能力标准、课程建设标准等。课程级教学资源主要包括课程标准、学习情境、学习单元及教学设计、教学课件、教学录像、演示录像、任务工单、学习手册、测试习题、企业案例等内容。素材级教学资源主要包括文本、图片、音频、视频、动画、虚拟仿真等内容。三级教学资源，有效配合、实时更新，共同整合到专业的学校教学资源网络平台和手机APP资源平台上，帮助教师更好地开展教学、学生更好地上课和课后学习。

（3）积极推进专业教学资源的应用推广与及时更新。按照边建边用原则，确保教学资源的持续更新，满足教学需求和技术发展的需要，确保每年更新教学资源。校内与其他专业共享共建工业机器人教学资源，并积极推广教学资源在校内的应用。

二、"1+X"下工业机器人技术专业课程建设实践

"1+X"下工业机器人技术专业课程建设实践以"1+X"证书制度下高职工业机器人技术专业现代学徒制课程体系构建为例进行讨论。

（一）课程建设的必要性

工业机器人技术是装备制造业朝智能制造方向发展衍生出来的一门新兴技术，具有实践性强、技术发展更新快、技术交叉融合综合性强等特点，人才需求量大。目前，高职工业机器人技术专业的课程体系普遍滞后于新形势下行业企业的发展需要，因此，依照职业教育改革的要求，重构专业课程体系，探索适合促进工业机器人技术专业发展的模式是当前的迫切需求。

1. 符合工业机器人行业发展的需要

改革开放40多年来，特别是随着"中国制造2025"概念的提出，我国装备制造业得到了飞速发展，为适应发展的需求，工业机器人产业的生产制造、自动化集成及下游用户等企业积极调整、迅猛升级，其新技术、新工艺、新设备未及时融入专业课程的教学中，高职院校制定的培养目标、岗位目标未能及时与时俱进，课程的设置不能满足企业具体工作岗位所需的职业能力需求。

工业机器人技术专业设立行业企业专家参与的专业指导委员会，对专业建

设有一定的指导意义，但由于不可能参与到人才培养的全过程，无法深入探讨课程内容的安排、组织形式等，校内专业教师仍然是课程开发的主体。产业智能化转型背景下，教师专业能力不足，许多教师是从学校毕业就直接进入职业院校从事教学工作，缺乏实践经验和工程应用综合能力。尽管对教师的企业顶岗实践提出了要求，但锻炼的时间有限，不可能参与到工程项目的全过程。所以，教师不完全了解岗位实际工作过程和企业工作流程，对知识和能力目标无法做到"适度、够用"的精准把控，所开发的课程也无法与岗位实际无缝对接。

2. 符合行业企业技术发展的需要

工业机器人已成为装备制造业飞速发展不可替代的重要装备和手段，在新形势的挑战下，工业机器人行业企业技术发展中多学科多领域技术交叉融合集成发展的特征日益凸显，工业机器人系统集成技术、智能视觉与现代传感技术、自动化与控制技术、工业网络技术等技术交叉融合蓬勃发展，对复合型技术技能人才的需求日趋迫切。

但目前多数学校课程内容的组织以系统化讲授学科知识为主，弱化了各学科各领域之间的渗透和关联性，也忽略了理论和具体工作任务之间的相互联系，而迅猛发展的企业，其生产实际项目实施过程涉及多学科多领域技术交叉融合的综合应用，其复杂程度也要大得多。高职教育的课程受授课环境、实践条件等因素影响，课程内容的选取，教学案例的开发，理实一体化教学的实施与企业生产实际的项目内容和案例以及工作过程存在很大差异，以致学生没有形成良好的综合能力，不具备快速适应岗位的能力。

3. 符合高等职业教育改革的需要

"1+X"证书制度是当前职教改革背景下《国家职业教育改革实施方案》中的一项重要制度。现代学徒制是一项旨在深化产教融合、校企合作，进一步完善校企合作育人机制、创新技术技能人才培养模式。我国印发的《关于全面推进现代学徒制工作的通知》中明确提出：开展现代学徒制的专业领域将率先实施"学历证书＋若干职业技能等级证书"制度的试行。通过"1+X"证书制度与现代学徒制融合发展，推进产教融合、校企融合，实现职业教育与行业企业需求的精准契合，从而培养创新型、发展型、复合型技术技能人才，以满足行业企业对人才的需求。

打破传统的课程体系，根据对接岗位的需求，从根本上构建"1+X"证书制度下工业机器人技术专业现代学徒制的课程体系，实现课程内容与国家职业标准对接，教学过程与合作企业岗位的工作过程相统一，毕业证书与职业技能等级证书对接，职业教育与终身学习相结合。课程体系的重构是"1+X"证书制度下专业现代学徒制人才培养模式成功实施的根本保障，是适应国家职业教学改革方向的要求。

（二）课程建设的原则

"1+X"证书制度与现代学徒制融合，构建工业机器人技术专业课程体系的目的在于解决装备制造业智能制造转型升级背景下，工业机器人行业企业发展人才需求的问题，同时又要重视学生自身的发展和需求，其构建原则具体如下：

1. 课程体系与行业发展需求适应的原则

工业机器人等相关行业积极变革适应挑战，行业变革给专业教育体系带来新的要求，必然要求专业课程体系相应改革。

在"1+X"证书制度下，构建工业机器人技术专业现代学徒制的课程体系，必须顺应工业机器人相关行业发展的趋势，满足工业机器人相关行业发展的需求，应结合工业机器人相关行业变革方向所需要的理论知识体系和职业技能知识体系来设置，以满足工业机器人技术相关行业发展对人才的需求。

2. 课程体系与企业岗位需求匹配的原则

现代学徒制的基本特征是学校、企业双主体育人，以岗位培养为主导，岗位培训和学校教学交替进行；学生具有学生学徒双重身份，以岗位成才为目标，工作和学习交替进行。学徒既要掌握理论知识，又要掌握企业的岗位技能。"1+X"证书制度是产教融合、校企合作的精准契合，体现了行业企业对复合型技术技能人才能力的要求。因此，构建"1+X"证书制度下工业机器人技术专业现代学徒制课程体系应以企业岗位需求为出发点，应能满足企业岗位的用人需求，符合企业的岗位技能需要。

3. 课程体系与工作过程相统一的原则

企业岗位的需求是构建现代学徒制课程体系的基本出发点，但学徒职业技能水平的提高却是在企业具体工作岗位完成具体工作任务的过程中得到的。如果岗位需求是现代学徒制课程体系的载体，那么具体的工作过程则是课程体系实现的关键，因此，要围绕工业机器人相关行业企业的具体工作过程，合理组织、有效组合工业机器人技术专业的各门课程，体现课程学习过程与具体工作过程相统一，使课程体系既符合人才学习成长规律，又满足工作岗位要求。

4. 课程体系与学生自身发展需求一致的原则

满足学生自我发展和可持续发展需求，是"1+X"证书制度与现代学徒制人才培养有机融合发展的新诉求。"1+X"证书制度旨在通过书证融通、育训结合来实现"一专多能"的复合型技术技能人才的培养，打破了现代学徒制培养单一企业所需人才的局限性，上升到培养行业所需人才的层面。职业技能等级证书及标准体现了行业企业的新技术、新规范、新工艺，证书的先进性，提高了学生融入行业企业的适应性，更加重视学生的可持续发展。

因此，将职业技能等级标准与专业教学标准相结合，职业技能等级证书与课程开发相融合来构建课程体系，并且构建的课程体系应随着产业行业技术的迭代更新发展，"1+X"证书类别的变化，标准的升级以及现代学徒制合作企业及岗位的调整，同步更新优化。学生结合个人兴趣，结合专业特长、能力基础、职业规划，可以自由选择不同类别、不同层次的证书课程。为学生提供更多自主选择的机会，以满足学生自身职业发展的需要。

（三）课程体系的构建

课程体系的构建是一项复杂而又系统的工程，以产教融合、校企深度合作为基础，从岗位的确定出发，包括职业能力的分析、课程体系的开发、课程体系组织与实施模式的探索、人才质量评价体系的重建等过程。

1. 搭建育人平台

搭建育人平台需要校企共同搭建育人平台。学校与合作企业需共同搭建校企"双主体"育人平台，成立从现代学徒制培养顶层设计，多方实施、教学管理到质量监控的三级现代学徒制工作管理机构。例如，高职院校可以成立现代学徒制试点工作建设指导委员会，在委员会下设立现代学徒制试点工作领导小组、工业机器人技术专业现代学徒制试点项目小组、现代学徒制试点监督小组。现代学徒制试点工作领导小组负责校企合作、招生、指导、组织协调、推进试点的建设工作。工业机器人技术专业现代学徒制试点项目小组，明确学校和企业在人才培养工作中的主体责任，负责项目建设的实施工作。现代学徒制试点质量监督小组，负责试点工作的质量监督，以保证人才培养质量。

现代学徒制试点项目小组由职业教育专家、专业教师与合作企业专家组成，要全程参与课程建设、协调人才培养的实施工作。企业专家要参与专业岗位调研、职业能力分析、课程开发，协调聘请企业师傅进行现场课程教学的实施与评价。试点课程体系构建流程如图3-1所示。

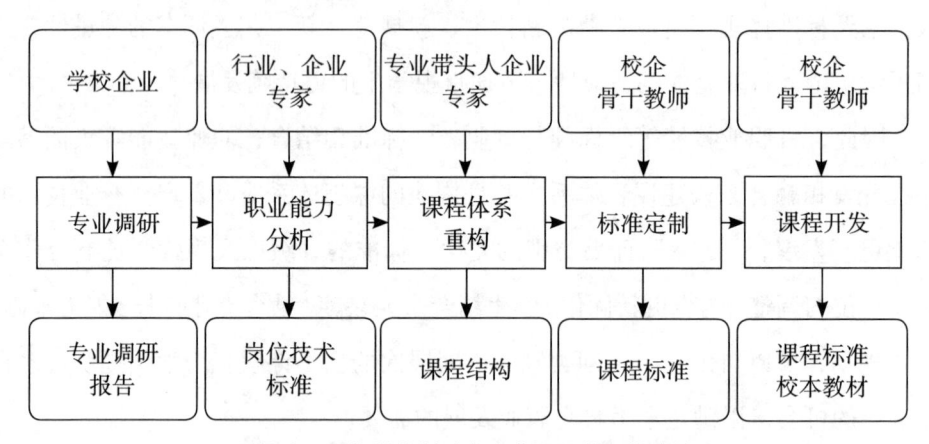

图3-1 现代学徒制试点专业课程体系构建流程

2. 校企联合开发

以工作任务为载体的课程体系在对以上职业能力进行全面分析的基础上，遵循认知规律，考虑学生的可持续发展，将"工业机器人应用编程"证书标准与"工业机器人技术"专业标准相结合，确立专业课程体系，如图3-2所示。

DT（Ⅰ）组装、成型、冲压、涂装工业机器人生产线的设备维护和维修岗位核心职业技能模块分为安装调试职业技能模块、操作编程职业技能模块、系统集成职业技能模块、运行维护职业技能模块，四个子模块从基本技能到专业核心技能，最后到综合应用，层层递进，培养工业机器人生产线设备维保岗位的核心能力。课程教学的内容以岗位职业能力为目标，以岗位工作过程的实际任务为载体，依据企业岗位工作的需求，参照"工业机器人应用编程"证书加以确定。

课程内容要突出学生职业能力的培养，使教学内容与工作内容一致，注重全面培养学徒的知识、素养和能力。同时，学徒在成长的过程中，也是书证融通的培养过程，学徒从能完成编程、调试典型工作任务成长到能完成维护、保养典型工作任务的过程，也是"工业机器人应用编程"职业技能从初级晋级到中级的过程。学徒可以根据自身发展需求，选择是否获取职业技能等级证书。

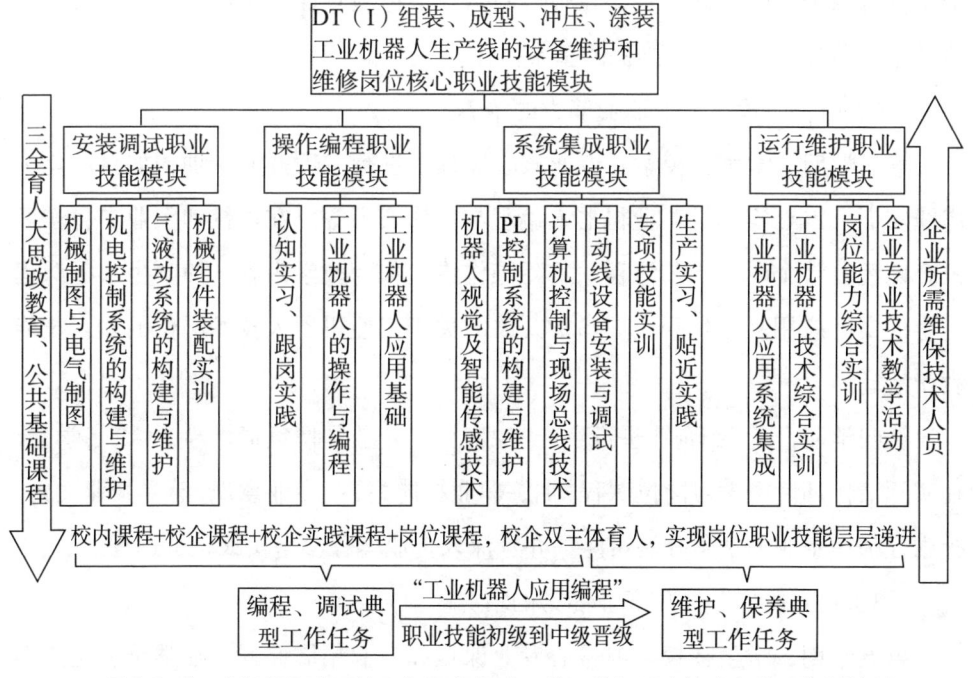

图3-2 "工业机器人应用编程"证书标准下的工业机器人技术专业现代学徒制专业课程体系

3. 组织课程体系

课程体系的组织始终以岗位需求为中心，合理组织、有效组合专业的各门课程及内容，体现课程学习过程与工作过程的统一。在学徒培养的过程中，高职院校可以在试点班采取的是校企结合、学做结合、多段式、能力递进的人才培养模式。课程体系的实施，学徒的能力培养主要分为三个阶段。

（1）第一阶段：基础职业能力的培养。

第一学期，新生对专业的认识几乎为零，有必要让学生对专业有具体的认识，进行为期一周的企业生产认知，了解企业文化及生产流程。学生在校学习人文社会科学、基础自然科学和专业基础知识，接受基础的技能训练。企业人员来校开展企业文化、企业生产认知讲座。

第二学期，学习专业基础知识，进行基础技能训练，如电工技能实训等。富士康派技术人员每月来校开展一次关于职业道德养成、团队精神培养、企业管理模式、如何成为一名优秀员工等主题的讲座。暑假，学生以学徒身份到富士康进行两个月的跟岗实践，在师傅的指导下体验企业的生产过程，进行简单的操作，学习工业机器人维保的基本操作。

（2）第二阶段：专业职业能力的培养。

第三学期，学生在校学习专业核心课程，进行专项技能实训，如自动化生产线实训、PLC实训、工业机器人编程与操作实训等。在学校和企业交替学习校企课程，将企业的工艺流程、实际操作应用作为教学内容，使学生掌握课程内容的实际应用。学生到企业参加开展的关于工业机器人技术岗位的知识技能教学活动。

第四学期，学生到企业进行生产实习，一名企业师傅负责指导1～2名学徒，在实际工作环境中学习岗位课程，训练职业技能，提高专业意识，感受企业文化。校内导师在企业为学生开展讲座，并且深入企业全程参与实践教学过程。

（3）第三阶段：岗位职业能力的培养。

第五学期，学生在校学习核心专业课程和专业拓展课程，在学校和企业学习校企课程，自主选择参加工业机器人应用编程职业技能等级证书的考核。企业派技术管理人员每月到校展开一次工业机器人应用及职业规划讲座。寒假，学生到富士康进行为期两周的贴岗实践。

第六学期，学生在校学习专业拓展课程，在企业进行校企课程工业机器人技术综合实训的锻炼，之后在企业进行针对岗位综合技能的顶岗实习（岗位能力综合训练）。

总而言之，实践教学应统筹学校和企业双方资源，协同育人，充分考虑学校和企业各自的资源优势。校企共同构建企业生产认知实习、基础技能训练、单项技能训练、专项技能训练、跟岗实践、生产实习、贴岗实践、岗位能力综合训练组成的实践教育体系。将认知实习、跟岗实践、生产实习、贴岗实践、顶岗实习等生产性的实训项目安排在企业进行，由企业导师利用企业现有的培训资源实施教学，学校导师负责学生的日常管理。安排基础技能实训、单项技能训练、专项技能训练等基础性的实训项目在学校进行，由学校导师与企业师傅共同指导。

所有专业课程结合设备开展实训项目，在理实一体化的实训室或者富士康生产线的岗位上进行。根据课程实施的场所和指导老师的不同，分为校企课程、企业实践课程、企业岗位课程以及企业进校的教学活动或者学生赴企业参加的教学活动等类型。校企课程是校企共同开发实训项目，学校和企业交替开展教学活动；企业实践课程由企业安排教学活动、组织和完成。校企课程和企业实践课程都是为岗位课程打基础，围绕岗位课程的内容，设置和实施项目。企业岗位课程运用岗位所需的知识和技能完成实际岗位的典型工作任务，在实际岗位的锤炼中，开展有目的的实战操作，成长为企业DT（I）组装、成型、冲压、涂装工业机器人生产线设备维护和维修岗位的工程师。

4. 建立评价体系

建立评价体系即需要融合职业素养的人才培养质量评价体系。学校和企业导师同时作为评价主体，并引入小组评价，实施过程性考核。除实操技能外，将职业素养纳入考核范围，突出职业素养与岗位技能并重的考核要求。校企课程采用企业导师加学校导师结合的评价方式。企业实践课程生产实习等的成绩由企业导师评定，每周考核一次，取平均值作为最终成绩，主要考核学生的操作技能、工作态度、安全操作意识等。专业核心课程均采取过程性考核，建立注重职业素养的过程化考核评价体系。

第四章 "1+X"证书制度下医养康体类专业课程体系建设

第一节 "1+X"证书制度下中医学专业课程建设

一、"1+X"证书制度下中医学专业课程建设的重要性

当前多数高职高专院校中医学专业人才培养的过程中，还在利用传统的中医教学模式，即以课堂进行中医学理论知识讲授为主，实训室进行实践教学为辅，而实践教学也只仅限于在实训室单个技能操作的学习，学生未能体验真实情境中中医对于疾病诊治过程，学生知识片段化，对学生综合素质的培养远远不够，已无法满足现代社会对高职高专中医学人才的实际要求。高职高专中医学职业教育培养就是弥补这个短板，其主要目的也是为了培养更多高素质技术技能就业人员，帮助学生获得更多中医学专业技能，获得就业资格的同时，增加学生的就业选择概率与前景。

二、"1+X"证书制度下中医学专业课程建设的依据

学历证书与职业资格证书的"1+X"证书是社会的实际要求。探索高职高专中医学专业基于"1+X"证书制度"课证"融通课程体系开发与实践尤其重要。在各个院校开设与中医学人才培养计划相关课程时，先要根据社会发展实际需要，建立完整的专业人才培养计划，利用不同的课程活动帮助学生获得更加全面的专业知识，树立正确的价值观念与社会观念，进而提高学生专业水平、职业素养与综合能力，让学生成为符合社会发展需要的综合性人才。并且，在学

生掌握与中医学专业知识相关知识技能时，保证每一位学生都能够成为中医医师职业群体中的一员，都具备从事医疗、养生、预防以及康复等工作的高素质专业型人才。并结合"X"证书的培养目标和教学要求构建课程体系，注重学生基础理论知识的掌握程度，让其能够在工作实践中把理论知识与实践进行有效结合，在不断提升自身职业能力与素养的同时，使得学生更加符合社会对人才的需求以及企业和基层医疗机构的人才需求。

三、"1+X"证书制度下中医学专业课程建设的框架

中医学专业课程体系的构建，是专业技术人才培养过程中不可缺少的一个环节。以往中医学专业课程体系构建中，都是以理论知识讲解为主，这不仅导致理论知识与实践技能出现相分离的情况，也使新知识技能不能与现有的课堂体系相结合。在"1+X"证书制度下，想要让课程体系的构建符合社会发展需求，就需要根据行业背景来建设，从行业新需要来设计课程，在开设"必需、够用"的理论课程基础上，对原有课程体系进行合理调整，适当增加实践课程的比例，从而让学生的实践能力得到有效提高。但基于中医学职业教育的特殊性，从以下方面构建课程体系：

（一）教学课程的设置

教学课程的设置需要以学历教育课程为主线与职业资格证书培训相融合。把职业培训内容和学历教学人才培养方案进行有效结合，利用理论专业知识讲解的方式把高职高专中医学专业人才培养计划加入课程教学中，并对课程进行整体设计。中医学专业课程体系包括公共基础课程，专业必修课程和专业选修课程。公共基础课程主要是为了让学生能够把所学知识更好地应用到各个领域，满足学生在校期间的学时要求。除公共基础必修课外，也可以在课程体系中加入一些对提高学生综合素质有利的课程，让学生进行学习。例如，"大学生阅读素养""九型人格与职场心理""食品安全与日常营养"和"传统养生功法"等公共基础选修课。

当前，大部分院校在对专业课程进行设计时，都会从专业选修课程与必修课程两个方面进行，专业必修课由专业基础课、专业核心课和综合技能课组成。专业必修课是根据国家《高职院校中医学专业教学标准》和中医助理执业医师考试大纲要求进行设置的。中医学专业能选择的职业证书有中医助理执业医师证、健康管理师证、保健按摩师证、保健调理师证和中医体质评估与应用职业技能等级证书等。

健康管理师证对应学习主要课程有健康监测与评估、亚健康学、预防医学和健康管理；保健按摩师对应学习主要课程有中医解剖学、中医传统养生功法和推拿学；保健调理师对应学习主要课程有中医养生学、中医饮食保健学、中医传统养生功法、营养与膳食和推拿学；中医体质评估与应用对应学习主要课程有中医体质分类与判定和中医药适宜技术。职业证书的课程设置与在校专业必修课程在教学内容方面具有相通性。而未包含在专业必修课程中的相关职业证书所需学习的内容，则在专业选修课中设置相关课程，学生根据所选职业证书的课程要求选择适当的专业选修课程，实现"X"证书职业教学标准与高职高专中医学专业课程标准相结合，如健康管理师证中的亚健康学、健康管理；健康调理师证中的中医饮食保健学、营养与膳食；中医体质评估与应用职业技能等级证书中的中医体质分类与判定等，学生可以根据所选职业证书的要求选择相应的专业选修课程。

（二）实践教学相融合

实践教学相融合需要课堂教学与实践教学一体化。传统教学的实训课采取的是单一实训的形式，即讲到某个知识点，针对该知识点进行相应实训，学生缺乏综合分析能力，不能够顺利完成疾病的诊治。而综合医学实训技能课打破了学科束缚，以整体作为课程的单位，通过课程任务的方式，让学生利用活动项目组的方法进行学习。借助大批量活动项目让学生进行理论知识学习与实际操作训练，有效提升学生观察事物能力、动手操作能力、独立思维能力和强化医学基础知识等多项综合能力。因此，实训应多采用综合实训技能课的模式，并在综合技能课的基础上进一步增加临床课程的实践教学学时数。在实训、见习、实习、社会实践等具有实际实践性教学意义的活动中，充分利用附属医院、教学医院和企业的教学资源和行业背景，创新实践形式、开展具有多样化特点的校企合作教学模式，从而完成课内外实训、各类实习、毕业设计等实践教学，有效提升学生利用所学专业知识解决实际问题的能力，增强学生的动手能力，让学生满足不同岗位工的需求。

（三）考核方式相融合

考核方式相融合可以引进学分银行制度，学生可以通过学分银行，将职业技能等级证书兑换为学分来获取学历证书，也可以将日常培训、临床实践转换为学分来取得职业技能等级证书。通过学分互认，打开学历教育与职业资格培训相接轨的通道，利用关联内容的学分互认的办法，让一位学生都可以在获取学历教育学分的同时获得与职业资格相关学分的兑换，有效促进学历教育的针对性和灵活性，使学生用尽量少的时间获得更大回报率。制定学分转换的有效标准，把考核所要求的知识内容、技能要素融入课程中去，实现课证相融，一专多能。

四、"1+X"证书制度下中医学专业课程建设的保障

（一）编写课证融通教材，建设教学资源库

1. 编写课证融通教材

教材是高职高专中医专业教学的重要载体，传统高职高专中医学专业教材就是本科教材的缩减版，不再适用于职业化教学的需求，重新编制"1+X"证书制度下"课证融通"教材是高职高专中医学专业课程体系建设的重要环节，而校院合作、校企合作协同开发"课证融通"教材是落实"1+X"证书制度行之有效的措施之一。以国家《高职院校中医学专业教学标准》和中医助理执业医师考试大纲要求为准则，通过对基层医疗服务机构和相关企业进行人才培养

需求的问卷调查，结合职业证书的职业技能要求，校院合作、校企合作对高职高专中医学专业教学内容、教学标准和行业等级证书标准进行分析，共同编制出适用于"1+X"证书制度下"课证融通"的教材。

2. 建设教学资源库

授课资源上，校院和校企双方依照高职高专中医学专业"课证融通"课程体系要求构建实训项目，一起研发实训所需教材，把更多的专业知识与技能进行整合，建立一个具有全面性与专业性的特点的网络教学资源参考平台，利用现代网络构建出一个属于自己的教学资源库，为学生建设一个自主学习平台，同时，校企双方也可以利用当下比较流行的学习软件进行教学，丰富教学手段的同时，使教学资源变得更加全面，将抽象化的理论知识变得更加具体化与形象化，有效提升学生的学习积极性，进而提高教学质量。

（二）将中医药相关专业"1+X"课证进行融合

1. 优化人才培养方案

高职院校对人才培养计划进行优化，将职业技能等级与当下教学目标进行有效结合，不仅可以让课堂教学目标变得更加明确，对学生能力提升也具有重要作用。在对人才培养方案进行优化过程中，需要注意以下方面：

（1）对课程构建体系进行优化，确定主要教学任务与核心点，改变传统教学方式，通过课程重组的方式让课堂教学与"1+X"证书进行有效连接。此外，在连接过程中，教师要保证课程具有层次性特点，并且要能够与时代发展需要相吻合，让每一个学生都可以满足社会企业对不同岗位的要求。

（2）高职院校要注重核心课程的开发，要对核心课程进行确定，从不同方面设计课程，注重理论与实践的有效结合，这样既可以让课堂教学更具全面性，也可以让学生在学习核心知识的过程中，提升自身专业技能与知识有效利用程度。此外，在理论与实践课程进行融合的过程中，教师要保证教学目标与职业技能获得相统一、专业知识获取程度与相关技能培训同步进行、课程最终评价要能够与职业技能等级相关联，这样既可以保证课程设计呈现出灵活性特点，也可以提升课堂教学的有效性。

（3）对于不同岗位专业技能培训与发展，要能够按照不同岗位需求进行教学，让学位证书成为学生初级学习目标，这样既可以让"1+X"证书的含金量得到进一步提升，也可以让学生更好地满足不同岗位用人需求。

2. 改善实训条件

实训可以让学生对各项操作进行了解，可以帮助学生更好地理解专业知识，完善自身不足之处。在根据等级证书对考点要求进行明确时，高职院校要能够将教学教材作为教学实训器材采购的基础，最大程度上将实训课程与课堂教学活动相融合。

3. 注重提升教师综合素质

教师职业素养与课堂质量有直接关系。高质量的课堂教学可以让学生获得更多知识与技能，因此，高职院校应该注重对教师职业素养的提升，通过不同方式鼓励教师进行自主学习。构建"1+X"证书制度下高职高专中医学专业课程体系是十分有必要的，"它不仅符合学校专业课程教学改革与发展的需求，也是提高学生的实践技能，培养实用的宽、专、多能型中医学人才的需要"[①]。所以，在专业课程体系构建的过程中，应该重视职业标准的融入，以便更好地获得"X"证书。为学生拓宽了就业渠道，提供了更多的就业选择，创造了更多的就业机会。

---

①陈波，邹华，王莲香."1+X"证书制度下高职高专中医学专业课程体系构建探讨[J].魅力中国，2021（52）：312.

第二节 "1+X"证书制度下护理专业课程建设

一、护理专业课程的分析

（一）护理专业课程的设置

1.护理专业课程设置的基本原则

（1）以培养目标为依据的原则。专业培养目标是护理学课程设置的根本依据，护理院校的培养目标根据国家总的教育目的、任务来制定，因此，它是护理学课程设置的根本依据。

第一，护理学课程设置必须根据国家的教育方针和卫生工作方针，正确处理德、智、体、美之间的关系，在课程设置上进行全面合理的安排，使受教育者得到全面发展，成为有社会主义觉悟、有文化的高素质劳动者。

第二，护理学课程设置需要根据专业培养目标的层次和规格，确定不同特点的课程系列。例如，职业本科护理教育是培养通用型的高级护理人才，不仅要有扎实的专业理论基础，还要有较为广泛的相关学科的知识，同时还要具备较强的实际运用能力。

第三，护理学课程设置必须从专业需要出发，充分认识课程对专业的适应性、更新性、发展性，在坚持突出专业特色的原则基础上，确定专业基础课程、主干课程、选修课程，完善整个课程体系。

第四，护理学课程设置必须与培养目标规定的学制相一致。按培养年限的长短确定课程数量。但专业基础课程和主干课程在不同学制的课程设置中，应得到保障。

（2）与教育科学发展和教学原则相适应。

第一，教育科学发展对护理课程的影响。现代教育思想认为，教学过程应具有传播知识和技能，发展学生的智力和能力，形成学生辩证唯物主义世界观和培养学生的道德品质的功能。护理专业的服务对象是人，因此，学校教育必须培养出符合专业培养目标要求的、合格的毕业生，尤其是具备熟练的操作技能和良好的职业素质。因此，课程设置必须具有与此相适应的结构。

第二，教学原则对护理课程的影响。教学原则是教学过程客观规律的反映。所有的教学原则对护理学课程设置都有制约作用，例如，护理学课程的设置一方面必须跟上科学技术发展的步伐，适应广大人民群众对卫生保健服务需求提高的需要；另一方面，又要有利于护理教学的正常进行，这就需要认真处理无限的科学文化知识和有限的护理学教学课时之间的矛盾，也就是说护理学课程设置既要符合科学性与思想性相结合的教学原则，又要遵循量力性、渐进性的原则。

第三，课程载体的变化对护理课程的影响。传统的课程载体以教科书为主，随着现代科学技术的发展，涌现出投影、电影、录像及电脑等多种现代化载体，这些载体有利于缓解无限的科学知识和有限的课时之间的矛盾。在护理教育中，通过课程载体形式和教学方法、手段的现代化，扩大学习的深度和广度更具有可能性。

第三，适应科学技术发展和卫生服务需求增长。科学技术的发展和社会生产力的提高，使人们对卫生服务的需求也随之增加。人们不仅要求防病、治病，而且还希望健康和长寿。护理人员是医疗卫生保健的主要力量，护理学要从更广泛的领域研究如何提高人类健康水平，如儿童保健、妇女保健、老年保健等的护理理论及技能。研究环境因素、社会因素及心理因素对人类健康与疾病的影响，从而推动护理心理学、护理康复学等新兴护理学科的产生与发展，也进一步影响护理学课程的结构与内容。

2. 护理专业课程设置的主要阶段

护理课程设置是一个严谨而又复杂的教育研究过程，其结果既要体现课程设计者的主观目的要求，同时又必须有充分客观依据作为设置过程的基础，还需要考虑课程实践的可行性，即课程实施的时间和空间资源条件。护理课程设置步骤如下：

（1）指导阶段。在课程设置的指导阶段要解决的主要问题是：确立护理教育哲理、选择适合的课程概念框架、制定教育目标。并在上述问题上达成共识，为本校护理课程设置提供明确的方向。

第一，哲理是人的价值观及信念的组合。哲理以原则的形式左右及指引个人的思维方式及行为举止，协助个人判断是非、决定事物的价值。护理教育哲理是指护理教育相关人员对人、环境、健康护理及教育所持有的观点和看法。护理教育哲理的形成并不是由学校的某个权威或专家单独决定的，而是学校全体教职人员共同参与经过反复的讨论而形成的。护理教育哲理一经确认，应该成为全校教学管理者和每一位教师的行动指南。

第二，课程概念框架。在课程设置中选择概念框架的意图，是为了进一步说明学校的护理教育哲理，因为哲理还是一些很抽象的概念、定义、认识观点，它需要更客观化和具体化才能被相关人员所接受，才能在课程设置过程中被表达和贯彻。课程概念框架被认为是中介或桥梁，联系在学校教育哲理和教育目标与课程计划之间。通常学校会选择能充分表达呈现哲理的理论模式或客观现实模型作为学校的课程概念框架，例如南丁格尔的护理理论、马斯洛的需要层次理论、奥瑞姆的自理理论、纽曼的系统模式等常被学校选择。

第三，教育目标。"教育目标的设定是课程设置最重要的环节，教育目标的设定过程也是课程设置从理论走向实际的关键步骤，要强调教育目标在整个学校课程设置体系中的完整性和统一性"[1]。教育目标是教育思想和理念在教育过程的具体体现，它在整个课程计划的前后应有共同的标准进行统一，同时还需要关注科目之间的平衡和一致性，这也应该是课程设置不断完善的基本要求。

（2）形成阶段。课程设置形成阶段的主要任务是制定课程计划、完成课程标准的书写、确定或编写适合的教学材料。课程设置形成阶段是将在指导阶段形成的共识以书面文本形式体现，作为教学过程和课程管理的依据。

---

[1]罗金桃."1+X"证书制度下高职护理专业"课证融通"的课程体系探究[J].教育观察，2021，10（26）：53.

第一，护理课程计划。课程计划一经确定，一般要经历一个相对稳定的执行周期，因此在编制课程计划时应注意时空性和周期性。在编制护理课程计划时应注意：①认真分析学校教学目标，充分考虑护理教育的性质和任务对课程的要求；②认真研判社会发展的新需要与课程类别和内容之间的关系；③必须考虑学校可利用的教育资源作为课程计划的基础条件；④关注国内外的护理教育发展动态，积极借鉴先进教育理念和方法作为课程调整的根据；⑤科学有序地安排课程顺序、开设时段，规定教学内容、范围和时间。

第二，护理课程标准。护理课程标准相对于课程计划有一定的灵活变化空间。为了使课程教学内容及时反映学科发展，一般多数院校每学年课程标准执行允许的变动的范围在百分之十。在制定护理课程标准时应注意：①根据课程计划要求明确某课程的教学内容范围，教学重点难点应属于护理工作范畴；②要保证学科体系的科学性、先进性和完整性，严格实现课程教学的主要难点内容，及时将学科发展结果反映到课程教学内容中，注意前置、后续课程中的连续性；③分析学生需求，根据学生认知发展水平选择合适的教学方法，按照学生认知特点循序渐进地设计和安排课程的难易程度，使学科的逻辑结构与学生的心理结构相匹配；④注意反映理论联系实际的实践要求，规定理论教学与实践教学的学时比例，并尽可能清楚地表明实践教学目标要求，使护理教学规范化、科学化；⑤选择课程的评价方法应与培养目标一致，提倡综合性课程评价手段，以促进学生更灵活自主地进行课程学习。

第三，护理教学材料。护理教学材料包括教科书、讲义、实验指导手册、补充材料、参考书、视听教材和专业文献。目前国内教科书仍然是学生的主要教学材料，教师在选择教科书时，应该注意教科书的科学严谨性和先进性，同时帮助学生拓展教材类别，促进学生使用教科书以外的教学材料，有意识地引导学生自己寻找和教学内容相关的课外材料，使学生的学习自主性和主动性得到培养。在自主编写护理教科书时应注意教材编写的基本原则：①反映学科的基本概念和原理；②遵循学科知识的系统性；③真正便于学生学习；④理论联系实际；⑤科学性与思想性并重；⑥具备启发性；⑦有可读性。

（3）功能阶段。课程设置前两阶段的工作结果将要在此阶段进行实践和验证。

第一，课程教学实践。课程教学实践是指用预选的教学方法和学习活动完成规定的课程内容的教学全过程，更确切地讲这是课程设置过程中的实验教学阶段，前期所建立的护理教育哲理，课程设置概念框架，课程教学目标，课程教学内容以及方法都在此阶段被表达、阐释和呈现，通过教育者的具体行为检查每个环节设置的现实可行性。

第二，课程评价。课程评价是课程设置的最后阶段，护理教育哲理和课程概念框架是否被充分表达在教学过程中；学生是否最终达到了教学目标所规定的范围和程度；课程计划完成的过程是否遭遇阻碍和挫折，以及师生对教学实践的满意度等指标，说明课程设置的成效，因此，课程设置的功能阶段承担着尝试、探求和修正课程设置的责任和使命。课程设计者通过教学实践结果重新审视课程设置全过程，同时实践结果也为调整提供了客观依据。课程设置应该是在教学实践中不断评价、修正、完善的过程，这需要教育者反复确认哪些知识和技能对学生是至关重要的，哪些教学活动可以最大程度地提升学习者兴趣和促进有效学习，哪些教学方法有助于教育哲理和目标的实现，此结果使课程设置最终能满足社会对专业人才培养的需要。

第三，护理课程设置的组织管理。护理课程设置的组织管理是保证课程设置有效性的重要措施。学校应该组织教学管理者、专家、教师、学生管理人员和学生成立专门的课程管理委员会，建立行之有效的管理制度，定期对学校课程实施情况进行监督，及时发现课程问题并向学校和课程教师提出改进措施，审核新开课程，按工作计划修正课程设置，以保障课程在学校教育活动中发挥应有的作用。

3.护理专业课程设置的考虑因素

（1）课程设置的总体结构应反映教育方针。

（2）护理哲理的主张，尤其是那些与护理及学习有关的哲理，应作为指导方向。

（3）所有课程应包括一般教育、支持学科和护理学，这三部分的内容应按恰当比例组合。

（4）所有课程排列顺序应考虑到某一课程科目中必要的知识水平。

（5）充分评估课程的参考资料。

（6）明确区分护理学与其他领域的知识，以确定适当的支持课程。

4. 护理专业课程设置的主要模式

（1）"建筑式"课程设置模式。"建筑式"课程设置模式是指基础学科在四年制中前两年修完，后两年护理学课程是建立在前述必需的知识基础之上。

（2）"渐进式"课程设置模式。"渐进式"课程设置模式表示大多数基本学科要求在前两年修完，同时有一部分护理课程亦要求修改，在这种模式中，前两年所学的护理学内容主要是一些不需具备某些基础学科知识的那部分。

（3）"平行式"课程设置模式。"平行式"课程设置模式是指四年制中基础学科课程与护理学专业课程同时开课，根据一定比重同时修完。

在课程设置过程中，应考虑主干必修课程与支持主干必修课之间维持一种平衡。通常而言，一个合理课程的总体设置需包括1/3的一般教育和人文课程的必修课，1/3的主干支持课程，1/3的护理学科课程。

（二）护理专业课程的变化革新

课程系统是一个开放系统，它与外界各系统之间有着各种各样的联系，并发生着各种各样的相互作用。也正是由于这种相互作用，学校课程才不断地发展变化，而且必须经常地进行改革，才能适应社会发展的需要。对护理专业课程改革的研究，主要集中在三个方面：①研究课程变化与革新的原因；②研究课程改革的过程；③研究课程改革的结果。

1. 护理专业课程变化革新的影响因素

（1）影响护理专业课程变化革新的外部原因。

第一，生产力和医学科学技术发展。时代的发展使高等学校的职能扩大为培养人才、发展科学和社会服务三个方面。课程设置要与社会经济和科技发展相适应。科学技术高度分化又高度综合的趋势，对高校人才培养的规范产生了重要影响。高等护理教育应根据这些变化，在课程中妥善处理好博与专、基础与专业、单一学科与跨学科的关系，培养具有广泛的文化基础，具有一定新的知识结构和能力结构，具有专门化知识技能的新型人才。

第二，知识的激增。人类知识迅猛增长，要求学校课程不仅有数量和质量的变化，还包括如何学习，如何获取信息、知识等方面进行的变革。高等护理教育在培养高素质人才，提高护理服务质量和提高人们健康水平中的作用日益明显。

第三，精神文明建设的需要。学校教育不仅要培养具有扎实的专业知识和技能，更要有良好的职业道德和勇于奉献精神的护理人才，而那些关系人才基本素质、修养和人格的普通课程应成为教育内容。

第四，个人的需要。个人需要在当代各国高校课程设置和内容安排上，受到越来越多的关注。如增加学生选择课程的自由度、选科制和学分制的创立和广泛采纳，如何在不损害国家需要的同时更好地满足个人需要，是当代各国课程改革的又一个重要课题。

（2）影响护理专业课程变化革新的内部原因。推动课程改革的内部原因，主要得益于教育学和心理学的研究成果，这些新的研究成果使课程编制者和广大教师对整个教学过程或其中的某些方面获得了新的认识，从而在一定条件下促使人们探索新的方式方法或建立新的课程目标。如对传授知识和培养能力关系的进一步认识，导致了以能力培养为主的教学体系的尝试。

由于我国高等护理教育起步较晚，课程在结构、内容、评价和管理等方面需要进一步研究探索，以逐步形成顺应国际发展趋势，符合中国国情的现代护理教育课程体系。

2. 护理专业课程变化革新的发展趋势

护理教育是属于未来的事业，具有趋前性和滞后性特点。而课程是最集中地反映了时代对护理教育的要求，因此研究课程改革和发展的趋势，就是为了更好地把握教育的未来和人才的未来。国内外课程改革的主要内容包括：

（1）以学生发展为本。以学生发展为本即加强学生潜能的开发，创新能力的培养和智力的发展。社会的发展要求未来人才具有创新、开发和探索等方面的综合知识和能力。以促进学生个性的全面发展也是现代学校教育的根本目的。

（2）课程的人文化。加强在培养完全人格的人文学科、艺术和社会科学及哲学的课程内容，使学生自由与和谐地发展。

（3）课程的综合化。设置综合课程，以克服分科课程的缺陷，使新知识、新理论及时纳入课程体系中。

（4）课程弹性化。通过设立主辅修课或专业，拓宽学生的知识面，也可通过学分制课程，允许学生提前毕业或延期毕业，满足学生选择职业及提高学生适应职业变动的能力。

（5）课程个性化和多样化。满足不同区域和不同学生的不同发展需要。如边缘学科课程、综合学科课程等；并创造条件建立一些跨学科专业，以符合当代科技综合化整体化的趋势。开设充分选修课和自由研究课程，使课程形式多样化。

（6）应用现代信息技术。加强课程与现代信息技术结合，提高课程实践的质量和效果。运用新信息技术，使课程实施方式多样化，拓宽人才培养渠道。

（7）打造护理特色课程。基于目前国内护理教育中师资和教学规模的现实情况，认真分析本院校可利用的教学资源，选择具有特色的组块或区间，集中教学优势，争取经过严谨求实的课程建设过程，打造出高品质的护理课程。在总结经验的基础上，有计划地向专业课程中推广、以点带面、从局部向全局发展建设，以此促进护理课程的可持续建设和改革过程。

（三）护理专业课程的教学方法

1. 护理专业课程教学的讲授法

讲授法又称"口述教学法"，是教师通过口头语言系统连贯地向学生教授文化科学知识、进行教育教学的方法。讲授法是世界上最悠久、在以语言传递为主的教学方法中应用最广泛的教学方法，可用以传授新知识，也可用于巩固旧知识，其他教学方法的运用，几乎都需要同讲授法结合进行。

（1）讲授法的主要方式：①讲述。讲述重点在生动形象地描绘某些事物现象，叙述事件发生、发展的过程，使学生形成鲜明的表象和概念，并从情绪上得到感染。②讲解。讲解主要是对一些较复杂的护理问题、概念、定理和原则等，进行较系统而严密的解释和论证。当演示和讲述，不足以说明事物内部结构或联系的时候，就需要进行讲解。在教学中，讲解和讲述经常是结合运用的。③讲演。护理要求护理专业的教师不仅要向学生进行系统而全面地描述事实，而且要深入分析和论证事实，并在这个基础上，对事实做出科学的结论。它比讲述、讲解所涉及的问题更深广，所需时间比较长。

（2）讲授法的作用特点。

第一，利于护理专业教师主导作用的发挥。护理专业教师在教学过程中要完成传授知识、培养能力、进行思想教育三项职能，同时要通过说明目的、激发兴趣、教会方法、启发自觉学习等激发学生的积极性，这些都适用讲授方法来体现自己的意图，表达自己的思想。讲授法也易于反映教师的知识水平、教学能力、人格修养、对学生的态度等，这些又对学生的成长和发展起着不可估量的作用。

第二，传递信息量大。讲授法能使护理专业的学生在较短的时间内获得较多的知识。

第三，通过教师合乎逻辑的说明、分析、论证、描述、设疑、解疑，有利于学生理解并建立自己的知识结构和促进学生智力的发展

第四，灵活性大，适应性强。无论在课内教学还是课外教学，也无论是感性知识或理性知识，讲授法都可运用，它使学生通过感知、理解、应用而达到巩固掌握，在教学进程中便于控制，且随时可与组织教学等环节结合。

第五，讲授法存在的局限性：①单向传授知识，不能充分发挥学生学习的主观能动性；②讲授面对大多数的学生，难以因材施教，忽视个别差异的存在；③缺乏学生直接实践和及时做出反馈的机会，有时会影响学生积极性的发挥。

（3）护理专业教师运用讲授法的基本要求。

第一，讲授应有目的性。护理专业课程教学的讲授应在教学大纲的指导下，根据教材的内容有重点、有目的地进行讲解。

第二，讲授应有科学性。科学性是对护理专业教师讲课的基本要求。教师的专业理论和实践水平是讲授科学性的根本保证。教师讲课的内容性应以确凿的材料为依据，保障传授给学生的每个概念、原理、定律，在观点和方法上的正确性。

第三，讲授应正确合理地运用语言。讲课时语言要清晰、准确及精练，既要有科学性和逻辑性，又要通俗易懂、生动形象、富有感染力。语音的高低、语气的强弱、语调的抑扬、语速的缓急都应符合学生学习的心理变化规律。同时教师还要恰如其分地运用比喻，配合必要的板书、教具演示，以加强语言的直观性，从而引起学生积极的学习情绪。

第四，讲授应注意非语言行为。非语言交流在社交活动中是非常重要的。教师的表情、眼神、动作等非语言行为能支持、修饰教师的语言，更能帮助教师表达难以用语言表达的情感和态度，增强语言的感染力。讲课时，经常与学生进行目光交流，有助于表达个人兴趣和信心。

第五，讲授要理论联系实际。理论和实践的结合是讲授法得以传承的法宝。护理是一门实践性很强的学科，护理教师在应用讲授法时，应注意将理论与实践有机结合，不仅要解释清楚理论产生的实践依据，还要注意说明理论在实践中的具体应用，引导学生运用理论解决实际问题。

第六，讲授应有启迪性。护理专业课程教学的任务除了传授知识外，更重要的是发展学生的智力。经过学生智力活动加工过的知识才能真正变成学生自己的知识，教师的讲课应避免照本宣科，要注意吸引学生的注意力，促进学生积极思考，使学生的思维活动和讲授的内容融合在一起，发展学生智力。讲授要有启发性，应注意三个方面：①讲授要中肯，讲到学生的心坎上；②讲话要含蓄，不道破"天机"，教师"举一"，学生能"反三"；③讲授要善于诱导，通过设置问题情景诱发学生的求知欲，引导学生追根究底。

第七，讲授要有系统性。护理专业课程的知识有严密的结构体系，因此传授科学知识应在不破坏体系的前提下，根据学生认识活动的规律和特点，循序渐进地进行。教师的讲授应具有一定的逻辑性，做到条理清楚、层次分明、突出重点、突破难点，以及体现重点间的内在逻辑联系，使学生得到的知识是一个完整的体系。

2.护理专业课程教学的谈话法

谈话法又称问答法、提问法，是护理专业教师根据学生教学目的、任务和内容，向学生提出问题，引导学生积极思考，要求学生问答，在问与答的过程中引导学生获得新知识和巩固所学知识的教学方法。用这种方法传授新知识时，称为启发式的谈话；用于巩固或检查学生知识时，称作复习式或检查式谈话。

（1）护理专业课程教学谈话法作用特点。

第一，谈话法易于集中学生的注意力，激发积极的思维活动，提高教学效果，有利于培养学生的语言表达能力和独立思考能力。

第二，从心理机制方面看，谈话法属于探究性的，使学生变被动学习为主动学习的方法。

第三，通过谈话，教师也能了解学生对知识的接受能力和理解程度，及时获得有关学生学习的反馈，利于教师及时调整教学计划，有针对性地教学。

第四，通过教师提问的思路，学生可以了解知识的来龙去脉，学习到探究问题的一般思路和方法。

第五，谈话法可用于护理学科的各门课程教学，同时也适用于临床参观、见习和实习等现场教学形式。

第六，谈话法的局限性：①谈话法是以传授知识为主的一种教学方法。学生是受教师谈话内容的引导，因此对培育学生的创造性思维能力有一定的局限性；②谈话时，护理专业教师的提问一般是激发学生的记忆表象，如果学生对所学知识不具备一定的基础或生活经验，则不选用谈话法。

（2）护理专业课程教学谈话法运用的基本要求。

第一，谈话前，教师应精心设计问题。谈话是一种以问题引导学生获取知识的教学方法，问题的设计是运用谈话法的关键。教师应以教学目标为指引，以教学内容为依据，问题既包括基本概念、基本原理，也要涵盖教材中的重点和难点内容。同时，问题还应有启发性、针对性和思想性，能引发学生谈话的积极性，使其主动思考。设问时，教师还应考虑到学生的知识水平和心智发展水平，使问题的难度适当。

第二，谈话中，教师要善于组织谈话过程。谈话时，要围绕谈话题目、线索和关键问题进行；提问要面向全体学生；选择不同性质、不同难度的问题，使不同学习层次的学生皆能参加到谈话中来。谈话的节奏应适当，应根据问题的多少、难易和提问对象的学习层次来掌握提问。教师的态度应和蔼真诚，鼓励学生大胆谈论自己的观点和看法，对回答问题好的学生给予表扬，对回答问题不全或有错误的学生也不能随意指责批评，以免挫伤学生参与谈话的积极性。同时教师还应选择好谈话的时机。

第三，谈话结束后，教师应小结。小结包括概括问题的正确答案，澄清谈话中的模糊观点，对学术界有不同答案的问题，应适当介绍，并指出谈话过程中的优缺点。

3. 护理专业课程教学的讨论法

讨论法是学生在教师的指导下，通过集体（小组或全班）的组织形式，围绕某个问题，发表自己的看法，从而相互启发、弄清问题的一种教学方法。讨论法既可以用于阶段复习，巩固原有知识，也可用于学习新知识，尤其是探讨性、争议性的问题。

（1）护理专业课程教学讨论法的特点。

第一，由于学生在准备讨论题时无现成答案可循，必须独立思考、自学教材并阅读参考资料，用自己的语言进行分析、归纳和表达，因此讨论法有助于师生交流思想，互相启发，共同切磋学术，集思广益，利用群体的智慧共同研究问题。

第二，讨论法对于增进师生之间和同学之间的了解，提高人际交往能力，培养学生的思维能力和语言表达能力，以及运用护理专业理论知识解决实际问题的能力均有良好的作用。

第三,讨论法存在的局限性:①耗时多,如时间控制不当,则影响教学效率;②讨论中学生参与的程度不一定相同,部分喜欢发言的学生可能会占据讨论的大部分时间,而性格内向或不想发言的学生可能会一直保持沉默;③讨论不一定能达到理想的效果。如果事先对讨论没有精心设计,学生缺乏相关知识,可能使讨论停留在表面,影响学习效果。

(2)护理专业课程教学讨论法运用基本要求。

第一,讨论的问题要有吸引力。讨论题应具有可争辩性和可讨论性,且具有讨论的价值。同时兼顾护理专业课程教学内容、教学要求和学生的实际水平,使学生有兴趣发言。例如,关于安乐死的态度问题、对不同护理理论模式的观点等。

第二,讨论前做好准备。为保障讨论的顺利进行,应预先拟定讨论的提纲,提供相应的材料,让学生做好讨论的准备。讨论前还应考虑讨论小组的规模,一般 5~7 人/组为宜,最多不超过 12 人/组,理想人数视不同活动方式而定。若小组规模过大,组员参与机会相对变少,规模过小则组别太多,显得比较分散。

第三,讨论中正确引导。在小组教学中,学生可以自己主持活动,但教师始终应该是活动的指导者或参与者。讨论中教师应因势利导,鼓励学生提出自己的独到见解并注意观点的鲜明性。教师可参与小组的讨论或巡视,及时解释或答复学生的问题。观察学生的表现,鼓励内向的学生积极发言。适时提示讨论时间的进展,教师要善于控制讨论的进程,合理分配讨论的时间,争取让每位小组成员都参与到讨论中来。

第四,讨论结束后做好小结。讨论结束时,可由各组成员先汇报讨论结果,教师再进行总结。主要总结学生在讨论中的表现和讨论结果,并对学生的观点进行分析,对于新奇的、有趣的观点给予肯定。对于教师自己认为不正确的观点不要随意批评,对于争论较大尚无定论的观点,教师可以发表自己的看法,并把争论的本质问题理清楚,指导学生进一步思考。

4.护理专业课程教学的演示法

演示法是教师通过向学生展示实物、直观教具或进行示范性操作、实验等来传授知识和技能的一种方法。演示法在护理专业的各门课程中都可以使用。由于演示法符合从生动的直观到抽象的思维，再从抽象的思维到实践这一人的认识规律，因此受到了许多教育家的重视。

（1）护理专业课程教学法演示法特点。

第一，演示的视觉效果有助于内容的记忆。演示法形象、具体、直接和真实，能使学生获得较丰富的感性材料，加深对学习对象的印象。

第二，有利于把理论、书本知识和实际事物联系起来，形成正确、深刻的概念。

第三，能将知识与实物、想象等联系在一起，激发学生的学习兴趣，集中学生的注意力，使习得的知识易于理解和巩固。

第四，有利于培养学生的观察能力。

第五，演示法的局限性：①不同学生对技能学习的能力不一样，有的学生能很快掌握，当其他学生仍在练习时，他们会觉得枯燥；②掌握操作技能对学生是一件具有压力的事情；③教师在指导学生的练习中，负担较重；④物品及材料的高消耗限制了学生练习的次数。

（2）护理专业课程教学演示法的类型：①结合使用教具的类型，分四类：实物、标本、护理模型演示；幻灯、录像和教学电影等的演示；图片、图画、图表的演示；试验及实际操作的演示。②根据教学要求的类型，分两类：单个或部分物体或现象的演示；事物发展过程的演示。需要注意的是，演示方法各有特点，教师应根据实际情况采用。

（3）护理专业课程教学演示法的运用的基本要求。

第一，演示前准备好所有的示教用具，搁置整齐。演示前应根据护理专业教材内容选择合适的直观教具并检查各种教具的功能状态，注意每次课选择的演示教具不宜太多，以免学生出现"走马观花"，有"看热闹"的感觉。如果是示范实验，应预先进行操作。

第二，演示过程中，演示物体的摆放应在一定的高度上，同时还要保证适宜的亮度和颜色，使所有学生都能观察到演示的对象。若演示效果受到演示教具的形状、大小等因素的限制，难以同时为全体学生观察到，则需合理分组或由教师移动位置，使学生均能看到。同时针对不同的护理专业教学内容、教学要求，尽可能地让学生运用人体的各种感官，去充分感知学习对象。比如，听模拟心音、呼吸音和肠鸣音等，触摸胸部的骨性标志、肿大的淋巴结等，可取得较好的教学效果。

第三，演示应与讲解结合，通过教师语言的启发，使学生不是停留在事物的外部表象上，而要尽快使认识上升到理性阶段，形成概念，掌握事物的本质。演示应与提问相结合，引导学生边看边思考，使学生对演示主题有整体性认识，获得感性知识的同时加深对相关概念、原理的理解。

第四，演示要适时。应根据授课的内容把握演示的时机，在应使用时才展示演示教具，过早地把演示教具呈现出来，会分散学生的注意力，削弱新鲜感，降低感知兴趣。演示教具后应及时收起，以免分散学生的注意力，影响其他教学内容讲授的效果。

5. 护理专业课程教学的角色扮演法

角色扮演法是教师根据一定的教学要求，有计划地组织学生运用表演和想象的意境，启发及引导学生共同探讨情感、态度、价值、人际关系及解决问题策略的一种教学方法。角色扮演应用于情感领域课程的教学，如康复护理学、护理心理学、老年护理学等内容的教学中。

（1）护理专业课程教学中角色扮演法的特点。

第一，学生在不知不觉、潜移默化中受到教育，收获真实体验，形成正确认识，发展积极情感。

第二，学生参与程度高，兴趣大。

第三，增强学生的观察能力。

第四，能对在角色扮演中所提示的人际关系和解决问题能力提供及时反馈。

第五，角色扮演法存在一定的缺陷：①存在传递信息不多、不快，培养动手能力不够的缺陷；②有些教学内容不能靠角色扮演来掌握；③某些学生或许羞于参加；④某些学生趋向于把角色表演过头，表演太戏剧化，角色也就失去了真实性和可靠性。

（2）护理专业课程教学中角色扮演法的应用过程。①设计问题情景：情景应具有一定的戏剧性，能激发学生的表演欲望；情景还应带有一定的冲突色彩，可以让学生在矛盾中提高处理问题的能力。②挑选参与者：根据各角色提点指派或让学生自愿报名参与表演。③场景设计：角色扮演者设计表演的具体情景，如对话、道具等。④培训观察者：护理专业教师向其他观察者说明观察的任务。⑤表演与观察：在表演者表演的同时，教师和观察者要记录表演者的行为。⑥讨论及评价：教师组织和鼓励护理专业学生就表演的过程发表看法及自己从中领悟和学到的东西。表演者可以谈自己扮演角色的体验，观察者可以谈观感。⑦共同体验与概括：学生根据讨论结果总结收获，获得在相似情景下解决问题的能力。

（3）护理专业课程教学中角色扮演法的运用要求：①角色扮演最好在小范围内进行，参与角色扮演的人数一般2～4个；②要以必须达到目标为基础进行表演活动；③教师必须清楚每位参演者对自己所扮演角色的了解程度，向学生讲述即将表演的角色和临床环境，但是要简明，让学生能自由发挥；④表演时间控制在15分钟以内；⑤为观看的学生提供对于此次表演的分析范围，这些提示应在学生观看表演的时候提出，集中他们的注意力；⑥不应该讨论学生表演能力，而是关注从活动中学到了哪些内容。

6. 护理专业课程教学的情境教学法

情境教学法又称模拟教学，是通过设置具体生动的模拟情景，以激发学生主动学习的兴趣，帮助学生巩固知识，学习特定专业场景中所需的技能技巧的教学方法。常用于专业课的临床教学及训练。

（1）护理专业课程教学中情境教学法的作用特点。

第一，具体逼真、生动活泼的模拟情境，有利于激发学生学习兴趣，提高学生参与积极性。

第二，通过模拟各种（临床）真实情景，能让学生接受到一定的专业素养训练。

第三，经过模拟情境，可以减轻学生进入真实工作情境的焦虑情绪。

第四，为应对模拟情境中的事件，学生必须将所学的知识迁移到模拟情境中，有利于提高学生对实际问题的预测能力和解决问题的能力。

第五，学生可以从模拟活动得出的结果或结论中领悟到事件或事物演变规律，帮助学生理解和掌握已学的知识。

第六，情境教学的不足在于：由于学生的注意力集中于事件发生与发展过程的模拟演练，容易忽略对深层次理论问题的思考，而且在模拟环境中提高的能力与实际环境中需要的能力仍然存在一定的差距。

（2）护理专业课程教学中情境教学法的应用形式。护理专业课程教学中情境教学法的应用形式主要有三种：使用教学器材开展情境教学；通过角色扮演开展情境教学；借助计算机辅助系统开展情境教学。

（3）护理专业课程教学中情境教学法的基本应用过程，主要包括九步：设计情境教学方案；准备场景与器材；公布情境课题与背景资料；分配情境模拟的角色与演练任务；情境演练准备；情境演练实施；情境效果（结论）验证；教师讲评；撰写情境演练报告。

二、"1+X"证书制度下护理专业课程建设的路径

下面以"1+X"证书制度下护理专业"课证融通"的课程体系建设为例进行阐述。"课证融通"的概念是指将行业职业资格标准、国际认可职业资格标准与相关专业核心课程标准对接，将获取证书的考核内容与岗位能力融入专业课程教学内容，以帮助获取相关资格证书。护理专业的"课证融通"，是在剖析"1+X"证书养老照护职业证书和全国护士职业资格考试标准的背景下，剖析考试大纲，对接人才培养方案和课程标准，以培养具备护理实践技能的人才为目标的课程体系，并结合临床护理需要完善课程教学内容，使护理专业课程

的教学内容既契合护理人才岗位需求，又与护士职业资格标准紧密衔接，同时能在考取"1+X"证书时"课证融通"，让学生在毕业时多证在手，拓宽自己的知识体系，为将来能顺利优先就业奠定基础。"1+X"证书制度下护理专业课程建设的路径具体如下：

（一）以"课证融通"理念为指导转变教学模式

"1+X"证书制度的核心目标是为提升学生的就业和创业能力铺平道路。传统的教学模式以教师为主导，学生被动式学习，在学习上缺乏自主性。如何调动学生的主观能动性和学习自觉性是值得探寻的问题。

教师要转变自己的教学思维，当前的临床护理工作注重辩证思维，强调人文素质全面的培育，全国护理技能大赛的标准化病人案例运用就是很好的实例，教师在教学中可以从 SP（SP 的全称为 Standardized Patients，即标准化病人）标准化临床案例入手，进行情境导入式教学，逐步推行教学改革，转变传统的"教师讲，学生听"教学模式。考核评价机制也是改革的一个方面。如果将专业课程考核和职业技能考核有效结合起来，将会对"课证融通"起到很好的促进作用。

第一，剖析证书考核标准与专业课程考核标准的融合部分，将相同的基础知识进行深度融合，为学生后期考取证书奠定知识基础。

第二，加强学生的实践动手能力考核，设置临床 SP 病例，进行规范化操作考试，让学生不仅仅局限于掌握简单的操作流程，更应该结合 SP 案例进行病人特点的个案分析，结合 SP 案例的患者年龄、病情及文化背景，提高学生对病情的评估能力，提高沟通和解决问题的能力，提高临床考核的准确性，提高学生的评估判断能力，增强学生的职业责任感。通过平时的阶段考核，实现课堂考、期中考、期末考，提升了学生的综合应变能力、实际动手操作能力。

第三，根据实际情况，将学生考取的证书与专业课程进行学分置换，既为学生考取多证书腾出了学习时间，也提高了学生学习的目标性与主动性。

（二）以专业特色为基础优化基础护理课程设计

护士执业资格证书和老年照护与护理专业的知识结构是有紧密联系的。只有进行科学的设计和有序的实施，才能实现"课证融通"。

基础护理技术课程是护理、助产专业的必修课，是专业主干核心课程，是学生将来从事临床护理、社区保健、家庭护理等各个护理领域工作的专业基础课程和通用课程，也是重要的实践性技能训练环节，更是护士执业资格考试的重要内容。一方面，以全国护士执业资格考试大纲的要求作为选择基础护理技术课程教学内容的主要依据；另一方面，课题组深入各教学医院，与行业专家共同分析护理职业能力需求，结合护士岗位技能中的50个护理技术操作项目，并充分考虑国内外基础护理技能的发展趋势，给教学注入新鲜内容，拓宽学生的知识面，具体方式主要为以下三种：

第一，进行模块优化，从而将各学科的重复内容进行优化，为学生腾出更多的时间进行多证书学习和考试。学生通过第一年的基础知识学习后，有一定的医学知识基础，通过前期护理导论及护士人文修养专业课程，根据实际教学情况，对重复和浅显的内容进行自学，发挥学生的主观能动性，结合资源课程平台教学，激发学生进行自主学习。

第二，以临床案例为依据，结合教学内容，使教学内容与临床护理工作需求紧密结合。课题组通过临床调研、护理专业行家交流求证，将临床新知识新理念贯穿于教学中，将临床常用护理操作50项作为重要内容进行讲述。

第三，集体教研教改。课程组通过各学科教师集体备课，将各学科的交叉内容进行合理的学时分配，模块优化，避免教学中出现重复教学。护理学专业的内科护理、外科护理与基础护理技术教材中的很多知识有交叉，如基础护理技术教材中危重患者的抢救与护理在内科护理学与急救护理学两门课程相关章节中都有涉及。课程组在进行基础护理技术课程教学的时候可以根据学时分配情况，抓住基础护理部分的重点内容进行详细讲解，学科交叉部分略讲或自主复习，这样既能提升学生的学习兴趣，又能保证高效率教学。

（三）以教育目标为导向构建"课证融通"教学体系

教材是教学的主体，是教学的重要工具，因此在选用基础护理学教材时应紧扣培养目标，遵循教学规律，围绕"提升学生能力"这一目标，甄选规范化的教材。

第一，教材应具备"三基五性"，即基础理论、基本技能、基本知识的"三基"和思想性、科学性、创新性、启发性、先进性。

第二，明确目标性与系统性，符合专科教育的特点与规律，能满足护理学类专业学生的培养要求，兼顾各教材之间的有序衔接，具有鲜明的护理专业特色，满足护理专业学生的教学要求，同时继续强化对学生人文素质的培养。

第三，注重理论与实践相结合，结合护理理念以及护理程序，努力构建理论与实践相联系的桥梁，以利于培养学生运用知识分析问题、解决问题的能力。

（四）形成实现"课证融通"的保障体制

以"产学结合、校企合作"为依托，形成实现"课证融通"的保障体制。此处主要探讨利用课题组所在高校的附属医院，依托"产学结合、校企合作"，推行"1+2"培养模式，即学生在学校学习一年后，下到附属医院进行实习，这一方面为学生增加了临床观摩和动手的机会；另一方面为课题组进行订单式培养奠定了基础。同时，课题组还要求学生进行暑期临床实习，让学生将学到的专业知识运用到临床中去，加深对医院护理工作的认知，为将来走上临床工作岗位打下基础，也让学生对护士人文沟通和护理工作特点有了全新的认识，从而提升学生的综合素质。同时，课题组开设了"老年护理""社区护理""母婴保健"专业方向，可根据人才需求定向输送实用型人才。

"产学结合、校企合作"进一步加强了理论教学与临床实践的紧密结合，课题组根据医院需求，调整教学内容，在临床医院的实践过程中提高动手能力，注重科室交班、查房等内容，有条件的还可以参与临床护理工作，为学生创造更多的动手机会。教学医院与学校定期开展教研教改，营造教学相长、互学互带的教学氛围，为提高师资队伍建设质量，构建"双师型"教师人才管理平台。

(五)完善"课证融通"护理技能教学模式

以改革教学方法为手段,完善"课证融通"护理技能教学模式。在教学过程中,运用阶段评价、过程评价和终结评价相结合的形式评价教学效果。在具体实施过程中,将评价融入各个教学环节,评价方式包括以下三种:

第一,学生互评。学生互评包括小组间互评及与小组内互评,主要就团队合作分工、作业汇报、学习兴趣、学习态度几个方面进行考核。

第二,教师评价。针对护理操作视频进行打分,教师布置任务,学生利用开放实训室进行视频拍摄,再上传至蓝墨云班课,教师利用碎片化时间进行批改,并进行一对一辅导。

第三,期末终结性考核。根据学期计划安排,进行期末考核,同时纳入平时考核、实训考试成绩,按照一定的考核比例实现全过程性考核管理。

从上面梳理的基础护理技术操作项目和初级老年照护员证书考核项目的比较不难看出,老年照护证书考核的项目和基础护理基础操作项目考核的知识内容非常相近,操作流程和考核评分点大同小异,学生如果能在学好基础护理技术的基础上报考老年照护证书,考核难度并不大,如果基础护理教师在讲解类似项目的知识点时,为学生梳理出养老照护证书考试的风险点,在进行实践技能操作时及时提出养老照护考核项目操作中的难点和重点,各项目扣分的重要风险点,学生就能把两个项目的操作要点同时学会。这样既能为后期考取老年照护证书打下坚实的基础,也能保证报考"1+X"证书的通过率大幅度提升。但目前,学生中存在的主要矛盾是学生在学习第二学年专业课程时,课表安排得非常满,只能利用周末或者是晚上的时间去参加"1+X"证书培训学习,很多学生考虑到学习时间不够而放弃了报考相关证书。在这样的现实情况下,如果能将"1+X"证书教学内容和相关专业课程进行课程融通设计,有计划地将相同操作项目的知识点融入日常专业课程教学,那么就能很好地化解专业课程和"1+X"证书学习课时不够的矛盾,进而达到事半功倍的教学效果,在调动学生的学习积极性的同时,为学生将来毕业后就业竞聘增加更多的选择和可能性。

目前，我国老年人口较多，巨大的养老服务需求与专业化服务提供不足的矛盾日益突出，国家出台的《国家职业教育改革实施方案》，是促进技术技能人才培养模式和评价模式改革、提高人才培养质量的重要举措，是拓展就业创业本领、缓解结构性就业矛盾的重要途径。教育部及时推出"学历证书＋若干职业技能等级证书制度"，充分发挥教育资源服务经济社会发展的人才支撑作用，积极引导并推行应用型职业院校大学生职业能力建设，及时深化教育体制改革，为服务经济社会发展开辟了创新之路。我国已进入老龄化社会，

总而言之，""1+X"证书制度"是教育改革的重大举措，也是未来护理业教育发展的重要方向。高职院校在实践的同时，要不断地探索与总结，新时期背景下的基础护理教学改革，打破了传统教学思路，注重以学生为中心，加强各学科知识体系的融合，培养更高质量的技术技能人才。

第三节 "1+X"证书制度下助产专业课程建设

一、"1+X"证书制度下助产专业课程建设的必要性

我国颁布的《护士条例》中，首次从法律层面界定了助产士，要求助产士应当获得护士执照资格，符合任职标准才能够上岗，提出了对助产士岗位就职的具体要求。《护士条例》的颁布提出对我国助产士的更专业的素养要求，也促进提升了我国医疗卫生事业的整体工作水平。因为助产士要求执照上岗标准较高，故较其他专业目前存在较大的人才缺口。立足"1+X"证书制度背景下，"1+X"证书是在20世纪末期"3+X"基础上提出的新思路，从不同层面来讲其内涵不同，以专业教师所具备的综合能力来讲，"1+X"作为1项专业技能＋X项辅修类技能，对于人才培养教学，"1+X"可理解为一门基础专业课程＋X门专业群课程，而"1+X"证书顾名思义就是1项学历证书和若干项职业技能证书。

高职管理教育者和一线教师相关人员，都需要深刻了解将"1+X"证书融

入高职助产士人才培养中的重要性,能够形成强烈的责任担当意识。将"1+X"证书引入高职助产专业教学中,要在达到职业教学现有标准基础上,立足助产专业培养的人才所需,在"1+X"证书制度初期建设阶段,明确制度设立的目标,还要考虑两方面:一方面是否在"1+X"证书引入高职助产专业教学中,打造拥有一技之长的助产士专业教学需求,进而有力解决目前高职教学存在的脱离实际教学、专业教学脱离职业所需及学生脱离未来就业岗位等多种困难;另一方面"1+X"证书融入至高职助产专业教学中,还有助于提升整体师资团队的教学水平,让教师可以强化创新技能,由此胜任"1+X"证书教学,这也代表着高职师资水平的提升。

总而言之,"1+X"证书教学融入高职助产教学中,能够实现学校与医疗卫生保健行业的人才需求主动对接、专业主动对接行业、课程主动对接技术的综合进步契合过程。因此,高职有必要在助产教学中引入"1+X"证书,从而深入进行教学改革,把握高职人才培养机遇。

二、"1+X"证书制度下助产专业课程建设的策略

(一)科学的规划理论实践课程

高职助产专业人才培养方案,需要遵循我国的职业教育教学国家颁布的相关标准,在充分调研市场对助产士的人才需求基础上,明确就业岗位综合在校生、毕业生、行业专家、教育专家的多方意见,明确助产士高职人才培养的方向。在制定人才培养方案时,要坚持立德树人任务,深化"三全教育"变革,将立德树人贯穿思想道德、文化知识、技术技能、社会实践变革,贯穿教学体系。公共课时共占据总学时四分之一以上,选修课时所占总学时要达到10%以上,鼓励学生获得高认可度的行业等级专业证书,允许学生使用技能以及获奖专业证书用于专业素质教育学分。在助产专业实践教学中,实践学时所占总学时超出50%,推行认知、跟岗、顶岗等不同实习方式,强化育人目标实习实训考核评价。

（二）开发多元共享的专业课程接口

提供多元化服务，在开发"1+X"证书同专业领域时，大力合作开发初级、中级宽度口径的共享型课程接口，能够提供专业领域内的多元化"1+X"证书可选择机会。还可以为了将"1+X"证书制度更好地落实于高职助产教学中，还需要大力开辟专业的人员通道，与三级接口课程融入助产专业教学中，便可经过培训获得对应"1+X"证书。除此之外还可以健全高职的学分银行制度，可以将学生所获的证书，折合兑换为高职的学分，这样则可以真正实现"1"中课程与"X"证书的充分融合，甚至能够做到本科以上课程学习的成功转换学分。多元化的课程接口更是在高职 1+X 制度下的可行新机遇，融入助产专业教学中，能够有效解决目前高职教育发展失衡的问题，建设多样化的助产士技能型、服务型人才培养渠道，真正为未来助产专业学生能够进入社会良好开展工作保驾护航。

（三）教学方式多样课证的融通

在教学中可以采取多元化教学方式，应对学生上岗率较低，实际操作水平较差这一问题。在"1+X"证书教学背景下安排实操演练学习，积极转变专业教学方式。在现代化信息技术发展下，助产专业教学中可以运用多媒体、信息技术等教学，拓展学生的专业知识面，也帮助学生对助产实践操作技能的更透彻理解。教师还可以运用网络平台和学生之间更好地沟通交流，遇到问题可以及时解答，真正帮助学生了解更多助产士专业知识，提高专业培养质量。积极做好与培训评价组织联系、沟通，保障规范运行的同时，先后派教师到其他院校和新型母婴健康企业就课程实施、理实一体化课程单元项目实训教学、实训核心课程设计等方面如何和 1+X 职业技能等级证书制度对接融通进行技术培训；并选派教师到第三方培训机构针对首次 1+X 职业技能等级证书考核进行观摩和学习；召开专题教学研讨会，讲解实施方案、布置任务、核对工具清单，确保对接融通 1+X 职业技能等级证书制度工作落到实处。

通过"1+X"证书制度下助产专业的教学改革，专业教师对助产专业学生进行有关幼儿照护职业技能证书考试的宣传、动员、培训等工作，使学生更好掌握了相关的实践操作与理论知识。在培训中教师还仔细研读幼儿照护行业标准，修订了人才培训方案，保证了培训教学内容的针对性和实用性，提高了学生的学习兴趣和积极性，专业学习能力有了很大的提高。通过强化训练增强了学生动手操作能力、提升了学生的专业技能水平，对于进一步提升教育教学质量和学生的就业能力有很大的促进作用。

总而言之，在"1+X"证书制度课改背景下，人才培养目标明确，课程设置规范、正确处理1+X，切实保障教学方式多样。实行助产专业教学改革，能够极大地调动学生实践操作技能的掌握水平和学习积极性，并且为学生提供获取X证书的机会，也为今后更好地就业提供多样选择。满足社会对复合型人才的需要，真正提高高职院校助产专业人才的培养质量。

第四节 "1+X"证书制度下康复治疗技术专业课程建设

一、制订人才培养计划，建立实践教学目标系统

从目前我国一些高职院校所开展的康复治疗技术专业教学工作来看，存在着缺乏统一规划、起步晚、与国际康复人才标准化培养存在一定差距的问题，导致高职学生专业知识的学习能力参差不齐，针对人才培养没有形成一套比较完善、系统且科学的人才培养体系。而构建实践教学目标体系，拟定具体的高职康复治疗技术专业人才培养方案，不仅能够让学生在参与实践教学活动的过程中锻炼自身的专业技能，使其职业素养和专业技能达到职业技能证书考核的标准，而且同时还可以为学生今后的就业提供一定的支持。鉴于此，教师在开展康复治疗技术专业教学工作时，就需要明确专业定位和人才培养的目标，有针对性地开展康复治疗技术专业实践课程体系构建工作。

例如，教师在康复治疗技术专业教学工作当中，可以从多个方面来开展：

①深化"1+X"证书制度。在此过程中，需要根据职业技能等级证书的考核内容来为学生构建相应的实践目标体系，并将其纳入专业课程教学体系和人才培养方案中来，从而让康复治疗技术专业教学更具实效性；②从学生的基本职业素质、就业能力和职业发展能力等方面来展开人才培养工作；③在拟定高职康复治疗技术专业人才培养方案时，要以学生的康复治疗能力培养为重点，大力推行学历证书与职业技能等级证书的结合，从而让学生在考取中级、高级职业资格证书以及技师职业资格证书的过程中，逐步实现职业技能等级证书与学历证书培养内容的融合和衔接；④以就业为导向，向学生灌输一些职业教育理念，以培养实用型康复治疗技术专业人才为宗旨，密切和国内外一些专家、学者之间的沟通交流，进而明确"康复评定技术""康复工程技术""运动治疗技术""神经病学"等一些核心课程的实践教学目标。

二、探索人才培养模式，建立实践教学内容体系

实践教学内容是实践教学目标的具体化表现，在"1+X"证书制度下的高职康复治疗技术专业教学当中，想要真正做好课程体系的构建工作，不仅需要教师拟定人才培养方案，构建实践教学目标体系，同时还需要积极寻求和探索新的人才培养模式，构建实践教学内容体系。但是，从目前高职康复治疗技术专业实践教学内容体系的构建情况来看，一些传统的专业理论与实践课程在安排上是不利于学生学习和熟练掌握专业技能知识的，尤其体现在理论与实践教学交替安排得不合理、实践教学内容相对缺乏、学生在课堂所学的专业知识过于驳杂等方面。面对这种情况，需要教师在坚持"1+X"证书制度下，寻求和探索新型的人才培养模式。

例如，教师在教学工作中，一方面，为了实现对学生康复治疗技术专业能力的培养，可以根据学生专业能力的高低对学生进行合理化分层，着重将各个实践教学环节进行合理化配置，从而让实践教学内容在安排上更具层次性和有效性。另一方面，则需要为学生增添一些综合性和实践性强的实训项目内容，着重带领学生完成"针灸技术""物理因子治疗技术""中国传统康复技术"

等实训项目开发工作，切实加强学生实践方面的训练，从而让实践教学内容体系的构建更具效果。另外，教师还应该将实践教学的目标落实到实践教学的各个环节中，从而让学生熟练掌握较为完整的专业技能。

三、开展职教培训活动，建立实践教学管理体系

在当前高职康复治疗技术专业实践课程体系构建过程中，为了让专业实践课程体系的构建更具实效性，需要做好实践教学管理体系的构建工作。但是从目前专业实践课程体系的构建情况来看，不仅缺乏符合当前高职康复治疗技术专业教学学情的实践教学管理制度，而且同时相关的专业评价体系也比较缺乏。面对这种情况，教师应加强对实践教学管理体系构建的重视程度，试着组织开展职教培训活动，从而切实提升学生的专业能力。

例如，教师在搭建实践教学管理系统时，一方面，需要从人才培训基地的建设、专业学生和校外人员的培训以及评价体系的完善和发展入手，实现实践教学管理制度的完善和明确。做好相关教学计划和教学管理制度的建设工作，让实践教学活动的展开真正做到有章可循；另一方面，则需组织开展职教培训活动，并鼓励和引导学生踊跃参与，在实际参与的过程中提升自身的职业能力。在此过程中，教师需要将培训内容的相关证书与考试相联系，将培训的内容和证书考核的考点结合起来，如当中级、高级职业资格证书以及技师职业资格证书考试当中涉及有关"作业治疗技术""儿童康复"以及"老年康复"这些内容时，教师应将其作为职教培训的重点对高职学生和校外专业人员展开系统化的培训。

四、打造专业教师团队，建立实践教学保障体系

从目前一些高职院校构建高职康复治疗技术专业实践课程体系的情况来看，虽然有较多的教师开始并尝试做好专业实践课程体系的构建工作，但是一些教师却并不具备康复治疗相关的实践经验，自身的专业知识体系也相对比较

缺乏，进而导致高职院校构建高职康复治疗技术专业实践课程体系难以顺利且有效地进行下去。面对这种情况，就需要着重构建起实践教学保障体系，打造更加专业化的教师团队。

在构建实践教学保障体系的过程中，一方面，选择具有鲜明实践教学特色的职业训练校外基地，适当加大项目经费方面的投入力度，从而在加强专业教师团队建设的基础上，做好双师型教师的培训和养成工作。另一方面，深入解读"1+X"证书制度的内涵，并在此基础上积极引进优秀的康复治疗技术专业人才，以此来加快高职康复治疗技术专业实践课程体系构建的步伐。比如，当一些高职院校的教师对于"言语治疗技术"这一节内容了解不够深刻，难以进行这方面的操作演示时，就可引进对作业治疗技术熟练掌握的专业型人才。

总体而言，在如今高职康复治疗技术专业实践课程教学当中，深度挖掘"1+X"证书制度的内涵，实现专业实践课程体系的构建，其根本目的在于改变传统的高职专业教学模式，让康复治疗技术专业实践课程教学更加适合并满足人才市场对于康复治疗人才的需要。在"1+X"证书制度下构建合理的实践课程体系，不仅让学生可以更加系统化、规范化地学习一些专业知识内容，同时还可以实现对学生实操能力的培养，为今后职业技能等级证书的考核以及就业打下坚实基础。教师在基于"1+X"证书展开高职康复治疗技术专业实践课程体系构建工作当中，既要拟定人才培养方案，又要积极寻求和探索新的人才培养模式，组织开展具体的职教培训活动。当然，为了切实加快高职康复治疗技术专业实践课程体系的构建，还需要打造专业化的教师队伍，并通过创新校企合作的路径，促进高职康复治疗技术专业获得长远发展。

第五章 "1+X"证书制度下专业课程体系建设的创新实践

第一节 "1+X"证书制度下建筑工程管理专业"产教融合"课程建设实践

一、课程建设路径

第一,"1+X"证书制度下建筑工程管理专业"产教融合"课程构建的依据:①职业岗位及职业标准能力。对建设工程管理专业的毕业生就业岗位进行分析,对建筑企业进行调研,确定建设工程管理专业毕业生就业岗位对应的"X"证书。②人才培养总目标。建设工程管理专业的培养目标是学生掌握施工过程质量监督与进度管理、资料管理、施工成本控制、建设工程施工现场安全文明管理、工程合同管理、建筑信息模型(BIM建模)、项目组织与管理等知识和技术技能,培养面向BIM技术、施工现场安全管理、现场监理、资料管理等职业技术领域的复合型技术技能人才。

第二,确定课程及知识内容。以职业岗位及职业标准能力和人才培养总目标为核心依据,遵循课程内容与人才需求相匹配原则,在课程内容设置时要考虑到产教融合和校企协同育人的大背景,并将BIM融入课程体系。建设工程管理专业实践的内容应遵循能力本位原则,可根据"1+X"证书制度改革要求来对课程体系进行架构和实施。近年来,BIM技术人才需求量越来越大,但培养规模难以跟上行业发展速度,迫切需要将BIM融入教学内容。

第三,课证融通,重构实践课程体系。根据职业岗位及职业标准能力确定的证书来确定"X"证书对应的实践课程内容。课程内容的设置上除基本的职业知识技能以外，还应补充行业最新技术和最新规范，扩宽知识领域，实现课证融通，满足"X"证书的技能需求。

二、课程体系保障

第一，构建"双师型"教学团队。理论知识扎实、岗位技能精湛的教师团队是保证"1+X"证书制度下实践课程体系顺利实施必不可少的条件，应根据课程体系将建设工程管理专业教师分为BIM技术教学团队、质量安全教学团队、监理教学团队、资料员教学团队，团队教师应考取相应的"X"证书，并结合考核内容有针对性地丰富教学内容。

第二，校企联合共建实训基地。可由校企共同策划实训室的建立及实训室软件、设备的购买，并将企业实际项目融入课堂实践，让学生共同进行分析研究，承担项目任务，充分发挥校企合作的优势，有效提升学生的实践能力和知识体系的系统性、综合性。

第三，优化实训教学模式。教学团队围绕教学、考证、培训一体化进行教学模式改革，在实践教学上可将现代学徒制与企业岗位培训模式相融合，由教学团队负责与企业进行对接，不断优化教学内容，形成教学特色，提高教学质量。

第二节 "1+X"证书制度下人才培养的"课证融合"课程体系建设实践

在"课证融通"的新式课堂体系中，"主要侧重培养综合技能复合型人才，将具体所需专业培养内容融入新式课堂中，将理论知识灵活运用到具体的实践过程中，完善授课体系，提升整体授课质量，在培养学生创造性、思维活跃变通性等具体相关实践能力的同时也不断对其职业素养以及钻研精神工作态度等各个方面进行深度优化"[1]。在新式的教学课堂体系中，任何方面的提升都不是独立存在的，在进行基础教育的同时也要注重提升综合实力，传授理论知识

---

[1] 潘静波，陈珍子．"1+X"证书制度下人才培养的"课证融合"课程体系探究——以金融投资类专业为例 [J]．职业技术，2021，20（7）：61．

的同时也要注重其在实践中的运用,适应市场需求时也要考虑国际大发展环境。下面以金融投资类专业为例进行阐述。

一、课程体系的重构

(一)课程体系的重构要点

1.知识体系的复合化交叉,课程内容模块化重构。

专业课程体系以行业需求和发展确定培养方向,确定资产配置业务技术、投资者维护技术、投资风险管理技术三个方向,针对各大方向的具体性质,确定各自所需的发展要求与技能达标要求,不断丰富课程内容,优化整体结构。将专业技能与产业发展要求相对接,课程内容安排与具体职业相对接,以实现学生在"X"技能考核中能应对自如。

一直以来对于技术型人才的培养都是单一的培养模式,一般而言,在高职学校的传统教学模式中,会具体划分技能专业,针对各个不同技术领域分别进行培养相关的技术人才。但面对现有的经济社会发展变化情况,市场对技术综合性人员的需求不断扩大,因此对于技术人才的培养方式也可转变为跨专业的协同培养模式,通过各专业的互通交融,将其融合在一个整体大范围之内,这也就使得传统的技能分工培养模式转变为专业内培养模式。

2.课程体系难易化分层,进行个性化培养实施。

"1+X"证书下应赋予学生更多的专业课程学习的选择权,而且可以进行动态优化和调整,既有广泛的知识结构底层搭建,也有一至二项金融技能所长,形成"广基础而深专业,精知识而专能力"的复合型素养,并且打通从基础金融技能人才逐渐转向中高级金融技能人才的培养通道。

我们可以优化重组课程内容体现难易分层,个性培养,在保持公共基础课程不变的基础上,如图5-1所示,专业的基础技能、核心技术能力培养、相关专业技能扩充等课程都属于职业能力培养课程的内容。

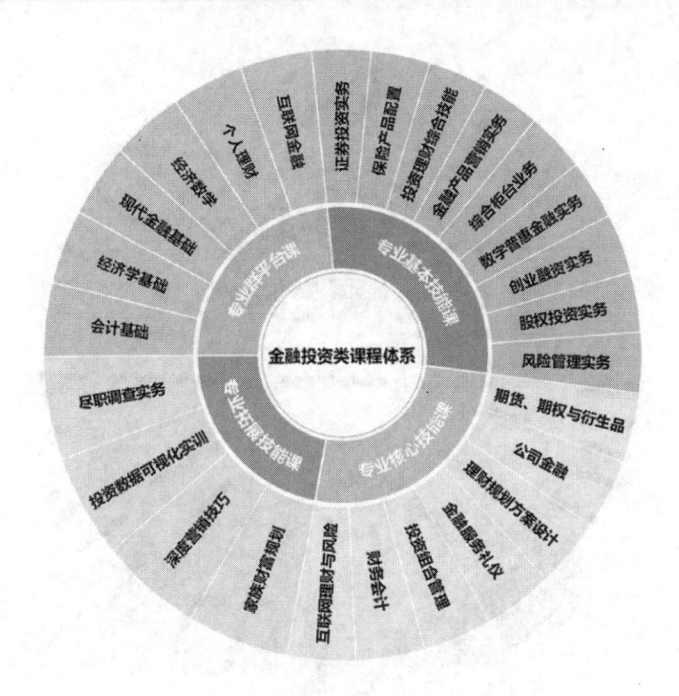

图5-1 "课证融通"优化重组课程

（二）课程体系的重构设计

根据金融行业用人需求及岗位能力要求，具体的"课证融通"新模式授课体系如图 5-2 所示。

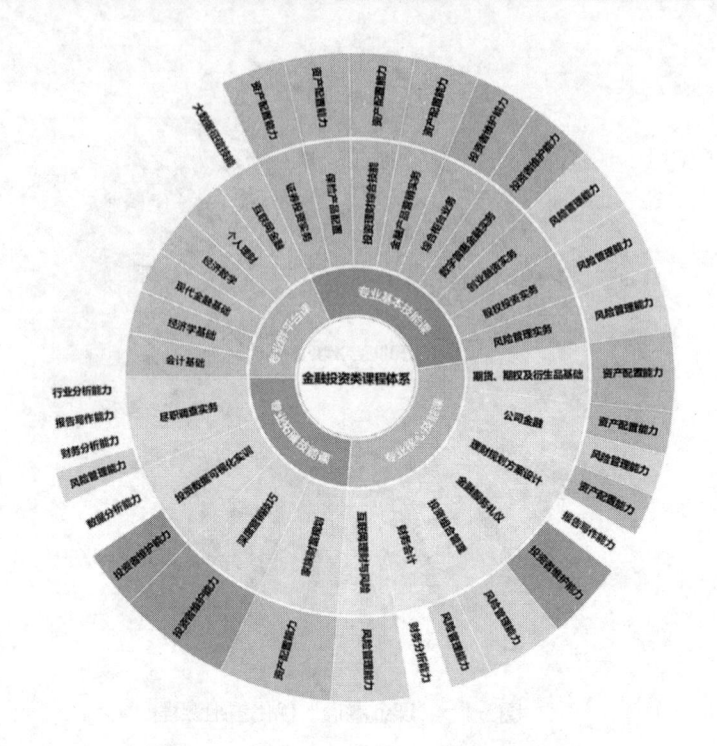

图5-2 "课证融通"课程对应职业技能能力

"1+X"证书制度下的课程体系，使学生们充分掌握相关的金融知识与具体实践操作流程，以及具体实施环节遇到突发问题的解决思路，成为综合实力较强并具备创新应用能力的综合型复合金融技术人才。

内核第一圈是职业课程类型圈，顺序依次是专业群平台课、基础技能培训课、核心要领掌握课、技能拓展培训课对应内核第二圈是重组课程内容圈，第三圈是职业技能及能力圈。第三圈的和职业技能及能力圈按橙色、蓝色、紫色、白色进行分类，分别对应资产配置业务技术能力、投资者维护技术能力、风险管理技术能力等其他相关技术能力。

如图 5-2 所示，学生通过公共基础课——专业群课——专业基本技能——专业核心课程，在学期考核中专业学分达标即符合毕业要求，可授予毕业证书。当学生获得资产配置业务技术、投资者维护技术、投资风险管理技术对应课程或者模块考试，即可获得相应的等级证书，还可以选修拓展课程通过考核之后也会为其颁发技能等级证书。

二、课程体系的实施保障

第一,组织"1+X"金融投资类证书开发。联合金融行业协会、金融行业专家、金融投资一线资深专家、职业教育课程专家、骨干教师,对于技能型复合人才的具体标准进行科学分析后确定,并对教授课程以及具体的人才培养计划做出完善。充分考虑"1+X"证书的多元模块课程,以完善证书制度。

第二,建立"深度学习"的课程实施。"1+X"证书制度服务于行业人才培养,必须要让学生从"浅层学习"转变到"深度学习"。所培养的技能复合人才要懂得将理念运用到具体实践中,先要创设产教融合的学习情境,通过实训实践、学科竞赛、社团活动、仿真软件和实训平台,承载多元能力的可能。其次,搭建学生学习成长过程中"援助伴侣",在面临困难和问题的时候,能够提供适当的帮助和指引,成为引导者、促进者、帮助者。

第三,培养兼容双元的培训师团队。改变教学的单向循环,转变教师思想,形成教学与培训并重,开通教师培育通道,先形成"学校教师"变"培训讲师"的角色转变,赴先进地区和院校研修、入校企合作企业实践实习、去对应证书模块培训机构培训,形成完善的培养体系,形成兼容双元的培训师团队。

综上所述,"双高建设"之下"新商科"建设,通过"1+X"证书制度可以重塑新金融复合型高技能人才培养的模式,通过课程体系优化重组改变"路径依赖",创新"新商科"人才培养模式。"1+X"证书制度有利于用人单位对求职者的胜任力有清晰了解,精准配置合适岗位,实现"企业为主体、市场为导向、产教深度融合"的教育质量治理路径,有益于深化产教融合培养金融复合型技术技能人才培养。

第三节 "1+X"证书制度下物流管理"课证赛"融合的课程体系建设实践

一、"课证赛"融合课程体系建设的内容

第一,"课证赛"融合课程体系的构建思路。物流管理专业课程是学生参加学科竞赛和职业技能等级证书考试的理论基础,职业技能等级证书、学科竞赛则是对理论知识的升华、实践应用与扩展,学科竞赛与职业技能等级证书也存在一定的交叉性,三者相互交叉融合,成为构建课程体系需考虑的三大要素(图5-3)。因此,构建"课证赛"融合的课程体系的基本思路:以行知学院现行的物流管理专业人才培养方案作为参考依据,以新文科建设及"1+X"证书制度的不断推进为契机,以学科竞赛为重要抓手,融合物流职业技能等级(高级)、供应链管理师等考核标准,增设与专业相关的跨学科跨专业的课程群,构建以素质培养、知识积累、技能提升为主线的课程体系。

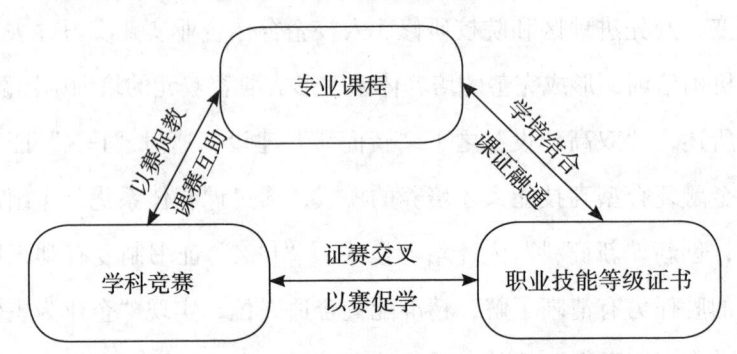

图5-3 专业课程、学科竞赛、职业等级证书关系图

第二,"课证赛"融合的课程体系。"课证赛"融合的课程体系(图5-4)不仅能够促进物流管理专业的教学改革与创新,还有利于培养学生跨领域知识的融通能力,培养学生团结协作能力和实践创新的精神,锻炼学生的实践动手能力,提高学生的综合素质,增强学生的就业竞争能力。同时,该课程体系可以不断提升教师的教学业务能力,转变教师的教学理念与方法,增强教师的实践能力,拓宽教师的知识视野。

第五章 "1+X"证书制度下专业课程体系建设的创新实践

"课证赛"融合的课程体系：

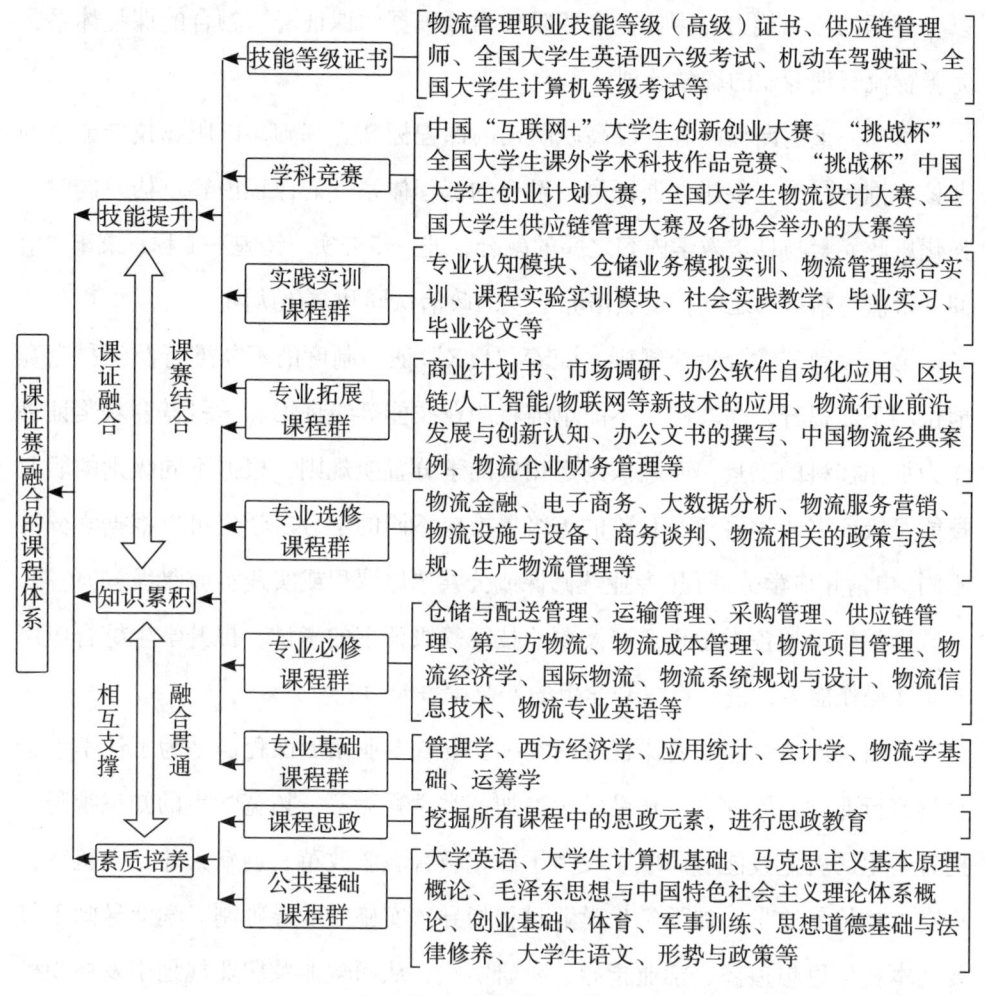

- 技能提升
  - 技能等级证书：物流管理职业技能等级（高级）证书、供应链管理师、全国大学生英语四六级考试、机动车驾驶证、全国大学生计算机等级考试等
  - 学科竞赛：中国"互联网+"大学生创新创业大赛、"挑战杯"全国大学生课外学术科技作品竞赛、"挑战杯"中国大学生创业计划大赛，全国大学生物流设计大赛、全国大学生供应链管理大赛及各协会举办的大赛等
  - 实践实训课程群：专业认知模块、仓储业务模拟实训、物流管理综合实训、课程实验实训模块、社会实践教学、毕业实习、毕业论文等
- 知识累积
  - 专业拓展课程群：商业计划书、市场调研、办公软件自动化应用、区块链/人工智能/物联网等新技术的应用、物流行业前沿发展与创新认知、办公文书的撰写、中国物流经典案例、物流企业财务管理等
  - 专业选修课程群：物流金融、电子商务、大数据分析、物流服务营销、物流设施与设备、商务谈判、物流相关的政策与法规、生产物流管理等
  - 专业必修课程群：仓储与配送管理、运输管理、采购管理、供应链管理、第三方物流、物流成本管理、物流项目管理、物流经济学、国际物流、物流系统规划与设计、物流信息技术、物流专业英语等
  - 专业基础课程群：管理学、西方经济学、应用统计、会计学、物流学基础、运筹学
- 素质培养
  - 课程思政：挖掘所有课程中的思政元素，进行思政教育
  - 公共基础课程群：大学英语、大学生计算机基础、马克思主义基本原理概论、毛泽东思想与中国特色社会主义理论体系概论、创业基础、体育、军事训练、思想道德基础与法律修养、大学生语文、形势与政策等

（课证融合、课赛结合、融合贯通、相互支撑）

图5-4 "课证赛"融合的课程体系

二、"课证赛"融合课程体系建设的策略

第一，进一步完善教学计划。高职院校很多的物流管理专业教学计划是以现行的人才培养方案为主，存在个别课程前后衔接安排不合理、交叉融合的课程较少、课时分配不合理等问题。完善教学计划能够为教学工作指明方向和目标，有利于发挥教师主导作用，科学系统地处理教材之间和课次之间的关系，有计划、有目的、有组织、有步骤地进行教学活动。同时，还有利于教师检查和总结教学工作，及时发现和解决问题，并总结相关经验，逐步提高教学质量

以及教师的业务能力。因此，高职院校需要根据"课证赛"融合的课程体系，完善物流管理专业的教学计划。

第二，重构课程内容。以高职院校的课程标准为基础，以职业技能证书的考核标准为扩充，促进"课证赛"融合的课程体系下的课程内容重构。同时，强化思政元素与日常教学内容之间的融合，进一步夯实"铸魂"工程，筑牢"信仰、价值与精神"之基，重点培养学生的政治认同和文化认同。

第三，制定学分置换规则。随着"1+X"证书制度的不断推行及学科竞赛地位的不断提升，高职院校不能单纯将职业技能等级证书和学科竞赛获奖证书作为抵扣挂科的工具，而应该制定相应的学分置换规则，根据不同级别的职业技能等级证书或学科竞赛获奖的等级置换成不同的学分。学生可以根据学分的不同，申请相应学分课程（专业选修课或公共选修课程或实践实训课程）的免修，以鼓励学生参加各类学科竞赛及职业技能等级证书的考试，提升学生综合应用及实践操作能力，进一步提升学生的就业竞争能力。

第四，推进专业拓展课程群的实施。设置专业拓展课程群是为了让学生了解物流行业的发展前沿、辅助学生参加各类学科竞赛、拓宽学生的知识视野、提升学生的就业技能。高职院校为了深化教育教学改革，创新人才培养机制，提高人才培养质量，加强学生学业过程指导，实施学业导师制。学业导师不仅要在本科生思想道德、学业指导、科研实践、从而学业及职业规划中发挥积极向上的引导作用，还要更好地将专业拓展课程群的课程、学科竞赛、职业技能等级证书融入学生的学业过程中。因此，高职院校应赋予学业导师应有的职责与权力，让专业拓展课程群及早落地。

总而言之，"1+X"证书制度、物流管理与工程类专业新文科建设以及大学生学科竞赛三者相互交叉融合，成为构建"课证赛"融入的物流管理专业课程体系的重要组成部分，也为培养新时代应用型、复合型物流管理专业人才提供重要保障，下一步的重点任务是重构课程标准与课程内容。

第六章 "1+X"证书制度下人才培养的模式与评价

第一节 "1+X"证书制度下职业本科人才培养模式

"1+X"证书制度"与高职院校产教融合下的专业技术人才培养需求层面、专业技术人才质量提升、专业技术人才评价制度优化、育人资源配置完善这些方面具有系统的内在契合性"[①]。虽然从理论层面来看,"1+X"证书制度下的产教融合人才培养模式具有较强的可行性,但是在实际贯彻和落实中仍存在一些现实问题,如校企融合育人资源配置不高、专业化人才培养实践指导能力弱、配套证书管理制度不完善、专业化人才培养评价体系缺失等。这就需要通过校企共建与产教融合,创新改革育人资源配置;通过企业实践指导与院校教育融合,构建"1+X"证书实践指导体系;通过校企联合改革与制度完善,健全"1+X"证书配套体系;通过多方参与机制与综合评价,完善"1+X"证书专业化人才评价体系等路径来完善高职院校专业人才培养。

一、"1+X"证书制度与职业本科产教融合人才培养模式的契合性

(一)"1+X"证书制度与产教融合人才培养需求层面的契合性

"1+X"证书制度和高职院校产教融合的专业人才培养模式之间的内在契合性,首要体现在"需求"层面。一方面,我国经济与科学技术不断发展与进步,

---

[①] 戴岭,程广文,刘冬冬,屈静如."1+X"证书制度下高职院校产教融合人才培养模式:内在契合性、现实困境与消弭路径[J].实验技术与管理,2021,38(11):247.

对复合型技术技能人才的需求进一步加大，而"1+X"证书制度能够在很大程度上满足这一日益增长的庞大需求。另一方面，我国对高职院校产教融合的人才培养要求具有较强的严谨性、规范性，赋予了高职院校主动向市场、社会提供优质人才，促进就业市场稳定发展的社会责任。"1+X"证书制度实现了社会用人需求与学历教育之间的矛盾融合，既能够做到学历教育的完善，又能够针对当前不断变化的社会人才需求，提供专业对口、技术吻合的实践型人才，是解决当前复合型技术技能人才匮乏问题的"良方"。

（二）"1+X"证书制度与产教融合人才质量提升的契合性

现代科技革命的不断创新，带来了传统产业的分化，新的产业和业态不断出现。为了推动产业的转型升级发展，势必要转变高职院校的教育现状，提高培养人才的素质和质量。与此同时，产业转型升级对人才质量要求提高，人才市场竞争力增大，就业压力增大。我国职业证书领域长期存在"证出多门"的现象，很多证书并不能很好地证明持有者的能力，很难通过市场的检验，并未减轻高职院校毕业生的就业压力。"1+X"证书制度的出台与实施，能够有效规范职业技术技能的考核与证书的发放，提高证书的含金量，技术技能人才质量也会得到相应的提升，为高职院校产教融合的专业人才培养模式的改革提供了良好的出路。这与高职院校产教融合的专业人才培养模式的目标一致。

（三）"1+X"证书制度与产教融合人才评价制度优化的契合性

传统的职业资格鉴定在职业能力评价、鉴定手段方面相对滞后，很难完全对技术人才的技能水平进行鉴定，也很难对一些没有学习档案记录的技术人才的技能进行评定。如今，企业对技术人才的要求不再局限于岗位对应的工作技能，还包括对生产与服务对象需求的感知能力、行业最新技术的学习能力、良好的团队合作与沟通能力。市场评价人才的方式和角度的变化也使"1+X"证书制度应运而生。"1+X"证书制度的实施要求技术技能证书的鉴定机构更具权威性，人才评价制度更具规范性。引进优质的企业参与到专业证书的评价中，这与当前高职院校产教融合人才培养中的评价导向相互呼应，具有良好的契合性。

（四）"1+X"证书制度与产教融合的育人资源配置优化的契合性

职业教育改革所涉及的教材、教法、教师，均能够通过"1+X"证书制度体现出来。其中，教材层面要求迎合"1+X"证书制度，着重加强职业技术技能等级标准中新技术、新工艺的体现，在教材设置中形成新的内容知识体系，从而能够支持"1+X"证书制度的实施；教法层面强调实践训练与职业教育过程中知识向技能培训的转变高度吻合，通过校企合作、复合型人才孵化基地建设、实训室构建，使"1+X"证书制度能够落到实地；教师层面要求强化师资力量培育，全面提升教师专业化、市场化、全局化和发展化的视野。职业教育的改革创新对师资力量培育提出了更高的要求，而"1+X"证书制度的实施也同样需要扎实的师资力量作为后盾。总而言之，"1+X"证书制度的充分贯彻落实与高职院校产教融合的育人资源改革创新形成了鲜明的契合点。

二、"1+X"证书制度下职业本科产教融合人才培养模式改革路径

（一）通过校企共建与产教融合，创新改革育人的资源配置

面对"1+X"证书制度下一些高职院校专业人才培养教育资源配置不高、产业融合深度不够的问题，应充分利用企业的丰富资源，打造校企共建合作，加大产教融合深度，从而基于企业物资丰富育人资源，并将其进行合理配置。

第一，提高教师承担职业技术技能育人业务的能力，打造一支理论水平高、实践能力强的教师团队。"1+X"证书制度的主要实施者为高职院校的一线教师，教师的职业素养和能力是推进职业教育发展的基础。因此，提升教师的专业化水平、优化素质与能力结构、提高职业与职场意识就显得尤为重要。首先，及时更新高职院校教师的岗位任职标准。将教师的"X"技术技能水平纳入教师考核的标准当中，构建完善的教师岗位考核体系。其次，构建复合型教师的培

训机制。高职院校应充分利用社会关系、高校关系、政府扶持等，使教师通过校外培训、出国访学、继续教育、企业实践等路径不断拓展专业技能，进一步提高任教能力。最后，打造"双师型"教师队伍。由高职院校与企业建立教师培养合作关系，分别对专业与非专业教师进行全方位的培训，促使他们在"1+X"证书制度实施过程中形成合力。

第二，加强专业配套教材的开发与课程论证工作。教材和课程安排是实现"1+X"证书制度下人才培养的工具，促进教师完成与专业相关的特色教材以及校本教材的编写工作，为高职院校人才培养夯实基础。将生产过程与教学过程对接，产业发展和教学内容对接，新时代下的职业标准和职业要求与教学标准相对接；对"X"证书考试的考纲考点进行梳理解析，并与当前的课程设置和教学大纲相对应；将考试考点融入教学内容，将考试真题加入授课案例和课程测验，帮助学生构建知识结构，建立专业知识体系。

第三，积极深入探索产教融合。邀请更多的优质企业参与到学校培训教学资源库的建设中。在高职院校的教学中，应探索组建一支企业专家参与"X"证书培训的队伍，构建教师、企业轮训模式。一方面积极利用优质合作资源不断推进专业教学资源库建设；另一方面强化新技术、技能、工艺、规范的融入，从而以产教深入融合实现专业人才培养。

（二）企业实践指导与院校融合，构建"1+X"证书实践指导体系

在"1+X"证书制度的实施过程中，高职院校应该鼓励学生尽量多考取技术技能证书，然而证书是否能够在实践中真正发挥作用，对于学生而言是很难把控的。高职院校在产教融合人才培养当中应重点着手构建"X"证书的目标实践指导体系，通过企业的重点参与，使企业实践指导与院校的辅导相结合，保证学生考取具有较强实用性的证书，避免出现"纸上证书"的情况。

第一，各高职院校应充分结合产教融合的实际需求，自主确立在国家规章方案指导下、契合自身现状、有利自身发展的"1+X"证书制度改革工作的基本原则和实施细则；确立好院系统一管理，各专业和学科负责人领导、专任教

师具体落实、学工及辅导员协助的三层次组织架构；加大统筹力度，构建多主体的协同工作机制；制定科学规范的岗位责任制，明确各责任人的详细职责；建立动态闭环管理机制。同时建立配套监督考核机制，全面覆盖"X"证书的各实施环节，保障其规范性。

第二，细化"1+X"证书制度工作管理办法，使取证工作合理、合法、规范推进。各院系结合自身实际情况和专业特点，与企业建立长期的人才培养合作关系，并有针对性地制定人才培养基本目标，准确把握专业定位，突出专科教育特色，提高证书含金量，彻底实现"产"与"教"的融合。通过设立"X"证书与就业指导专业课，向学生传授"X"证书考取选择的相关知识。其中，"X"证书与就业指导专业课应由企业导师和院校老师共同承担，避免学生在"X"证书的取得上走弯路。

第三，加强学科专业群的建设，提高职业岗位迁移性，以专业群的优势形成集聚效应和集群合力，打造技术技能人才培养基地和创新创业服务平台。通过专业群对接产业链，让人才培养标准和课程标准对接专业标准及行业标准，提高职业技能人才培养指导体系的灵活性与准确性。

（三）完善校企联合改革与制度，健全"1+X"证书配套体系

第一，促进学分银行、校企联合管理等配套制度改革。所谓"学分银行"指的是以学分累积为方式、以需求为导向的新型学分制。学分银行的出现标志着现代高职院校教育生态化不断深入。从某种程度上而言，学分银行的出现对"1+X"证书制度的实施具有一定的推进作用，同时还会对高职院校的学分制改革、课程开发、专业设置、多学期制度构建等产生影响。具体而言，就是由高职院校与企业共同参与学分银行制度的顶层设计和内部连通，确定学分换算和流通的具体措施及要求。建立学分银行与不同课程、不同职业技能证书之间的协同关系，确定合理的专业课程学分、职业技能学分、机构培训课时学分、不同行业间证书学分的换算机制，从而辅助"1+X"证书制度的精确实施，同

时也能够将企业的需求以及高职院校的实际情况充分考虑在内，达到更好的培养效果。

第二，建立严格的"1+X"证书授予资质管理机制。一方面，严格考察高职院校的教学以及科研实力，给予教学能力高、科研实力强的专业"X"证书的授予权；另一方面，各级教育行政部门应对各高职院校的专业资质、资源情况做好定期的规范化验收摸查，秉承公正公开的原则，避免功利性选拔，并建立退出机制。同时进行相应的整合分析，科学确定"X"证书的授予权分配。在确定授予权后还应定期进行考核，以保证授予证书的质量。此外，关于"1+X"证书的授予资质管理机制应有企业参与监督，保证资质授予的合理性。

第三，完善以专业群为基础的职业技能等级证书考证指南。5G、云计算、大数据、人工智能等创新科技将企业引入了智能化时代，导致了职业结构呈扁平化发展趋势，职业与职业间的边界变得模糊，高度相似的专业型技术技能人才成为某些产业群的普遍需求。因此，需要进一步扩大学生的学习选择空间。这种扩大需要打破传统的专业和学制界线，这也间接加快了专业群的建设。学生可根据自己的职业规划或自身特长考取专业群内的职业技能等级证书。同时，高职院校需联合企业搭建职业技能等级证书考证指南答疑网站，为广大学生答疑解惑。

（四）多方参与机制与综合评价，优化"1+X"证书人才评价体系

"1+X"证书制度人才评价体系是指融合学历教育评价和职业技术技能等级评价的一种综合性评价体系。通过人才评价体系的构建，能有效推动实践技能考核以及过程性考核发展，从而形成多元评价机制和反馈机制，提高学习者的学习主动性，进而提高学习有效性。构建以目标为导向的职业教育人才背景评价、以强基为宗旨的职业教育人才输入评价、以调查监督为路径的职业教育人才过程评价、以改进为抓手的职业教育人才培养结果评价为基础的"1+X"证书制度人才评价体系，首先需要紧密结合生产劳动实际，从社会实践需求出发。其次需要根据国家职业标准和国际先进标准，将新的技术、工艺、规范等融入评价体系当中。最后需要依据不同职业技术技能等级的特征，分别设置对

应的评价标准。在构建"1+X"证书制度人才培养评价体系内容中，可以分为品德修养、知识要素、专业能力和综合能力等层面。

第一，品德修养是"1+X"证书制度人才培养评价体系中的首要内容，包括学习者的政治品质、道德修养、工作作风、专业品德等方面，是现代高职院校技术技能人才培养的重要维度。

第二，知识要素是"1+X"证书制度人才培养评价体系中的基础内容。依据社会与市场发展对专业人才的需求，综合性知识的重要性更加凸显。因此，需要将相近、相关的跨学科知识进行合理的层次化、集成化，从而构建专业群课程体系。构建的课程体系要更有利于复合型技术技能人才的直接评价。

第三，专业能力是"1+X"证书制度人才培养评价体系的核心内容，也是当前各行业领域最迫切需求的能力。

第四，综合能力是"1+X"证书制度人才培养评价体系的导向内容，包括就业能力、创新能力、创业能力、工作能力等方面。综合能力的培养也是高职院校人才培养的重要目标。构建"1+X"证书制度人才培养评价体系，除了要明确该评价体系的重点内容，还需要切实优化针对学生的评价考核方式，结合不同公共基础课程、专业教育课程的特点确定更适宜、更科学合理的评价方式。

总而言之，"1+X"证书制度是职业教育领域重点关注的内容，也是职业教育发展中的关键切入点。"1+X"证书制度是学历教育与非学历教育的结合，有利于突显高职院校办学特色，促进复合型专业技术技能人才的培养，深化推动产教结合、校企合作。"1+X"证书制度下高职院校产教融合人才培养模式的完善需通过育人资源配置的改革创新。在构建"1+X"证书人才培养实践指导体系和"1+X"证书制度人才培养评价体系的同时推动产教深度融合，并完善"1+X"证书制度的配套管理制度体系。对"1+X"证书制度的完善并不是简单的优化与修补，而是高职教育人才培养模式和企业需求、社会评价的系统整合，更是产教融合的深层次创新。希望通过"1+X"证书制度的实施，高职院校、政府、社会组织等多方能够协同合作，共同促进高职院校人才培养模式的变革和办学组织形式的创新。

第二节　"1+X"证书制度下职业本科人才质量评价

一、"1+X"证书制度对人才质量评价提升意义

"1+X"证书制度的实施，对学生质量提出了更高的要求，所以院校的人才质量评价也要发生相应的改变。"1+X"证书制度"使高职院校在重视学历教育的同时也进一步加强了学生职业技术的培养，使两者达到兼顾。并且还有利于校企合作的实现、有利于高职院校学生的人才质量的提高、也有利于我国的职业技能等级证书制度的设置与完善"[①]。

二、"1+X"证书制度下人才质量评价体系分析

（一）"1+X"证书制度下人才质量评价的主体

对高职院校人才质量进行评价，首先应明确"谁"来评价，也就是高职院校人才质量评价的"主体"。在"1+X"证书制度背景下高职院校人才培养质量评价的主体发生了改变，学校自我评价不以政府与教育行政部门为出发点，企业、政府、高等职业学院和第三方评价组织都参与评价工作。在"1+X"证书制度下人才培训的评价不仅需要教育部门完成，而是需要多方组织协调进行。

1. 政府组织

政府将"1+X"证书的实施工作移交给培训评估组织，由培训组织负责组织、指导和监督。政府评估是教育行政部门组织的评估，它根据国家建立的评估体系，对学校人员的培训质量进行科学公正的、完整的评估。政府的评估执行力相对较强，由于政府主导型的评价在执行过程中会存在的一些问题，如不能突出学校的办学特色，评价的结果具有政治性以及片面性等，所以需要弱化政府

[①] 张悦，孙铭."1+X"证书制度推动高职人才质量评价研究[J].辽宁高职学报，2022，24（10）：20.

直接参与评价的功能,把相关工作下放到企业组织与高职院校相关的教育人员手中,政府主要负责进行督查和规范。

在"1+X"证书制度下,要做好职业教育培训的顶层设计,制定优良的工作标准。当前的职业技能等级证书涵盖多个领域,包括电子商务,物流管理,工业机器人,老年服务和管理,智能财税证书等。选择职业技能等级证书的领域还应遵循谨慎态度,开拓必要的领域,并根据提高人员培训质量,遵循国家和地区人才需求的原则,新兴产业技术需要提前考虑和培训。职业技能等级证书的开发应着眼于企业技术开发和生产变化的需求,以及职业教育创新和发展的需要,使职业技能等级证书的试行可以有效地改变传统的人才培养计划。这样就大大提高了高职院校人才培养的质量。

在"1+X"证书制度下,要把开发工作下移,任务是要挖掘技能等级证书,以此来指导和督查企业与培训组织。首先,通过出台政策性文件与相关办法给予资金支持或以政府购买的形式把证书开发工作转交给具有资格与实力的社会评价机构手中,引导和规范培训评价组织的发展以公益性为主、营利性为辅。其次,逐步完善培训评价组织的遴选与监督,建立培训评价组织的遴选与监督机制。培训评估组织负责职业技能水平证书的标准制定,评估和颁发。其工作的严格直接关系到人才培训的质量。因此,必须遵循《职业教育培训评价组织遴选与监督管理办法》的有关要求,严格对培训评估机构进行管理,从证书标准制定,教材资源建设到教职工选择,并确保申请材料的真实性。最后,省教育行政部门要指导本地区的工作,激发企业与培训评价组织参与等级证书标准制定、开发的积极性,并解决试点工作中出现的问题。

2. 企业参与

要建立产教融合型企业,保证高职院校人才质量,作为人才质量的评价者,企业从社会需求的角度审视职业教育的工作,成为评估高等职业教育质量不可或缺的一部分。企业为高职院校学校提供了强有力的职业标准支持,使人才培养过程紧贴岗位的实际工作。"1+X"证书制度试点方案的提出要推动学校建好、用好与企业合办的实训基地、产教融合的实训基地与产教融合型企业的建立,让更多的企业配合高职院校积极参与实施培训同时推动"1+X"证书试点工作的进行。

建立产学结合型企业，应该通过提升生产制造业转型升级的高水平的企业为基础，并与现代农业、新技术、高端制造、电气化技术、AI智能、芯片设计对接。孵化国家迫切需要的高科技技术产业，如新能源、新材料相关的研发和设计、电子商务等。这些产业也是在"1+X"证书系统中开发职业技能证书的优先领域。产教融合企业不是原实体企业，也不是一个联系学校提供实习场所，而是在培训基地、学科与教学课程建设和技术研发等方面具有专业的教育教学人员指导和培训学生的场所。在与学校的交流与合作方面，对高职院校人才培养质量的评价以就业为导向，突出能力为基础，课程设计和教学方法，努力塑造学生优良的职业竞争素养来贴合相关企业技术岗位的需求。

3. 院校优化

院校要深入优化课程，把"1+X"证书的培训内容规划在人才培养中，高职院校对提升职业人才的质量起到了至关重要的作用。学院评估的实质是分析和评估活动，主要目的是尽快地发现存在的弊端，在解决问题的同时让学院学生思考问题的根源所在，调动积极性以此来提高人才培养的质量。"1+X"证书系统试点的对象是高职院校。高职院校应结合职业技能水平标准与专业教学水平，二者缺一不可。同时把培训证书的内容放入日常的教学内容，并注重学生问题解决能力和创新能力的孵化。

高职院校是为企业输送人才的主体，学校日常的课程和日常的教学内容需要根据社会对人才需求的动态及时更新。一是将日常相关重复的课程进行内容整合再组合，把累赘重复、加重学生负担的知识及时理顺整合，对于学历教育内容趋于饱和的多数专业进行调整，可以适量减少，把技能等级证书的内容融合进来，提高课程设置效率。学生有选择地学习专业技能，可以选择一门、两门或者更多的技能课程。二是更新教学内容。教学活动必须跟上新技术的发展，及时引进学习新兴技术产业的新理论、新知识和新方法，并在现场教学中采用简单的教学模式。三是运用现代教育方法进行教学。职业院校应关注专业建设的要求与技能水平证书相关要求，真正做到从实际培训出发，运用先进的教学方法更好地提高培训素质和能力，在此基础上还可以提高人才培养的适应性和针对性。四是建立一支敢打敢拼、乐于奉献、拥有较高职业精神的教师队伍。"双师型"教师是指既具有理论教学能力，同样具有实践教学能力的教师。在新时代，职业学校要求教师具有教师和专职教师两个专业资格，其技术技能必须达到"X证书"国家考核标准。

4.第三方评价机构

完善第三方评价组织的功能，探索高职院校人才培养新的发展模式，第三方评价机构是指教育主管部门和学校以外的专门的社会评估组织。在"1+X"证书系统中，"培训评估组织"的提出和发展为第三方评估组织的发展带来了机遇，并为社会评估注入了新的力量。培训评估组织的评估内容反映了专业知识和职业技能、反映了社会与企业以及学生的个人发展方向。评估方法应灵活多样，并加强对完成综合任务能力的评估。评估地点通常应位于考核合格的大学和院校中，评估地点应保密，加强管理，并促进科学化与标准化的评估工作。

培训评价组织的设立是"教考分离、联合培养"的体现，"教考分离"是指学校是培训的主体，培训评价组织是考核机构，其在技能评判层面较院校而言更具行业针对性，进而有助于保证和提升考核评价的质量。"联合培养"是指培训评估机构本质是学校和企业合作进行的评估。它将行业和工作标准纳入职业技能水平证书的评估内容，并定期进行教师培训和与学校的交流，以提高教师对教学、培训、评估和评估能力的水平，从而使技能培训的内容更符合实际职位的需求，与此同时也让更多的社会力量有更多机会进入高等职业教育的建设与构建中。有了一个独立的社会评价机构就可以从客观的角度评估高等职业教育，并建立一个公平的评价体系和科学指标体系。培训评估机构应接受政府有关部门的宏观监督管理，但不能依赖政府主管部门。培训评估机构应在其宏观指导下，对用人部门的代表和学生应根据国家的教育指导方针和政策独立进行评估。

高职院校人才培养的质量评价主体由四个方面组成，分别是政府、企业、高职院校与第三方评价组织，他们之间是互相联系，相互影响的。职业技能等级证书由培训评估组织、行业组织、领先企业和高等院校共同开发，并整合了企业标准和教育标准，它是工业和教育以及校企合作的系统集成。职业技能水平证书的考取是由职业院校和学生自主选择的，政府不应该强制学生选择职业技能等级证书的考取。市场认可是职业技能等级证书存在和发展的第一法则。职业技能等级证书的推进与运用是高职学校各利益相关者一起治理的阶段。领导企业深入参与是职业技能水平证书的开发是必要条件，它为企业深入参与职业教育提供了话语权，并为企业参与学校教学活动提供了话语权，为校企共同发展提供了具有实际意义的制度载体。在"1+X"证书系统的背景下实施多种技能证书培训，必须通过政府政策保证，校企合作以及社会评估力量的参与来实现"1"和"X"的整合，以提高人才培训的质量。

（二）"1+X"证书制度下人才培养评价的内容

"1+X"证书是一个整体的概念，其培养目标是复合型的人才，复合型人才并不是专业相似就可以任意地堆积，简单地增加相关的技术技能，也不是学生学习各种专业知识并获得各种专业技能，而是需要加强和巩固基础的专业技能，即特定类型工作领域中典型专业职位所需的关键技能和核心素养。对特定专业领域的深入研究是培养复合型人才的关键，而在专业领域内部核心技术深度的增加是形成企业竞争力的关键。对特定专业领域的深入研究表明，专业能力的培养注重基础。目前的就业形势不乐观，职业学生更应提高职业能力，培养职业院校学生的职业能力需要我们重点关注基础知识、重点关心学生在校基础性的个人能力的培育，为学生的未来就业与个人能力发展奠定扎实的基础。

"1+X"证书制度绝非仅要求学生考取多种技能等级，它的深度实施会带来人才培养模式与人才质量评价的革新以及办学形式的改变。过去实施的"双证书"系统具有广泛的基础和灵活的模块，鼓励学生获得更多的资格证书或者技能证书。然而证书的内容仍然是理论知识或理论应用，最终结果是学生只是获得了一些证书，但这些证书在实际工作中实质性的作用并不大。不能将双证书系统经过新一轮的翻新就认定是"1+X"证书制度，实则两者在教育内容上本质上是不同的。双证书制度要求学生获得职业资格证书，在学习教育的基础上叠加考试的专业内容，引入职业资格证书并不会扩大教育内容，而"1+X"证书制度是当学生完成基本的学历教育内容后，为了符合企业对复合型技能人才的需要，学生不断地提高自身的技术水平。在"1+X"证书制度下，高职院校对人才培养的质量评价有较为完整的要求。

以培养复合技术技能人才为目标，要求将多种技能水平的发展整合到课程标准中，这些标准扩展了评估内容的维度，学生培训质量的评估内容也指明了高等职业院校人才的发展方向。"X等级证书"的推行促进了学生向多种技能和多种职位方向上的发展，并提高了学生的迁移能力，这是职业教育对当代社会进步和企业发展提出的教育要求。"多技能"作为提高技术技能的要求，这其中包括邻近的、类似的专业技术技能，与产业链相关的跨专业技术技能。学生具有较大的发展空间，这是培养综合思维能力和综合素质的根本条件。

在学历教育基础上延伸多技能的学习，要掌握多个产业发展的态势，尤其为了让学生能够拥有多项技能的目标为导向，让学生能够拥有具有未来前途的职业技能为基准。这就特别需要职业院校加快把国家规定的职业技能水平标准和职业专业教学水平融合。这样就能较好地去对接和服务行业未来的发展，满足我国职业学校创新要求。多技能的人才培养目标体现出对于学生职业能力培养注重综合性与前瞻性。

现代社会需要的是复合型人才，职业技能的综合水平可以反映出人才的素质。在加速推动素质教育的今天，职业教育也应该顺应时代的潮流，不断地贴近实际的生活需要，不断地推进"基础广泛，模块灵活"的办学特色，培养学生的专业能力要考虑到多种职务和相关职业，确保学生的就业范围和空间更大。科学技术的进步以及社会的发展使职业能力的信息不断发展和变化，生产力的提高不断产生新的领域，新的领域的出现也会同样产生新的岗位。所以每个人在职场中的地位不可能完全是一成不变的，随着时间的更替，技能不足的学生将会被时代淘汰，所以院校关注培养多领域和多层次的复合型人才已成为职业学校的主要培训任务。当前，对于职业教育而言，受到我国历史教育背景条件下的影响，学生的培养时间有些长，毕业后学生在学校所学的知识，所获得的职业能力可能与当前的市场需求不能很好匹配。因此，学校职业能力的培训要把握好长期与短期之间的关系，具有发展的眼光看待不同职业技术在当今时代的发展。

（三）"1+X"证书制度下人才质量评价的方法

在"1+X"证书制度下，高职院校人才质量评价主体和评价内容发生了变化。当前，我国对高职学生培养质量进行评价大多数采用终结性评价，就是把学生一次考试取得的成绩看成学生的综合评价。在"1+X"证书制度下，培养复合型人才需要拓宽职业教育学习内容的选择范围，打破专业与教育体系之间的传统界限，建设学分银行使学习成果互认互通。同时第三方评价组织的发展，让越来越多的群众力量参与到其中，以此来提高并筛选出具有针对性和有效性评价结果。

"1+X"证书制度下打破了传统的专业与学制界线，评价方法变得更加多样。职业教育是针对不同行业的教育，不同职业的复杂性则要求学生学习时间的多元化。职业院校的部分专业可以只花费不到一年的时间，而院校设立的有些专业则是需要三年甚至更漫长的时间和精力。但是，目前高职院校人才培养的质量存在突出问题，受到普通教育固定学制的影响。这种办学体制给职业教育人才的培养带来了很大的困难，甚至影响了职业教育发展模式的创新。跨学科技术技能人才的培养进一步提出了对学校制度多元化的要求。这不仅要求在各级职业教育之间建立更加多样化的融合形式，而且还要求建立不同的学校制度，例如四年学制和五年学制。近年来基于这种需求，出现了相应的试点培训模式。通过将"1+X"证书系统与学分认可系统相结合，可以提高职业教育学校教学的灵活性，并且人才质量的评估方法也将变得活跃起来，可以动态地控制学生获得知识与技能的情况。

"1+X"证书制度下通过学分互认，评价方法更加灵活。学校为"1+X"证书制度所服务的对象建立了职业教育独立学习账户，储存了他们的学习结果，实现了学习结果的可查。学校与第三方评价组织共同完成学生学习成果登记、认定、积累、转换，不管学历教育还是技能培训实现互通，可追溯、可查询，初级、中级、高级技能分别独自设立不一样的学分。凭借大数据精准分析把握学习者的状态，为高职院校人才培养评价提供相应的方法。学分银行的核心建设是创新学分认证系统，包括学分来源、识别依据、转换机制、应用开发等，尤其是学分获取方法、流程、内容的标准化。学分银行的建设可以为职业教育搭起一座桥梁，让更多的技能人才能够更好地完善自己，串联起所学的技能知识，为学习下一阶段的知识找到依据，使得对职业院校学生的评价更加客观灵活。

第三方评价组织深入高职院校，评价方法更为客观。第三方评价组织在政府与企业之间、职业院校与企业之间发挥着桥梁和纽带的作用，对目前职业院校人才质量评价起到重要作用。第三方评估机构并不是政府机构的附属，也不是学校的上级与下级之间的关系。它是相对自主的，是连接政府、企业和职业学院的重要方式，其评估将更加客观和公正。第三方评价组织负责指导和督促职业院校和企业，积极接受专家评委对高职学校不同专业人才培养质量给予的评价与意见，通过指导、督促职业院校和企业证书培训的全过程，提高并保证技能等级证书的含金量和社会认可度，从而有力推动职业院校的"1+X"证书制度实施。

（四）"1+X"证书制度下人才质量评价分析论证

在"1+X"证书制度下，高职院校及相关考核单位将全面整合学历教育考核和职业技能水平考核。将技能水平评估纳入到日常人才培训过程中，将职业技能培训与人才培训目标要求相结合，加强过程评估以及着重加强实践技能评估，建立由第三方参与的多元化评估体系，以及继续进行评估反馈，指引学生去积极参与技能学习，提高人才质量。

第一，从"1+X"证书制度下对高职院校人才培养质量评价的主体来看，政府对学校的发展具有主导作用。在"强政府，弱社会"的现实环境中，政府评价虽然更为重要，但不能满足学生的个体发展和社会需求。所以，在"1+X"证书制度下要弱化政府的评价作用，改变政府无所不能的管理方式。公司（用人单位）要接受职业教育的特殊需要，职业教育的直接目的是满足公司企业的需求。企业对于高职院校学生的评价更有针对性，更直接；第三方评价组织把高职院校人才培养的质量与实际的职业岗位适应能力以及职业素养相结合，评价更为客观。因此，目前对人才培养的评价机制除了政府教育行政部门、学校本身的作用，职业院校同样也需要公司、第三方评价组织等社会力量的参与。

第二，从"1+X"证书制度下，对高职院校人才质量评价的内容来看，"1+X"证书制度侧重于对多技能人才的培养和多元知识素养的培养。对于技能型人才的培养，不能限制在一个学科上，所以要求根据社会对专业人才的需求，把专业知识内容相似和相关的跨学科的专业知识有规则地整合起来，这样既不浪费资源，也能形成层次合理的综合知识。"1+X"证书体系下的多技能人才培训拓宽了人才培训质量评价维度，强调了某一专业领域知识的深化和基于学历教育对多技能学习的扩展。注重学生解决问题的能力，适应岗位和岗位延伸的能力，着重培养在校的学生的职业能力和专业能力素质。

第三，从"1+X"证书制度下，从对高职院校人才质量评价的方法来看，随着社会对人才需求的不断更新，对人才质量评价也应在动态过程的基础上，从而及时调整职业发展评价方法，继续完善"文化素养+专业技能"的评价方法。除此之外，职业技能水平证书信息管理服务平台应该与学分银行信息互连。平台可以对"1+X"证书制度所服务的个体进行批量管理，并且依靠大量的数据准确分析学习者的状况，为高职院校的人才培养提供科学的评价方法。

三、"1+X"证书制度下人才质量评价完善对策

(一)完善人才质量评价主体的对策

1. 完善"双师型"师资队伍建设

(1)建立科学统一的"双师型"标准。建立科学统一的"双师型"教师的认定标准,首先,要明确从怎样的维度去构建统一的认定标准体系,这便需要了解"双师型"教师的本质特征与要求。双师型教师需要适应时代的发展,跟随市场变化,找准市场发展方向,同时又要具备普通教师所有的特征,教书育人。所以,"双师型"教师应具从教学能力(基础知识与技能)、实践动手能力与前瞻性思维三个方面明确认定标准。其次,要提高"双师型"教师进入教师行业的准入门槛。对高职院校教师发展提出要求,要求教师走专业化发展的道路,从根本上便保证高职院校教师的素质。

院校可以借鉴一些国外教师培训积累的经验,对职业教育教师的入职方面严格把关,来保证自己的素质。例如,在澳大利亚的职业院校对教师的培训中,新教师上岗前有1年的培训时间。培训结束后,必须接受教育部门和学校的评估,评估合格后,方可取得教师资格。这些职业学校的教师一般都要求有所从事教学领域相关的工作经验。德国同样要求新入职教师有3年以上的工作经验,进入学校还要经过老教师的培训,培训结束后再参加教师资格考试,考核通过就可以进入职业院校教师的行列,方可教授学生,传授知识与技能。

(2)坚持"双师型"教师培养与培训两手抓。要提高"双师型"教师的素质,必须要坚持培养和培训并重。院校应采取有效的方式对教师进行培训。首先,对新教师进行岗前培训,提高自身素质和基本能力。对于在职教师,按照规定时间进行校内培训和校外访问培训,并派高职院校优秀的教师去出国学习访问。学校要建立"双师型"教师培训中心,发挥企业的作用,积极配合,借鉴企业教师和学徒的相关经验,使学校培养的学生毕业后能更好地适应社会。支持并引导专业教师到企业临时任职或短期兼职,对专业教师参与技术创新项目给予

一定资金支持或精神奖励，提升教师的专业能力。

2. 完善校内实训室的建设与管理

（1）校内实训适应技能等级证书培训。高职院校要合理科学利用好高职院校实训室资源，校内实训室承担着不同专业的基础与专业实训课程，校企合作的相关项目或课程。在"1+X"证书制度的推进过程中，不仅需要继续做好实训室原有承担的实训教学课程，还要配合技能等级证书考试的要求，配合改革的教材做好相应的实训课的调整，其中包括实训设备、实训软件、教师课程的安排，使培训课程更加符合职业技能等级证书的考试内容。职业院校把"1+X"证书制度推广到教学过程中，通过人才培养计划、课程计划、课程内容以及教学方法重新规划，实训场地设施等制定新的教学实训标准。依据职业技能等级证书的岗位群能力要求、专业知识和综合能力，按照职业技能鉴定标准，职业素养和技能操作要求，健全实训室建设管理制度，完善职业教育实训体系。

（2）保证院校实训室有效共享开放。高职院校的培训室建设与校园管理，不仅要符合教育部培训室建设的相关规定，更多的还是去思考如何适应一个新时代的发展，在信息化发达的今天，利用大数据，用科学的方法来提高培训室设备利用率，使用信息技术提高设施设备的管理水平，让每个学生都可以在任何时间和地点使用培训室，更好地保证培训教学任务。"1+X"证书制度试点下，运用大数据与人工智能等技术与实训室的设备监管、实训教学、职业技能证书培训及认证相结合，开发集实训室设备管理、设备使用情况、设备故障报修及借用、实训课程排课、实训信息发布等功能于一体的实训室智能信息化管理系统。同时，增强实训室共享开放意识，建立健全实训室共享开放机制，利用网络技术搭建一个实训室资源信息的共享开放平台，保证实训室有效的共享开放。

3. 产教融合，校企合作落到实处

（1）企业与学校共建二级学院，实现协同育人。企业与学校共建二级学院是探索与完善校企合作的重要方法。首先，具有引领带头作用的行业组织应该建立指导委员会，与学校建立合作关系，共同搭建发展平台，改革教学计划，共同研究、制定人才培养方案,为了资源共享的目标而努;其次,建立二级学院,在学校与企业联系交流密切的区域,探索校园与工厂对接的新模式。可以在企业里开设课堂或在学校里开设小规模的工厂,让学校里的学生与企业工人可以有更多时间交流、吸取经验,实现双赢的效果。通过学校与企业共建二级学院,可以为企业单位贡献技术服务、新品研发以及劳动力,为学校实现人才培养与岗位对接,使得教育与产业融合发展。

(2)以专业群为主体点对点开展校企合作。首先,实施点对点的校企合作,高职院校要分布在中小型企业聚集的地方,中小型企业聚集的地方行业分布大都广泛,有利于高职院校某一专业开展点对点的校企合作。其次,高职院校开展点对点校企合作要以专业群为主,因为高职院校的专业相对广泛,相似专业之间肯定是有联系的,把具有相同特点的专业可以整理归纳形成专业群,一个专业群形成一个理事会,理事会负责与企业对接,对于课程设置、教学方法等事项进行交流融汇,把学校的人才培养方案与企业的岗位要求结合起来。这样解决了用人单位找不到合适的人才,学校毕业找不到对口工作的难题。最后,高职院校的一个专业或者组合形成专业群可以与多个企业进行合作,不管是企业还是学生都有更多的选择方案,去达到促进整个区域经济的发展,让学校形成人才储备库,满足区域多数企业的需求。

4. 充分发挥第三方评价机构作用

(1)第三方评价机构与学校形成有效的沟通机制。学校要与第三方评价机构形成一种合力,建立有效的、长期的交互渠道,加强联络,相互促进,共同发展,改变各自保全自己作战的局面。当然,第三方评价组织自身也要提高威信力,提高第三方评价组织的入行门槛,高标准,建立严格的规章制度约束自身的行为,净化行业环境,让第三方评价组织达到社会信赖,政府放心,高校积极参与的有序状态。

(2)第三方评价机构要提升自我意识与市场意识,促进自我发展第三方评价机构要达到独立的,可持续发展的状态,最重要的是提高自身能力的发展,政府,企业,高等职业院校以及其他相关利息的组织等都是外部环境的支持。

首先，建设完备的、高效的、专门的第三方评价机构，聘请高职院校的学者专家，具有评估资质的教师，龙头企业内部人员以及任课教师组成优质的评价考核队伍，提升团队的专业化水平。其次，第三方评估机构应该具备市场意识，联合其他同门机构，形成一股力量，建立自己行业的标准制度，促进第三方机构有长足的发展。在形成第三方评价机构之前，设置的前提条件的方面，评价过程中的标准与程序方面，评价结果的公示与监督方面都应该进行规范管理，才能提高第三方评估机构的话语权。最后，第三方评估机构要注意评价方法的客观与公正，提高自身服务质量，满足社会与市场的要求，让高职院校能够真正看到第三方评估机构对学生评价所起的作用，而不仅是流于形式。在信息化发展背景下，第三方评估机构正确运用互联网，对评价结果建立信息共享机制，接受社会的监督，提高社会公信力。

（二）完善人才质量评价内容的对策

1.融入职业技能等级证书标准

（1）专业对接产业。高职院校的专业设置要与市场经济发展策略相结合。高等职业院校对人才培养规格的要求决定了在校学生应该要学习哪些专业，其中包括对基础知识与技能水平的学习，所以专业的选择，学科的设置关系到人才质量的评价内容，专业与市场的产业对接起来也能够实现"1+X"证书制度中提到的职业技能等级证书标准融入学校人才培养方案。

第一，高职院校要去市场进行调查，基本了解人才需求动向，将调研数据进行整理分析，明确人才需求的方向与标准，根据"1+X"证书制度的内涵与职业技能等级的标准，进而制定高职院校的专业目录，并将其反映在学校人才培养方案上。高职院校专业设置要与职业教育的发展密切相关，制定科学合理的专业设置方案，针对不同层次的职业学院教育，合理规划学生的专业人才培养方案。

第二，高职院校要以区域经济发展为准绳，把握好本区域产业的特色与发展方向。专业链对准本区域的产业链，注意总结产业发展的整个过程，产品出售过程以及售后服务等一系列问题与经验,这些实际经验都可以作为对接高职院校专业的前提。生产过程对接学校学生专业建设,促使企业与学校实现共同发展。汽车产业链有汽车产品的研究,产销以及售后服务等环节,职业学校可以根据产业市场的需求与变化对应设置相应专业。

第三,院校应该不断地去调整本学校的专业构成,以达到适应本区域产业发展的变化。学校部门应该把过时的专业删减,研究涉及面广,多领域的专业,应该把相似的专业归纳合并,体现专业覆盖面全,设置高新技术领域的专业。

(2)课程内容对接职业岗位。

第一,开展进行人才培养计划修订之初就应该与企业培训岗位进行对接。邀请企业内有经验的老员工到高职院校进行技能培训大会、人才培养研究大会,将企业在生产和设计方面的部署要求或标准形成学校人才培养的标准,尝试改变目前只是简单地增加技能的方式,不能仅仅根据职业技能等级证书考试的内容在学生学期末进行强化训练,这样学生获得的知识不够系统。课程内容设置与企业岗位对接使学生在完成教学任务的同时也进行了职业技能等级证书相关内容的培训,并获得了企业的岗位能力。

第二,把岗位技能有关的知识与专业技能进行整合,形成有针对性的课程体系。课程内容的建设要完美地体现工学结合,基于工作过程的课程内容。高职院校与企业进行深入的合作,高职院校教师可以获得本专业主要课程教学需要的第一手资料。这些资料或者教材都是企业有经验的老员工或者本行内的专家根据自己的带徒经验所编写出来的,具有很高的参考价值。教材可能涉及大量的真实语料与个案研究,形象生动,容易操作,适合职业院校教师培养学生的岗位能力。

(3)教学过程对接生产过程。高职院校教师应在教学过程中让学生能够认识到企业的生产过程,教师负责讲解一线工作真实的工作环境,可以进行现场参观,运用电子信息技术进行模拟训练。以"工学结合、产教融合"为培训的开端,以电子信息模拟实训平台为载体,让学校教学情境连接企业真实生产场景、实训方式连接模拟训练仿真、教学策略连接智能化功能等为手段,从理念、方法和实践上，赋予实践教学新的内涵，形成全新教学形态的校企合作、"虚拟仿真工学结合"的新理念。在电子信息模拟实训平台系统里，加入了职业能力素质要求、行业规范、工艺流程、操作规程、生产管理标准以及职业技能资格考核标准等全过程自动跟踪考核评价功能，创新了可实时交互、全程跟踪、指导反馈的满足个性化要求的智能化、客观化和社会化的评价体系。

2.重视学生基础知识的评价

"1+X"证书试点工作，"1"与"X"一样重要，所以高职院校基础知识的评价仍不能忽视，基础课包含公共基础与专业基础。

（1）重视公共基础课的地位。公共基础课是专业基础课的基础，它是提高国民整体素质必备的一种修养，在以职业技能为重的职业学院进行人才培养也不能忽视公共基础课的作用。通过学习基础课程才能更好地获得职业教育中的技能知识，更好地学习其他学科的知识，才能对学到的知识进行熟练运用。通过专业课与基础课融合学习才能达到学生职业能力提升的目的。研究发现基础知识的学习能力强的学生，同时也具有较强的创新能力，他们可以运用基础知识解决难题，活学活用。学院的教师在教学中应该采用多种教学方法，引导学生形成发散思维，培养创造性思维，培养学生创新能力的形成提升学生的创造思维。

（2）专业基础课与技能课密切衔接。高职院校学生在一定理论基础的指导下，在实际操作中才能发现其中存在的问题，才能有所改进与创新。忽视专业基础理论知识可能大致仅掌握了一种机械的操作，如何解决更复杂的问题还是一无所知。在实际教学过程中，专业基础课与技能课应该密切衔接，可以通过实训课程体现出只有实训才能更好地提高高职院校学生的专业技术能力。教师的教学过程应该体现企业生产的过程，对于生产中存在的问题应该抛给同学们，让学生学习的理论与实践结合起来，检验是否可以提出见解，是否自己的可以解决问题，让学生认识到理论学习与联系实际的重要性，认识到专业基础课与技能课密切衔接的重要性。同时高职院校专业基础知识要与时俱进。经济转型发展、创新社会管理的背景下，需要高职院校培养更多的会管理、会经营、懂技能的技能型人才。

3. 重视学生职业能力的评价

（1）提高高职院校职业能力培养目标。随着"双创"驱动发展战略和"1+X"证书制度的不断发展，该体系促进了多技能和复合型人才的培养，基于单一的专业技能的专业能力已无法适应当前的经济发展，所以需要更高的综合专业能力所代替。综合专业能力具有的特征是，出现意外情况单位组织发生变化时，从业者不会无所适从，不会因为原来的专业技能不再适用于新职位的需求而无法继续生存。因此，高职院校应把学生的综合职业能力作为培训的目标，特别注意训练学生具备独立解决问题的能力，动手动脑能力，其将帮助职业院校的大学生在以后的就业和创业过程中具有较强的适应能力。当然，随着社会的进步与职业教育的发展，职业院校的培训目标不能仅要求学生懂技术、会操作也要求学生有情商、有情怀，有责任感。而且为了实现这个目标，高职院校应进行文化建设，社会思想等课程，培养学生的人文精神。

（2）更新职业能力的教学模式。为了适应综合职业能力的培养，高职院校教学活动的程序应有以下特点：第一，以工作过程为导向，看重的是实际的工作环境，根据实际工作中具体的要求开发实践课程，设置教学纲要。综合职业能力培养的目标下教学模式主要强调实践模式与实际问题的解决。第二，根据教学目标的要求，有效地整合教学内容，将实践教学中运用的专业理论知识和操作技能整合为多个综合知识模块，然后根据需要对知识模块进行优化，分模块进行知识的传授更加高效，有利于学生的理解。第三，运用目标导向的教学方法，就是激发学生的积极性，鼓励学生选择自己的学习方法去，能够查找自己的不足，快速提高学生的培养质量。

（三）完善人才质量评价方法的对策

1. 树立科学的教育评价导向

职业教育的类型地位需要由教育质量来保障，构建卓越的质量评价体系是新时代职业教育高质量发展的必然要求。评价理念应该是服务人与服务经济社会的。以人为本作为职业教育质量评价的根本出发点，破除"五唯"痼疾，以高站位的评价观引领树立科学的质量观，与社会对职业教育的价值期盼和质量期待形成同频共振。创立"真正"的评价指标，以学生、家长、社会的认可程度作为教育评价的指标，以学校对地方的贡献度作为办学质量的指标。尤其是把握好职业院校与经济社会发展间的协同共生关系，在新发展理念的指引下，将科技创新全面纳入职业院校评价范畴，畅通职业院校对接区域重大科创平台、融入区域创新驱动发展的办学机制，发挥职业教育在科技创新、技术研发、产教融合等领域的积极作用。建立"归正"的评价机制，运用行业企业和社会评价手段，督、评、诊、改相结合，以刚性的评价机制推动建立产教全面融合、校企全力协同的质量管理体系，形成以质量为导向的职业院校办学治理新格局。

2.努力提高评价方法的科学性

"增值评价"看重的是学生的进步程度，学生在学校学习的过程中或不同阶段获得的学习成果的变化，通常以"增量"来进行学的评价。如学生入校时通过测试获得的结果是70分，通过一段时间的学习学生测试达到80分，那增长的10分就是学生进步的部分，将这一部分作为学生这段时间的评价标准，而不是最终测试获得的80分为评价标准。这样才是对学生最客观、公正的评价，有利于学生进步与成长。"1+X"证书制度下对职业院校学生进行考核，要关注学生的进步与成长。应该看到学生入学到获得技能的进步，用增值评价的方法，找回学生的自信，真正提升人才培养的质量。可以采用增值评价法，重在看学生进步，学校变化的那个指标。也可以通过"增量"进行对比去体现学校的优势与成绩，从而更加客观、准确地评价各校的教学水平。

3.建立"X证书"统一考核标准

"X证书"考核与评价是"1+X"证书制度实施的最后环节也是最重要的一部分，如果考核评价这一环节落实不到位，会导致学生获得的证书真实性大打折扣，学生的技能水平很难保证，这就失去了"1+X"证书制度实施的真正意义。建立国家统一的"X证书"考核标准，能确保"X证书"的有效性。首先，建立统一的职业技能等级证书培训题库。虽然每个培训评价组织的标准与规范不太一样，但是为了确保职业水平鉴定考核的公平，应该统一建立一个国家考核的题库，有统一的题目进行发放抽取考试，这样的考核结果则更具说服力。在国家总的考核题库里应该有多余的题目可供选择，培训评价组织进行考核的时候，从题库中随机选择题目，组成一套考题，考题在考试之前进行密封保存。其次，培训评价组织对学生的考核采用浮动评价，每次都要筛选出不合格的成员，要保护学生的学习效果。为了保证考核通过的真实性，也为了"1+X"证书制度真正发挥其提高学生技能水平的作用，应对技能等级证书实施动态的考核评价，保证"X证书"是有价值的。"X证书"的考核评价是对学生的测验，更为用人单位选拔人才贡献力量。最后，监考老师的分配应该随机抽取。监考的地点随机，每年不能是固定的；随机分配评判老师，并将评判的结果加密后再放到专门的网站。

4. 学业评价与职业技能考核融合

推动学校学业评价与职业技能考核融合，打破原有评价制度的局限性，实现评价体系的变革，真正让评价能够去促使职业学院学生技能的提升，实现职业学校培养人才与社会企业用人的有效对接。基于以人为本的整体性评价观与学生职业生涯发展需求，关注知识、技能与素养三个维度，将课程评价与职业技能鉴定"合二为一"。在"1+X"证书制度实施的背景下，学校与培训评价组织多部门联动机制的保障下，极大提升了专业教学的效益与效率，降低人力资源的培养成本，推动职业教育人才培养与企业人才需求的对接，服务学生终身发展。

组织学校按照新的评价体系和考核要求，去实施"融通课程"考核。理论基础知识与技能知识的考试由学校组织，出题人应与在校上课的教师分开，主要采用闭卷或者上机考核的方式。职业技能评价要关注到整个教学过程，采用并综合性评价，在实训或企业进行实践操作，由培训评价组织鉴定中心统一安排实施。全部课程考核结束后，根据试点学生"双证融通"课程考核情况进行成绩认定，并颁发相应职业资格证书。

参考文献

[1] 曹蕾. "1+X" 证书制度下职业院校计算机应用专业课程体系的建设实施 [J]. 无线互联科技, 2022, 19（4）: 133.

[2] 陈波, 邹华, 王莲香. "1+X" 证书制度下高职高专中医学专业课程体系构建探讨 [J]. 魅力中国, 2021（52）: 312.

[3] 戴岭, 程广文, 刘冬冬, 屈静如. "1+X" 证书制度下高职院校产教融合人才培养模式：内在契合性、现实困境与消弭路径 [J]. 实验技术与管理, 2021, 38（11）: 247.

[4] 单昭祥, 韩冰. 会计学科专业导论 [M]. 沈阳：东北财经大学出版社, 2018.

[5] 傅波. 计算机专业教学改革研究 [M]. 成都：西南交通大学出版社, 2018: 109.

[6] 葛彩红, 蒋菡, 鱼亚洲. "1+X" 证书制度下应用型本科物流管理 "课证赛" 融合的课程体系探析 [J]. 科技经济市场, 2021（7）: 143-144.

[7] 黄影秋. "1+X" 证书制度下会计专业阶梯式模块化课程体系构建 [J]. 湖北成人教育学院学报, 2022, 28（1）: 46.

[8] 季丁. "1+X" 证书制度下高职电子商务专业书证融通课程建设研究 [J]. 质量与市场, 2021,（15）: 37-39.

[9] 姜晓雷. "1+X" 证书制度下高职院校人才质量评价研究 [D]. 沈阳：沈阳师范大学, 2021: 26-34, 56-66.

[10] 李罡. 高校艺术类专业实践教育模式创新研究与实践 [M]. 石家庄：河北美术出版社, 2016.

[11] 李欣. 融入 "1+X" 证书的高职环境工程技术专业课程体系改革研究 [J].

科技与创新，2022（14）：43.

[12] 刘伟."1+X"证书制度下高职机械专业课程改革的研究探索 [J].安徽冶金科技职业学院学报，2021，31（2）：44-46.

[13] 刘玉雪，邓小利，王维，邱林利."1+X"证书制度下护理专业"课证融通"母婴护理课程体系的构建与实施 [J].卫生职业教育，2021，39（22）：100-102.

[14] 龙志伟."1+X"证书制度下高职会计专业课程体系研究 [J].现代职业教育，2021，（04）：156-157.

[15] 卢志芳，於红梅，熊小艳."1+X"证书制度下高职工业机器人技术专业现代学徒制课程体系构建的探索与实践 [J].湖北开放大学学报，2022，42（2）：37-42+47.

[16] 罗金桃."1+X"证书制度下高职护理专业"课证融通"的课程体系探究 [J].教育观察，2021，10（26）：53.

[17] 潘静波，陈珍子."1+X"证书制度下人才培养的"课证融合"课程体系探究——以金融投资类专业为例 [J].职业技术，2021，20（7）：61.

[18] 石彤.电子商务综合实践教程 [M].北京：北京交通大学出版社，2011.

[19] 孙义刚."1+X"证书制度下高职土建类专业课程教学改革探索——以《建筑识图》课程为例 [J].创新创业理论研究与实践，2021，4（02）：7-8+14.

[20] 汤少梁.电子商务专业导论 [M].南京：东南大学出版社，2014.

[21] 王伟."1+X"证书制度下助产专业教学改革的实践 [J].黄冈职业技术学院学报，2021，23（4）：77-78.

[22] 王梓诺，侯玉倩."1+X"证书背景下课程重构的路径与方法研究——以环境艺术设计专业为例 [J].济南职业学院学报，2022（4）：47-50.

[23] 许圆."1+x"证书制度下高职建设工程管理专业产教融合实践课程体系研究 [J].黑龙江科学，2022，13（3）：124-125.

[24] 杨刚要."1+X"证书制度的内涵、特征与建设路径 [J].教育探索，2021（1）：34.

[25] 俞磊."1+X"证书制度下土建类专业课程教学改革探索与实践[J].大连大学学报，2020，41（3）：129.

[26] 张莉，杨嘉谟.环境工程专业课程设计指导教程与案例精选[M].-北京：化学工业出版社，2012.

[27] 张青，谢勇旗，乔文博."1+X"证书制度下职业院校专业课程改革的方向与路线[J].成人教育，2021，41（8）：49.

[28] 张权."1+X"证书制度下高职电子商务专业课程体系建设初探[J].科教文汇，2022，（07）：63-66.

[29] 张悦，孙铭."1+X"证书制度推动高职人才质量评价研究[J].辽宁高职学报，2022，24（10）：20.

[30] 张志明."1+X"证书制度下高职康复治疗技术专业实践课程体系构建措施探析[J].大学，2020（44）：75-77.

[31] 朱政."1+X"证书制度的内涵、意义及实施策略[J].职业教育（下旬刊），2019，18（10）：9-16.